新世纪财经系列教科书

李海波工作室

行政事业会计

XINGZHENG SHIYE KUAIJI

（第七版）

李海波　　刘学华／主编

祝　　琳／副主编

立信会计出版社
LIXIN ACCOUNTING PUBLISHING HOUSE

图书在版编目(CIP)数据

行政事业会计/李海波,刘学华主编.—7版.—上海:立信会计出版社,2016.5
(新世纪财经系列教科书)
ISBN 978-7-5429-4978-3

Ⅰ.①行… Ⅱ.①李… ②刘… Ⅲ.①单位预算会计—教材 Ⅳ.①F810.6

中国版本图书馆 CIP 数据核字(2016)第 081274 号

策划编辑　　洪梅春
责任编辑　　洪梅春
封面设计　　南房间

行政事业会计(第七版)

出版发行	立信会计出版社			
地　　址	上海市中山西路 2230 号	邮政编码	200235	
电　　话	(021)64411389	传　真	(021)64411325	
网　　址	www.lixinaph.com	电子邮箱	lxaph@sh163.net	
网上书店	www.shlx.net	电　话	(021)64411071	
经　　销	各地新华书店			
印　　刷	常熟市梅李印刷有限公司			
开　　本	787 毫米×1092 毫米	1/16		
印　　张	16.75			
字　　数	363 千字			
版　　次	2016 年 5 月第 7 版			
印　　次	2016 年 5 月第 1 次			
印　　数	1—4100			
书　　号	ISBN 978-7-5429-4978-3/F			
定　　价	30.00 元			

如有印订差错,请与本社联系调换

前　言

随着我国市场经济体制改革不断向纵深发展,我国公共财政管理改革也不断深化,有关部门相继推行了部门预算、国库集中收付制度、政府采购、政府收支分类、财政拨款结转和结余资金管理等多项改革措施。同时,有关行政单位、事业单位的财务管理与会计核算相关的新法规制度先后出台。2012年2月和2012年12月,财政部先后发布了第68号令《事业单位财务通则》,第71号令《行政单位财务规则》(以下简称新《规则》)。新《规则》对行政事业单位的预决算管理、收支结余管理、资产负债管理等方面也提出了新的要求。为了适应公共财政改革和行政事业单位财务管理改革的需要,进一步规范、加强行政事业单位会计核算与管理,提高会计信息质量,2012年12月和2013年12月,财政部先后发布了第72号令《事业单位会计准则》《事业单位会计制度》(财会〔2012〕22号)和《行政单位会计制度》(财库〔2013〕218号),分别于2013年1月1日和2014年1月1日起在全国施行。2015年10月10日,财政部颁布了新修订的《财政总预算会计制度》(财库〔2015〕192号),自2016年1月1日起施行(以下简称新《制度》)。2015年10月23日,为了规范政府的会计核算,保证会计信息质量,财政部颁布了第78号令《政府会计准则——基本准则》(以下简称新《准则》),自2017年1月1日起施行。

为了使《行政事业会计》教材及时准确地反映新《规则》、新《制度》和新《准则》的改革成果,满足教学和培训的需要,我们对该教材进行了重新编写。在本次编写的过程中,我们以通俗易懂的语言对新《制度》的重要会计事项的确认和计量进行了阐释。同时,本教材以丰富的实例和章后练习,深入浅出地对新《制度》中的难点和重点内容作了分析。本教材可作为高等院校经济管理类各专业的教科书,也可作为行政事业单位会计人员的培训教材和日常工作的参考用书。

本教材由李海波、刘学华任主编,祝琳任副主编。参加本教材编写的人员有:李海波、刘学华、宋胜菊、祝琳、张霞、贾晓松、刘泽平、边秀端、袁淑辉、李俊、王凯、陈锦骅、李红梅、汤靓。章后练习题由路丽艳编写。

为了方便教学,本教材配有教学课件,需要的教师可根据最后所附的"教学课件索取单"提供的途径免费索取。

在本教材的编写和出版过程中,得到了中华女子学院、中国社科院研究生院、河北经贸大学会计学院、中国人民大学商学院、财政部会计司、立信会计出版社等单位有关同志的大力支持;同时,我们参考了国内外公开出版的有关教材和学术著作,吸收了有关专家、学者的最新研究成果,在此,我们表示衷心的感谢。

由于编者水平有限,时间仓促,书中难免存在错误和疏漏,恳请各位读者批评指正。

编 者

2016 年 5 月

目 录

上篇　行政单位会计

第一章　行政单位会计概述 ……………………………………………………… 003
　第一节　行政单位及其会计概念 ………………………………………………… 003
　第二节　行政单位会计制度与会计科目表 ……………………………………… 005
　　复习思考题 ………………………………………………………………………… 008
　　练习题 ……………………………………………………………………………… 008

第二章　行政单位资产的核算 …………………………………………………… 010
　第一节　流动资产 ………………………………………………………………… 010
　第二节　固定资产 ………………………………………………………………… 022
　第三节　在建工程 ………………………………………………………………… 027
　第四节　无形资产 ………………………………………………………………… 032
　第五节　政府储备物资 …………………………………………………………… 035
　第六节　公共基础设施 …………………………………………………………… 036
　第七节　受托代理资产 …………………………………………………………… 038
　第八节　待处理财产损溢 ………………………………………………………… 040
　　复习思考题 ………………………………………………………………………… 045
　　练习题 ……………………………………………………………………………… 045

第三章　行政单位负债的核算 …………………………………………………… 048
　第一节　流动负债 ………………………………………………………………… 048
　第二节　非流动负债 ……………………………………………………………… 054
　　复习思考题 ………………………………………………………………………… 056
　　练习题 ……………………………………………………………………………… 056

第四章　行政单位收入的核算 …………………………………………………… 058
　第一节　财政拨款收入 …………………………………………………………… 058
　第二节　其他收入 ………………………………………………………………… 064
　　复习思考题 ………………………………………………………………………… 066

练习题 ·· 066

第五章　行政单位支出的核算 ···························· 069
第一节　经费支出 ·· 069
第二节　拨出经费 ·· 084
　　复习思考题 ··· 085
　　练习题 ·· 085

第六章　行政单位净资产的核算 ···························· 088
第一节　结转（余） ··· 088
第二节　资产基金 ·· 101
第三节　待偿债净资产 ·· 103
　　复习思考题 ··· 103
　　练习题 ·· 104

第七章　行政单位财务报表 ···························· 107
第一节　资产负债表 ·· 107
第二节　收入支出表 ·· 112
第三节　财政拨款收入支出表 ···························· 115
第四节　会计报表附注 ·· 117
　　复习思考题 ··· 118
　　练习题 ·· 118

下篇　事业单位会计

第八章　事业单位会计概述 ···························· 123
第一节　事业单位及其会计的特点 ···················· 123
第二节　事业单位会计制度与会计科目表 ········ 125
　　复习思考题 ··· 128
　　练习题 ·· 128

第九章　事业单位资产的核算 ···························· 130
第一节　货币资金 ·· 130
第二节　短期投资 ·· 134
第三节　应收及预付款项 ···································· 135
第四节　存货 ·· 141
第五节　长期投资 ·· 146

第六节　固定资产 ··· 150
　第七节　在建工程 ··· 156
　第八节　无形资产 ··· 159
　第九节　待处理财产损溢 ··· 163
　　复习思考题 ··· 167
　　练习题 ·· 167

第十章　事业单位负债的核算 ··· 170
　第一节　短期借款 ··· 170
　第二节　应缴款项 ··· 171
　第三节　应付职工薪酬 ·· 177
　第四节　应付及预收款项 ··· 178
　第五节　非流动负债 ·· 182
　　复习思考题 ··· 184
　　练习题 ·· 184

第十一章　事业单位收入的核算 ······································· 186
　第一节　事业单位收入概述 ······································ 186
　第二节　财政补助收入 ·· 187
　第三节　事业收入 ··· 192
　第四节　上级补助收入与附属单位上缴收入 ·················· 195
　第五节　经营收入 ··· 198
　第六节　其他收入 ··· 200
　　复习思考题 ··· 203
　　练习题 ·· 203

第十二章　事业单位支出或者费用的核算 ···························· 206
　第一节　事业单位支出或者费用概述 ··························· 206
　第二节　事业支出 ··· 207
　第三节　上缴上级支出和对附属单位补助支出 ················ 218
　第四节　经营支出 ··· 219
　第五节　其他支出 ··· 221
　　复习思考题 ··· 223
　　练习题 ·· 223

第十三章　事业单位净资产的核算 ···································· 226
　第一节　基金类净资产 ·· 226

第二节 结转（余）类净资产 ······ 230
　复习思考题 ······ 240
　练习题 ······ 240

第十四章　事业单位财务报表 ······ 243
第一节　资产负债表 ······ 243
第二节　收入支出表 ······ 247
第三节　财政补助收入支出表 ······ 251
第四节　会计报表附注 ······ 254
　复习思考题 ······ 255
　练习题 ······ 255

上篇

行政单位会计

第一章 行政单位会计概述

行政单位会计是核算和反映各级行政单位预算执行情况及其结果的专业会计。

第一节 行政单位及其会计概念

一、行政单位及其预算

(一) 行政单位及其种类

根据我国《行政单位会计制度》的规定,行政单位是指各级各类国家机关和政党组织。

(1) 国家立法机关。它是指各级人民代表大会及其常务委员会机关,如全国人民代表大会及其常务委员会、各级地方人民代表大会及其常务委员会。

(2) 国家行政机关。它是指各级人民政府及其所属工作机构,如中央人民政府、地方各级人民政府。以某市政府为例,行政机关有市政府机关、发展与改革委员会、财政局、税务局、工商行政管理局、人力资源与社会保障局、环境保护局、统计局、公安局、教育局、文化局、卫生局、民政局、商务局、农业局、科学技术局、旅游局、质量监督检验检疫局、食品药品监督管理局等。行政机关行使国家执法权,因此也称执法机关。

(3) 国家政治协商机关。它是指中国人民政治协商会议各级委员会机关,如中国人民政治协商会议全国委员会、中国人民政治协商会议各级地方委员会。

(4) 国家各级审判机关、各级检察机关,它是指行使审判职能、监督职能的机关,即各级人民法院、各级人民检察院,如最高人民法院及地方各级人民法院、最高人民检察院及地方各级人民检察院。审判机关属于国家司法机关。检察机关属于国家法律的监督机关。

(5) 中国共产党各级机关,如中国共产党中央委员会、中国共产党各级地方委员会。

(6) 各民主党派、工商联、共青团、妇联、工会的各级机关。

行政单位属于非物质生产部门,不直接参与物质生产,其职责是完成国家所赋予的各项行政管理任务,即为社会再生产创造良好的社会环境,提供有效的服务和社会安全保障。行政单位为完成日常业务活动所需的资金主要来源于财政拨付的预算资金。行政单位的支出完全是为了满足社会公共需要。为此,对行政单位来说,执行单位部门预算,按照预算取得和使用财政资金,是它们组织会计核算时必须遵循的基本要求。

(二) 行政单位预算

1. 行政单位预算的概念和内容

预算是行政单位的年度收支计划,反映预算年度内行政单位的资金收支规模、结构以及资金来源和去向,是行政单位可以发生相应收支业务的基本依据。

行政单位预算由收入预算和支出预算组成。其中,前者主要包括上年结转结余、当年财政预算拨款收入和其他收入等内容,后者主要包括基本支出、项目支出、财政拨款支出等内容。基本支出预算又分为人员经费和日常公用经费两部分。行政单位的预算编制,应当遵循量入为出、收支平衡、保障重点、兼顾一般的原则。

2. 行政单位预算的编报和审批程序

行政单位预算按照下列程序编报和审批:首先,行政单位测算、提出预算建议数,逐级汇总后报送同级财政部门。其次,财政部门审核行政单位提出的预算建议数,下达预算控制数。然后,行政单位根据预算控制数正式编制年度预算,逐级汇总后报送同级财政部门。最后,经法定程序批准后,财政部门批复行政单位预算。

行政单位预算经财政部门批复后,应当严格按照预算执行,原则上不予调整。因特殊情况确需调整预算的,应当按照规定的程序报送审批。

3. 行政单位预算管理办法

按照相关规定,财政部门对行政单位实行"收支统一管理,定额、定项拨款,超支不补,结转和结余按规定使用"的预算管理办法。

(1) 收支统一管理,是指行政单位应当将全部收入和全部支出统一编入预算,逐级报请财政部门核定。

(2) 定额、定项拨款,是指财政部门确定行政单位财政预算拨款的具体方法。其中,定额拨款是指财政部门根据行政单位的性质和特点,结合财力状况,按照相应标准确定一个总的拨款数额,如对基本支出实行以定员定额为主的财政拨款方法。定项拨款是指财政部门对行政单位为完成其特定的行政工作任务,在基本支出预算之外专门安排的经费拨款,如对行政单位安排的专项修缮费、专项会议费、专项设备购置费等,具体项目因各行政单位情况不同而有所不同。

(3) 超支不补、结转和结余按规定使用,是指行政单位预算经法定程序核定后,除特殊因素外,超预算发生的支出,主管预算单位或财政部门不再追加预算;如形成结转和结余资金,应按照财政部门的有关规定安排使用。

二、行政单位会计概念与特点

行政单位会计是适用于各级各类行政单位财务活动的一门专业会计。行政单位会计核算的目标是向会计信息使用者提供与行政单位预算执行情况、财务状况等有关的会计信息,反映行政单位受托责任的履行情况,有助于会计信息使用者进行管理和监督。据此,行政单位会计具有如下主要特点:

(1) 行政单位会计的主体是各级各类行政单位。行政单位应当对其自身发生的经济业务或者事项进行会计核算。行政单位业务活动的目的是为了满足社会公共需要,向社会提供公共产品,具有明显的非市场性,故一般不进行成本计算。

(2) 行政单位会计采用的会计核算方法需要与相应的预算编制方法一致。因为,只有这样,预算数与会计核算的决算数才具有可比性,会计核算的结果才能反映预算执行情况。故行政单位会计需要按照预算管理的相应要求,分别为各种预算组织会计核算,以分别反映各种预算的执行情况。

(3) 行政单位会计需要反映行政单位的财务状况。单位的财务状况包括资产、负债和净资产三个方面。行政单位的资产包括库存现金、银行存款、应收账款、存货、固定资产、在建工程、无形资产等。有些行政单位的资产还包括政府储备物资、公共基础设施等特殊种类的资产。这与财政总预算会计的资产种类有很大的不同。行政单位的负债包括应缴财政款、应缴税费、应付职工薪酬(离退休费)、应付账款、应付政府补贴款、其他应付款、长期应付款、受托代理负债。行政单位的净资产包括结转和结余、资产基金和待偿债净资产。行政单位的资产来源于财政拨款,它是财政拨款的结果。但财政拨款具有年度性,使用后即预算已经执行,由此形成的资产尤其是固定资产、无形资产等的管理具有长期性。如实反映行政单位的财务状况,有利于加强对行政单位资产、负债和净资产的管理。

(4) 采用双分录的会计处理方法。为了同时反映行政单位的财务状况和预算执行情况,行政单位会计对同时涉及财务状况变化和预算执行情况变化的经济业务或事项,采用双分录的会计处理方法,即在为涉及预算执行情况变化的经济业务或事项编制相应的会计分录的同时,再为涉及财务状况变化的相同经济业务或事项编制相应的会计分录。如某行政单位以财政直接支付方式购入一批固定资产,其应编制的会计分录为:借记"经费支出"科目,贷记"财政拨款收入"科目;同时,借记"固定资产"科目,贷记"资产基金——固定资产"科目。其中,前一笔分录反映预算执行情况的变化,后一笔分录反映财务状况的变化。

第二节 行政单位会计制度与会计科目表

一、行政单位会计制度

2013年12月18日财政部发布了新修订的《行政单位会计制度》,共10章46条,分为总则、会计信息质量要求、资产、负债、净资产、收入、支出、会计科目、财务报表和附则,于2014年1月1日起实施。该制度适用于我国各级各类国家机关、政党组织(以下统称行政单位)。

二、行政单位会计信息质量要求

(1) 可靠性。行政单位应当以实际发生的经济业务或者事项为依据进行会计核算,如实反映各项会计要素的情况和结果,保证会计信息真实可靠。

(2) 相关性。行政单位提供的会计信息应当与行政单位受托责任履行情况的反映、会计信息使用者的管理、监督和决策需要相关,有助于会计信息使用者对行政单位过去、现在或者未来的情况作出评价或者预测。

(3) 全面性。行政单位应当将发生的各项经济业务或者事项全部纳入会计核算,确保会计信息能够全面反映行政单位的财务状况和预算执行情况等。

(4) 及时性。行政单位对于已经发生的经济业务或者事项,应当及时进行会计核算,不得提前或者延后。

(5) 可比性。行政单位提供的会计信息应当具有可比性。

同一行政单位不同时期发生的相同或者相似的经济业务或者事项,应当采用一致的会计政策,不得随意变更。确需变更的,应当将变更的内容、理由和对单位财务状况、预算执行情况的影响在附注中予以说明。

不同行政单位发生的相同或者相似的经济业务或者事项,应当采用统一的会计政策,确保不同行政单位会计信息口径一致、相互可比。

(6) 明晰性。行政单位提供的会计信息应当清晰明了,便于会计信息使用者理解和使用。

三、行政单位会计科目表

设置行政单位会计科目是对行政单位会计要素作进一步分类的一种方法。它是行政单位会计设置账户、核算和归集经济业务的依据,也是汇总和检查行政单位资金活动情况及其结果的依据。按照行政单位会计要素的类别,行政单位会计科目可分为资产、负债、净资产、收入和支出五类。各级行政单位统一适用的会计科目表如表1-1所示。

表1-1 行政单位会计科目表

序号	科目编号	会计科目名称
一、资产类		
1	1001	库存现金
2	1002	银行存款
3	1011	零余额账户用款额度
4	1021 102101 102102	财政应返还额度 财政直接支付 财政授权支付
5	1212	应收账款
6	1213	预付账款
7	1215	其他应收款
8	1301	存货

(续表)

序号	科目编号	会计科目名称
9	1501	固定资产
10	1502	累计折旧
11	1511	在建工程
12	1601	无形资产
13	1602	累计摊销
14	1701	待处理财产损溢
15	1801	政府储备物资
16	1802	公共基础设施
17	1901	受托代理资产
二、负债类		
18	2001	应缴财政款
19	2101	应缴税费
20	2201	应付职工薪酬
21	2301	应付账款
22	2302	应付政府补贴款
23	2305	其他应付款
24	2401	长期应付款
25	2901	受托代理负债
三、净资产类		
26	3001	财政拨款结转
27	3002	财政拨款结余
28	3101	其他奖金结转结余
29	3501 350101 350111 350121 350131 350141 350151 350152	资产基金 　　预付款项 　　存货 　　固定资产 　　在建工程 　　无形资产 　　政府储备物资 　　公共基础设施
30	3502	待偿债净资产
四、收入类		
31	4001	财政拨款收入

(续表)

序号	科目编号	会计科目名称
32	4011	其他收入
五、支出类		
33	5001	经费支出
34	5101	拨出经费

行政单位会计科目的使用要求如下所述：

(1) 行政单位应当对有关法律、法规允许进行的经济活动，按照《行政单位会计制度》的规定使用会计科目进行核算；行政单位不得以该制度规定的会计科目及使用说明作为进行有关法律、法规禁止的经济活动的依据。

(2) 行政单位对基本建设投资的会计核算在执行该制度的同时，还应当按照国家有关基本建设会计核算的规定单独建账、单独核算。

(3) 行政单位应当按照该制度的规定设置和使用会计科目，因没有相关业务不需要使用的总账科目可以不设；在不影响会计处理和编报财务报表的前提下，行政单位可以根据实际情况自行增设该制度规定以外的明细科目，或者自行减少、合并该制度规定的明细科目。

(4) 按照财政部规定对固定资产和公共基础设施计提折旧的，相关折旧的账务处理应当按照该制度规定执行；按照财政部规定不对固定资产和公共基础设施计提折旧的，不设置该制度规定的"累计折旧"科目，在进行账务处理时不考虑该制度其他科目说明中涉及的"累计折旧"科目。

(5) 该制度统一规定会计科目的编号，以便于填制会计凭证、登记账簿、查阅账目、实行会计信息化管理。行政单位不得随意打乱重编该制度规定的会计科目编号。

复习思考题

1. 什么是行政单位会计中界定的行政单位？具体包括哪些组织？
2. 行政单位预算构成如何？管理办法是怎样的？
3. 什么是行政单位会计？有哪些主要特点？
4. 行政单位会计制度包括哪些内容？
5. 行政单位会计信息质量特征有哪些？
6. 行政单位会计科目分为哪几类？使用时应当遵循哪些要求？

练 习 题

一、判断题

1. 行政单位会计适用于国家行政机关，但不适用于国家权力机关、国家审判机关

和检察机关。( )
2. 行政单位固定资产核算必须设置"累计折旧"科目。( )
3. 行政单位会计核算一般采用收付实现制,个别经济业务和事项应当按照规定采用权责发生制。( )
4. 行政单位预算由收入预算、支出预算、结转结余预算组成。( )
5. 按照相关规定,财政部门对行政单位实行收支统一管理,定额、定项拨款,超支不补,结转和结余留用的预算管理办法。( )
6. 行政单位会计信息使用者包括投资者、债权人、行政单位自身和其他会计信息使用者。( )
7. 行政单位会计需要详细反映单位预算执行情况,但不需要反映单位财务状况。( )
8. 行政单位采用双分录的会计处理方法,即在为涉及预算执行情况变化的经济业务或事项编制相应的会计分录的同时,再为涉及财务状况变化的相同经济业务或事项编制相应的会计分录。( )
9. 行政单位会计科目可分为资产、负债、净资产、收入、支出、结余六类。( )

二、单项选择题

1. 下列不适用于行政单位会计的是( )。
   A. 行政机关   B. 国家权力机关
   C. 国家审判机关   D. 国有企业
2. 行政单位以财政直接支付方式购入一项固定资产时,不涉及的会计科目是( )。
   A. 经费支出   B. 固定资产
   C. 资产基金   D. 零余额账户用款额度
3. 下列不属于行政单位会计质量特征的是( )。
   A. 客观性   B. 相关性   C. 全面性   D. 谨慎性
4. 下列不属于行政单位资产类会计科目的是( )。
   A. 待处理财产损溢   B. 政府储备物资
   C. 财政返还额度   D. 待偿债净资产
5. 行政单位预算管理的内容不包括( )。
   A. 收支统一管理   B. 定额、定项拨款,超支不补
   C. 结转和结余按规定使用 D. 国有企业

第二章 行政单位资产的核算

资产是行政单位占有或者使用的,能以货币计量的经济资源,包括流动资产、固定资产、在建工程、无形资产等。由行政单位直接支配,供社会公众使用的政府储备物资、公共基础设施等,也属于行政单位会计核算的资产。

第一节 流 动 资 产

流动资产是指可以在1年内(含1年)变现或者耗用的资产,包括库存现金、银行存款、零余额账户用款额度、财政应返还额度、应收及预付款项、存货等。

一、库存现金

(一) 库存现金的概念与内容

库存现金是指行政单位存放在财务部门的货币资金,简称现金。行政单位应当严格按照国家有关现金管理的规定收支现金,并按规定核算现金的各项收支业务。随着公务卡的普遍推行与使用,行政单位的库存现金业务相应减少。

(二) 库存现金的核算

为核算现金业务,行政单位应设置"库存现金"总账科目。现金业务的主要账务处理如下:

(1) 从银行等金融机构提取现金,按照实际提取的金额,借记"库存现金"科目,贷记"银行存款""零余额账户用款额度"等科目;将现金存入银行等金融机构,借记"银行存款"科目,贷记"库存现金"科目;将现金退回单位零余额账户,借记"零余额账户用款额度"科目,贷记"库存现金"科目。

(2) 因支付内部职工出差等原因所借的现金,借记"其他应收款"科目,贷记"库存现金"科目;出差人员报销差旅费时,按照应报销的金额,借记有关科目;按照实际借出的现金金额,贷记"其他应收款"科目;按照其差额,借记或贷记"库存现金"科目。

(3) 因开展业务或其他事项收到现金,借记"库存现金"科目,贷记有关科目;因购买服务、商品或者其他事项支出现金,借记有关科目,贷记"库存现金"科目。

(4) 收到受托代理的现金时,借记"库存现金"科目,贷记"受托代理负债"科目;支付受托代理的现金时,借记"受托代理负债"科目,贷记"库存现金"科目。

【例 2-1】 某行政单位发生如下经济业务:

(1) 从单位零余额账户中提取现金 1 200 元,已备日常使用。其会计分录为:

借：库存现金　　　　　　　　　　　　　　　　　　　　　　　　1 200
　　　　贷：零余额账户用款额度　　　　　　　　　　　　　　　　　　　1 200

（2）用现金购买了一些办公用品，金额共计350元，直接交有关部门使用。其会计分录为：

　　借：经费支出　　　　　　　　　　　　　　　　　　　　　　　　　350
　　　　贷：库存现金　　　　　　　　　　　　　　　　　　　　　　　　350

行政单位应当设置"现金日记账"，由出纳人员根据收付款凭证，按照业务发生顺序逐笔登记。每日终了，应当计算当日的现金收入合计数、现金支出合计数和结余数，并将结余数与实际库存数核对，做到账款相符。

每日终了结算现金收支，核对库存现金时发现有待查明原因的现金短缺或溢余，应通过"待处理财产损溢"科目核算。其账务处理详见"第八节待处理财产损溢"。

二、银行存款

银行存款是行政单位存放在开户银行或其他金融机构的各种存款。行政单位应当严格按照国家有关支付结算办法的规定办理银行存款收支业务，并按行政单位会计制度的规定核算银行存款的各项收支业务。随着财政国库集中收付制度的推行，行政单位的财政资金的收付业务都直接通过财政国库单一账户体系办理，行政单位银行存款的业务越来越少。

为核算银行存款业务，行政单位应设置"银行存款"科目。行政单位银行存款业务的账务处理如下：

（1）将款项存入银行或者其他金融机构，借记"银行存款"科目，贷记"库存现金""其他收入"等有关科目；提取和支出存款时，借记有关科目，贷记"银行存款"科目。

（2）收到银行存款利息，借记"银行存款"科目，贷记"其他收入"等科目；支付银行手续费或银行扣收罚金等时，借记"经费支出"科目，贷记"银行存款"科目。

（3）收到受托代理的银行存款时，借记"银行存款"科目，贷记"受托代理负债"科目；支付受托代理的存款时，借记"受托代理负债"科目，贷记"银行存款"科目。

【例2-2】某行政单位2016年1月份发生如下会计事项：

（1）将库存现金1 500元存入银行。其会计分录为：

　　借：银行存款　　　　　　　　　　　　　　　　　　　　　　　　1 500
　　　　贷：库存现金　　　　　　　　　　　　　　　　　　　　　　　1 500

（2）从非同级财政部门取得一笔款项5 000元，用于完成委托的专项任务。款项已存入银行。其会计分录为：

　　借：银行存款　　　　　　　　　　　　　　　　　　　　　　　　5 000
　　　　贷：其他收入　　　　　　　　　　　　　　　　　　　　　　　5 000

（3）通过银行存款支付一笔款项800元，具体内容为完成委托专业业务过程中发生的一笔办公费。其会计分录为：

借：经费支出　　　　　　　　　　　　　　　　　　　　　　　800
　　贷：银行存款　　　　　　　　　　　　　　　　　　　　　　800

行政单位应当按开户银行或其他金融机构、存款种类及币种等，分别设置"银行存款日记账"，由出纳人员根据收付款凭证，按照业务的发生顺序逐笔登记，每日终了应结出余额。"银行存款日记账"应定期与"银行对账单"核对，至少每月核对一次。月度终了，行政单位账面余额与银行对账单余额之间如有差额，必须逐笔查明原因并进行处理，按月编制"银行存款余额调节表"，调节相符。

三、零余额账户用款额度

（一）零余额账户用款额度的概念

零余额账户用款额度是指实行财政国库集中支付的行政单位根据财政部门批复的用款计划收到和支用的用款额度。财政部门为行政单位在商业银行开设单位零余额账户，用于财政部门授权支付。财政部门向某行政单位零余额账户的代理银行下达零余额账户用款额度时，该单位的零余额账户用款额度增加。行政单位可以根据经批准的单位预算和用款计划，自行向单位零余额账户的代理银行开具支付令，从单位零余额账户向收款人支付款项，或从单位零余额账户提取现金。代理银行在将行政单位开具的支付令与行政单位的单位预算和用款计划进行核对，并向收款人支付款项后，于当日通过行政单位的零余额账户与财政国库单一账户进行资金清算。资金清算后，行政单位零余额账户的余额为零，因此，该账户称为零余额账户。尽管如此，只要行政单位从单位零余额账户中支取的款项小于财政部门下达的单位零余额账户用款额度，行政单位零余额账户的用款额度仍然存放在代理银行。行政单位仍然可以继续通过单位零余额账户使用剩余的用款额度，实现支付。由此，零余额账户用款额度尽管只是一个用款额度，但它是行政单位可以随时使用的一项特殊的流动资产。

在财政国库单一账户制度下，财政部门在商业银行开设的财政零余额账户。财政零余额账户用于财政直接支付。当行政单位根据经批准的部门预算和用款计划购买物品或服务时，向财政部门申请财政直接支付。财政部门经审校无误，向财政零余额账户的代理银行开具支付令，通过财政零余额账户将款项支付给收款人。每日终了，当代理银行与财政国库单一账户进行资金清算后，财政零余额账户的余额即为零。与单位零余额账户用款额度不同的是，行政单位不能自行向财政零余额账户开具支付令，只有财政部门才能向财政零余额账户开具支付令。因此，行政单位在财政零余额账户中的用款额度或预算指标不作为行政单位的资产反映。

在财政国库单一账户制度下，财政预算资金全部存放在国库单一账户。行政单位自行在银行开设的银行存款账户不存放财政预算资金。

（二）零余额账户用款额度的核算

为了核算零余额账户用款额度情况，行政单位应设置"零余额账户用款额度"总账科目。该科目期末借方余额,反映行政单位尚未支用的零余额账户用款额度。年度终了,注销单位零余额账户用款额度后,该科目应无余额。行政单位零余额账户用款额度业务的账务处理如下:

(1) 收到代理银行转来的"财政授权支付额度到账通知书",借记"零余额账户用款额度"科目,贷记"财政拨款收入"科目。

(2) 开具支付令从单位零余额账户支付款项时,借记"经费支出"等有关科目,贷记"零余额账户用款额度"科目。

(3) 从单位零余额账户提取现金时,借记"库存现金"科目,贷记"零余额账户用款额度"科目。

年度终了,注销单位零余额账户用款额度的账务处理参见以下"四、财政应返还额度"的核算。

【例 2-3】 某行政单位发生如下业务:

(1) 收到单位零余额账户代理银行转来的财政授权支付额度到账通知书,获得财政授权支付额度 55 000 元。其会计分录为:

借:零余额账户用款额度　　　　　　　　　　　　　　　　　　　　55 000
　　贷:财政拨款收入　　　　　　　　　　　　　　　　　　　　　　　　55 000

(2) 通过单位零余额账户购买办公用品一批,金额共计 200 元,直接列为支出。其会计分录为:

借:经费支出　　　　　　　　　　　　　　　　　　　　　　　　　　200
　　贷:零余额账户用款额度　　　　　　　　　　　　　　　　　　　　　200

在财政国库单一账户制度下,财政部门在商业银行开设财政零余额账户用于财政直接支付。但行政单位不需要为财政零余额账户设置特别的总账科目来核算财政直接支付业务。财政零余额账户的业务由财政国库支付执行机构通过设置"财政零余额账户存款"总账科目来核算相应的业务内容。

四、财政应返还额度

(一) 财政应返还额度的概念与内容

财政应返还额度是指实行国库集中支付的行政单位应收财政返还的资金额度。在财政国库单一账户制度下,年度终了,当行政单位通过财政零余额账户发生的实际财政直接支付数小于财政直接支付用款额度数,行政单位就存在尚未使用的财政直接支付用款额度。同样,当行政单位通过单位零余额账户发生的实际财政授权支付数小于财政授权支付额度数,行政单位也就存在尚未使用的财政授权支付用款额度。财政部门对行政单位尚未使用的财政直接支付用款额度和财政授权支付用款额度,采用先注销后恢复的管理办法。即年度终了,财政部门对行政单位尚未使用的用款额度先进行注销;次年初,财政部门再对行政单位尚未使用的用款额度予以恢复,供行政单位使用。由此,当年尚未使用的用款额度,即构成行政单位的财政应返还额度。

(二) 财政应返还额度的核算

为核算财政应返还额度的业务,行政单位应设置"财政应返还额度"总账科目,并设置"财政直接支付""财政授权支付"两个明细科目进行明细核算。财政应返还额度的主要账务处理如下所述。

1. 财政直接支付方式下财政应返还额度的核算

年末,行政单位根据本年度财政直接支付预算指标数与当年财政直接支付实际支出数的差额,借记"财政应返还额度——财政直接支付"科目,贷记"财政拨款收入"科目。

下年度年初,财政部门恢复财政直接支付额度时,行政单位不作会计处理。

下一年度,行政单位实际使用以前年度财政直接支付额度发生支出时,借记"经费支出"等科目,贷记"财政应返还额度——财政直接支付"科目。

【例 2-4】 某行政单位发生如下业务:

(1) 年终本年度财政直接支付预算指标数为 898 000 元,财政直接支付实际支出数 885 000 元,两者差额为 13 000 元。行政单位存在尚未使用的财政直接支付预算指标。其会计分录为:

借:财政应返还额度——财政直接支付   13 000
  贷:财政拨款收入   13 000

(2) 次年初获得财政部门批复同意恢复财政直接支付额度总数 13 000 元。经批准使用恢复额度支付办公经费 2 000 元。其会计分录为:

借:经费支出   2 000
  贷:财政应返还额度——财政直接支付   2 000

2. 财政授权支付方式下财政应返还额度的核算

年末,根据本年度已下达的财政授权支付额度数与当年财政授权支付实际支出数的差额,借记"财政应返还额度——财政授权支付"科目,贷记"零余额账户用款额度"科目;如果本年度财政授权支付预算指标数大于零余额账户用款额度下达数,根据两者的差额,借记"财政应返还额度——财政授权支付"科目,贷记"财政拨款收入"科目。

下年度初,行政单位根据代理银行提供的额度恢复到账通知书作恢复额度的相关账务处理,借记"零余额账户用款额度"科目,贷记"财政应返还额度——财政授权支付"科目。行政单位收到财政部门批复的上年未下达零余额账户用款额度时,借记"零余额账户用款额度"科目,贷记"财政应返还额度——财政授权支付"科目。

下一年度,行政单位实际使用以前年度财政授权支付额度时,借记"经费支出"等科目,贷记"零余额账户用款额度"科目。

【例 2-5】 某行政单位发生如下业务:

(1) 年终本年度财政授权支付预算指标数为 786 000 元,本年度财政授权支付实际支出数为 755 000 元,单位零余额账户代理银行收到零余额账户用款额度 776 000 元。行政单位存在尚未使用的财政授权支付预算额度 21 000 元(776 000—755 000),存在尚未收到的财政授权支付预算指标 10 000 元(786 000—776 000)。其会计分录为：

  借：财政应返还额度——财政授权支付   21 000
    贷：零余额账户用款额度   21 000

同时，

  借：财政应返还额度——财政授权支付   10 000
    贷：财政拨款收入   10 000

（2）次年年初收到代理银行提供的额度恢复到账通知书，恢复财政授权支付额度 21 000 元。其会计分录为：

  借：零余额账户用款额度   21 000
    贷：财政应返还额度——财政授权支付   21 000

（3）次年年初收到财政部门批复的上年年末未下达的单位零余额账户用款额度 10 000 元。其会计分录为：

  借：零余额账户用款额度   10 000
    贷：财政应返还额度——财政授权支付   10 000

五、应收账款

应收账款是行政单位出租资产、出售物资等应当收取的款项。行政单位收到的商业汇票也属于应收账款的内容范围。应收账款应当在资产已出租或物资已出售、且尚未收到款项时确认。行政单位因出租资产、出售物资等而收到的款项，在按照税法规定扣除了应缴税费后，应当上缴财政，由财政统一管理，统筹安排使用。

（一）应收账款一般业务

为了核算应收账款业务，行政单位应设置"应收账款"总账科目，行政单位收到的商业汇票，也通过该科目核算。该科目应当按照购货、接受服务单位（或个人）或开出、承兑商业汇票的单位等进行明细核算。该科目期末借方余额，反映行政单位尚未收回的应收账款。

应收账款的主要账务处理如下所述。

1. 出租资产发生的应收账款

行政单位出租资产尚未收到款项时，按照应收未收金额，借记"应收账款"科目，贷记"其他应付款"科目；收回应收账款时，借记"银行存款"等科目，贷记"应收账款"科目；同时，借记"其他应付款"科目，按照应缴的税费，贷记"应缴税费"科目，按照扣除应缴税费后的净额，贷记"应缴财政款"科目。

【例 2-6】某行政单位 2016 年 1 月发生如下业务：

（1）将暂时闲置的某一房屋出租，租金 5 000 元，款项尚未收到。其会计分录为：

  借：应收账款   5 000
    贷：其他应付款   5 000

(2) 收到上述租金,应缴 5% 的营业税(假定不考虑其他税费),应缴的税费为 250元。其会计分录为:

　　　　借:银行存款　　　　　　　　　　　　　　　　　5 000
　　　　　贷:应收账款　　　　　　　　　　　　　　　　　　5 000

同时,

　　　　借:其他应付款　　　　　　　　　　　　　　　　5 000
　　　　　贷:应缴税费——营业税　　　　　　　　　　　　　250
　　　　　　　应缴财政款　　　　　　　　　　　　　　　4 750

2. 出售物资发生的应收账款

行政单位出售物资已发出并到达约定状态且尚未收到款项时,按照应收未收金额,借记"应收账款"科目,贷记"待处理财产损溢"科目;收回应收账款时,借记"银行存款"等科目,贷记"应收账款"科目。

【例 2-7】 某行政单位 2016 年 1 月发生如下业务:

(1) 出售一批不需用的办公设备,原价 150 000 元,已计提折旧 145 000 元,将该固定资产转入待处理财产损溢,同时转销资产基金。其会计分录为:

　　　　借:待处理财产损溢　　　　　　　　　　　　　　5 000
　　　　　　累计折旧　　　　　　　　　　　　　　　　145 000
　　　　　贷:固定资产　　　　　　　　　　　　　　　150 000

同时,

　　　　借:资产基金——固定资产　　　　　　　　　　　5 000
　　　　　贷:待处理财产损溢　　　　　　　　　　　　　　5 000

(2) 出售价款 4 000 元,款项尚未收到。其会计分录为:

　　　　借:应收账款　　　　　　　　　　　　　　　　　4 000
　　　　　贷:待处理财产损溢　　　　　　　　　　　　　　4 000

(3) 收到应收账款。其会计分录为:

　　　　借:银行存款　　　　　　　　　　　　　　　　　4 000
　　　　　贷:应收账款　　　　　　　　　　　　　　　　　4 000

同时,

　　　　借:待处理财产损溢　　　　　　　　　　　　　　4 000
　　　　　贷:应缴财政款　　　　　　　　　　　　　　　4 000

3. 收到商业汇票

行政单位出租资产收到商业汇票,按照商业汇票的票面金额,借记"应收账款"科目,贷记"其他应收款"科目。出售物资收到商业汇票,按照商业汇票的票面金额,借记"应收账款"科目,贷记"待处理财产损溢"科目。

商业汇票到期收回款项时,借记"银行存款"等科目,贷记"应收账款"科目。其中,出租资产收回款项的,还应当同时借记"其他应收款"科目,按照应缴的税费,贷记"应缴税费"科目,按照扣除应缴税费后的净额,贷记"应缴财政款"科目。

行政单位应当设置"商业汇票备查簿",逐笔登记每一笔应收商业汇票的种类、号数、出票日期、到期日、票面金额、交易合同号等相关信息资料。商业汇票到期结清票款或退票后,应当在备查簿内逐笔注销。

(二)应收账款的核销

逾期3年或以上、有确凿证据表明确实无法收回的应收账款,按规定报经批准后予以核销。核销的应收账款应在备查簿中保留登记。其具体账务处理详见本章"第八节待处理财产损溢"。

六、预付账款

预付账款是行政单位按照购货、服务合同规定预付给供应单位(或个人)的款项。行政单位依据合同规定支付的定金,也属于预付账款的内容范围。行政单位支付可以收回的订金,不属于预付账款的内容范围,而属于"其他应收款"的内容范围。预付账款应当在已支付款项且尚未收到物资或服务时确认。

(一)预付账款一般业务

为了核算预付账款业务,行政单位应设置"预付账款"总账科目。该科目应当按照供应单位(或个人)进行明细核算。该科目期末借方余额,反映行政单位实际预付但尚未结算的款项。

预付账款的主要账务处理如下:

(1)发生预付账款时,借记"预付账款"科目,贷记"资产基金——预付款项"科目;同时,借记"经费支出"科目,贷记"财政拨款收入""零余额账户用款额度""银行存款"等科目。

(2)收到所购物资或服务时,按照相应预付账款金额,借记"资产基金——预付款项"科目,贷记"预付账款"科目;发生补付款项的,按照实际补付的款项,借记"经费支出"科目,贷记"财政拨款收入""零余额账户用款额度""银行存款"等科目。收到物资的同时,按照收到所购物资的成本,借记有关资产科目,贷记"资产基金"及相关明细科目。

(3)发生当年预付账款退回的,借记"资产基金——预付款项"科目,贷记"预付账款"科目;同时,借记"财政拨款收入""零余额账户用款额度""银行存款"等科目,贷记"经费支出"科目。

发生以前年度预付账款退回的,借记"资产基金——预付款项"科目,贷记"预付账款"科目;同时,借记"财政应返还额度""零余额账户用款额度""银行存款"等科目,贷记"财政拨款结转""财政拨款结余""其他资金结转结余"等科目。

【例2-8】 某行政单位发生如下业务:

(1)通过财政零余额账户向甲公司购入一批物资,预付账款10 000元。其会计分录为:

借：预付账款——甲公司　　　　　　　　　　　　　　　　　　　　　10 000
　　贷：资产基金——预付款项　　　　　　　　　　　　　　　　　　　10 000

同时，

借：经费支出　　　　　　　　　　　　　　　　　　　　　　　　　　10 000
　　贷：财政零余额账户用款额度　　　　　　　　　　　　　　　　　　10 000

（2）收到专用物资，其成本为35 000元，通过财政零余额账户补付余款。专用物资已验收入库。其会计分录为：

借：资产基金——预付款项　　　　　　　　　　　　　　　　　　　　10 000
　　贷：预付账款——甲公司　　　　　　　　　　　　　　　　　　　　10 000

同时，

借：经费支出　　　　　　　　　　　　　　　　　　　　　　　　　　25 000
　　贷：财政零余额账户用款额度　　　　　　　　　　　　　　　　　　25 000
借：存货——专用物资　　　　　　　　　　　　　　　　　　　　　　35 000
　　贷：资产基金——存货　　　　　　　　　　　　　　　　　　　　　35 000

（二）预付账款核销

逾期3年或以上、有确凿证据表明确实无法收到所购物资和服务，且无法收回的预付账款，按照规定报经批准后予以核销。核销的预付账款应在备查簿中保留登记。其具体账务处理详见本章"第八节待处理财产损溢"。

七、其他应收款

其他应收款是指行政单位除应收账款、预付账款以外的其他各项应收及暂付款项，如职工预借的差旅费、拨付给内部有关部门的备用金、应向职工收取的各种垫付款项等。

行政单位其他应收款的管理应注意以下几点：①其他应收款业务要根据借款人的借款收据，经本单位负责人签字批准，会计主管人员审核后办理。②借款人在办事结束后，应在规定的日期结算报销。年终，借款原则上应全部结清，不得跨年度挂账。③拨付给所属报账单位的备用金，要根据实际需要，核定一个定额加以控制，不可随意扩大暂付款业务的发生范围和发生金额。

（一）其他应收款一般业务

为核算其他应收款业务，行政单位应设置"其他应收款"科目。该科目应当按照其他应收款的类别以及债务单位（或个人）进行明细核算。该科目期末借方余额，反映行政单位尚未收回的其他应收款。

其他应收款的主要账务处理如下：

（1）发生其他应收及暂付款项时，借记"其他应收款"科目，贷记"零余额账户用款额度""银行存款"等科目；收回或转销上述款项时，借记"银行存款""零余额账户用款额度"或有关支出等科目，贷记"其他应收款"科目。

(2)行政单位内部实行备用金制度的,有关部门使用备用金以后应当及时到财务部门报销并补足备用金。财务部门核定并发放备用金时,借记"其他应收款"科目,贷记"库存现金"等科目。根据报销数用现金补足备用金定额时,借记"经费支出"科目,贷记"库存现金"等科目,报销数和拨补数都不再通过该科目核算。

【例 2-9】 某行政单位 2016 年发生下列其他应收款的经济业务:

(1)年初给办公室设立定额备用金,核定定额为 800 元,款项以库存现金支付。其会计分录为:

　　借:其他应收款——备用金　　　　　　　　　　　　　　　　800
　　　　贷:库存现金　　　　　　　　　　　　　　　　　　　　　　800

(2)办公室交来普通发票 400 元,报销购买办公用品等相关支出,财务科以现金补足定额备用金。其会计分录为:

　　借:经费支出　　　　　　　　　　　　　　　　　　　　　　400
　　　　贷:库存现金　　　　　　　　　　　　　　　　　　　　　　400

(3)经批准撤销办公室的定额备用金,交回购买办公用品支出的普通发票 500 元及现金 300 元。其会计分录为:

　　借:经费支出　　　　　　　　　　　　　　　　　　　　　　500
　　　　库存现金　　　　　　　　　　　　　　　　　　　　　　300
　　　　贷:其他应收款——备用金　　　　　　　　　　　　　　　800

(4)李华出差预借差旅费 5 000 元,以现金支付。其会计分录为:

　　借:其他应收款——李华　　　　　　　　　　　　　　　　5 000
　　　　贷:库存现金　　　　　　　　　　　　　　　　　　　　5 000

(5)李华出差回来后报销,实际开支 4 780 元,退回多余现金 220 元。其会计分录为:

　　借:经费支出　　　　　　　　　　　　　　　　　　　　　4 780
　　　　库存现金　　　　　　　　　　　　　　　　　　　　　　220
　　　　贷:其他应收款——李华　　　　　　　　　　　　　　　5 000

(二)其他应收款核销

逾期 3 年或以上、有确凿证据表明确实无法收回的其他应收款,按规定报经批准后予以核销。核销的其他应收款应在备查簿中保留登记。其账务处理详见本章"第八节待处理财产损溢"。

八、存货

(一)存货的概念和内容

存货是指行政单位在开展业务活动及其他活动中为耗用而储存的各种物资,包括材料、燃料、包装物和低值易耗品及未达到固定资产标准的家具、用具、装具等。但行政单位接受委托人指定受赠人的转赠物资,不属于存货的内容。行政单位随买随用的零星办公用品等,可以在购进时直接列作支出,不作为存货核算。

(二) 存货的确认与计量

存货应当在其到达存放地点并验收时确认。存货在取得时,应当按照其实际成本入账:

(1) 购入的存货,其成本包括购买价款、相关税费、运输费、装卸费、保险费以及其他使得存货达到目前场所和状态所发生的支出。

(2) 置换换入的存货,其成本按照换出资产的评估价值,加上支付的补价或减去收到的补价,加上为换入存货支付的其他费用(运输费等)确定。

(3) 接受捐赠、无偿调入的存货,其成本按照有关凭据注明的金额加上相关税费、运输费等确定;没有取得相关凭据但依法经过资产评估的,其成本应当按照评估价值加上相关税费、运输费等确定;没有取得相关凭据也未经评估的,其成本比照同类或类似存货的市场价格加上相关税费、运输费等确定;没有相关凭据也未经评估,其同类或类似存货的市场价格无法可靠取得的,该存货按照名义金额入账。

(4) 委托加工的存货,其成本按照未加工存货的成本加上加工费用和往返运输费等确定。

(5) 盘盈的存货,按照取得同类或类似存货的实际成本确定入账价值;没有同类或类似存货的实际成本,按照同类或类似存货的市场价格确定入账价值;同类或类似存货的实际成本或市场价格无法可靠取得的,按照名义金额入账。

(三) 存货的核算

为了核算存货业务的实际成本,行政单位应设置"存货"总账科目。该科目应当按照存货的种类、规格和保管地点等进行明细核算。行政单位有委托加工存货业务的,应当在该科目下设置"委托加工存货成本"科目。出租、出借的存货,应当设置备查簿进行登记。该科目期末借方余额,反映行政单位存货的实际成本。

1. 取得存货的核算

(1) 购入的存货验收入库,按照确定的成本,借记"存货"科目,贷记"资产基金——存货"科目;同时,按照实际支付的金额,借记"经费支出"科目,贷记"财政拨款收入""零余额账户用款额度""银行存款"等科目;对于尚未付款的,应当按照应付未付的金额,借记"待偿债净资产"科目,贷记"应付账款"科目。

(2) 置换换入的存货验收入库,按照确定的成本,借记"存货"科目,贷记"资产基金——存货"科目;同时,按实际支付的补价、运输费等金额,借记"经费支出"科目,贷记"财政拨款收入""零余额账户用款额度""银行存款"等科目。

(3) 接受捐赠、无偿调入的存货验收入库,按照确定的成本,借记"存货"科目,贷记"资产基金——存货"科目;同时,按实际支付的相关税费、运输费等金额,借记"经费支出"科目,贷记"财政拨款收入""零余额账户用款额度""银行存款"等科目。

(4) 委托加工的存货出库,借记"存货"科目下的"委托加工存货成本"明细科目,贷记"存货"科目下的相关明细科目。支付加工费用和相关运输费等时,借记"经费支出"

科目,贷记"财政拨款收入""零余额账户用款额度""银行存款"等科目;同时,按照相同的金额,借记"存货"科目下的"委托加工存货成本"明细科目,贷记"资产基金——存货"科目。委托加工完成的存货验收入库时,按照委托加工存货的成本,借记"存货"科目下的相关明细科目,贷记"存货"科目下的"委托加工存货成本"明细科目。

2. 发出存货的核算

存货发出时,应当根据实际情况采用先进先出法、加权平均法或者个别计价法确定发出存货的实际成本。计价方法一经确定,不得随意变更。

(1) 开展业务活动等领用、发出存货,按照领用、发出存货的实际成本,借记"资产基金——存货"科目,贷记"存货"科目。

(2) 经批准对外捐赠、无偿调出存货时,按照对外捐赠、无偿调出存货的实际成本,借记"资产基金——存货"科目,贷记"存货"科目。

对外捐赠、无偿调出存货发生由行政单位承担的运输费等支出,借记"经费支出"科目,贷记"财政拨款收入""零余额账户用款额度""银行存款"等科目。

3. 存货出售、报废和毁损、盘盈和盘亏的核算

经批准对外出售、置换换出、报废、毁损、盘盈、盘亏的存货,应当转入待处理财产损溢,其账务处理详见本章"第八节待处理财产损溢"。

【例2-10】 某行政单位发生如下业务:

(1) 购入办公用品计7 020元,款项通过单位零余额账户付讫,又用现金支付装卸费100元。办公用品已验收入库。其会计分录为:

借:存货 7 120
　　贷:资产基金——存货 7 120

同时,

借:经费支出 7 120
　　贷:零余额账户用款额度 7 020
　　　　库存现金 100

(2) 部门领用甲办公用品20件,确定的成本为1 000元。其会计分录为:

借:资产基金——存货 1 000
　　贷:存货——甲办公用品 1 000

(3) 向希望工程捐赠一批图书,成本30 000元,承担的运输成本为1 000元。其会计分录为:

借:资产基金——存货 30 000
　　贷:存货——图书 30 000
借:经费支出 1 000
　　贷:银行存款 1 000

有关存货核算其他内容的举例请参阅"应付账款"等有关章节。

第二节　固定资产

一、固定资产的定义与分类

固定资产是指使用期限超过1年(不含1年)、单位价值在规定标准以上,并在使用过程中基本保持原有物质形态的资产。单位价值虽未达到规定标准,但是耐用时间超过1年(不含1年)的大批同类物资,应当作为固定资产核算。

固定资产一般分为六类:房屋及构筑物;专用设备;通用设备;文物和陈列品;图书、档案;家具、用具、装具及动植物。

(1) 房屋和构筑物,是指行政单位拥有占有权或者使用权的房屋、建筑物及其附属设施。其中,房屋包括办公用房、业务用房、库房、职工宿舍、职工食堂、锅炉房等;建筑物包括围墙、水塔等;附属设施包括房屋、建筑物内的电梯、通讯线路、输电线路、水气管道等。

(2) 专用设备,是指行政单位根据业务工作的实际需要购置的各种具有专门性能和专门用途的设备,如学校的教学仪器、科研单位的科研仪器、医院的医疗器械等。

(3) 通用设备,是指行政单位拥有占有或者使用的各类交通工具,如小汽车等各种车辆;各种办公用设备,如办公用的电脑、复印机等。

(4) 文物和陈列品,是指博物馆、展览馆、纪念馆等文化行政单位的各种文物或陈列品,如古物、字画、纪念品等。

(5) 图书、档案,是指专业图书馆、文化馆贮藏的书籍,以及行政单位贮藏的统一管理使用的业务用书,如单位图书馆(室)、阅览室的图书等。

(6) 家具、用具、装具及动植物,是指行政单位办公用的家具及在业务活动中使用的工具、包装物等,以及属于非流动资产的动植物,包括经济林、薪炭林、产畜和役畜等。持有该项资产是以产出农产品、提供劳务或出租等为目的的。

行政单位应当根据固定资产定义、有关主管部门对固定资产的统一分类,结合本单位的具体情况,制定适合本单位的固定资产目录、具体分类方法,作为进行固定资产核算的依据。

二、固定资产的确认与初始计量

(一) 固定资产的确认

固定资产应当按照以下条件确认:

(1) 购入、换入、无偿调入、接受捐赠不需安装的固定资产,在固定资产验收合格时确认。

(2) 购入、换入、无偿调入、接受捐赠需要安装的固定资产,在固定资产安装完成交付使用时确认。

(3) 自行建造、改建、扩建的固定资产,在建造完成交付使用时确认。

（二）固定资产的初始计量

取得固定资产时,应当按照其成本入账。

（1）购入的固定资产,其成本包括实际支付的购买价款、相关税费、固定资产交付使用前发生的可归属于该项资产的运输费、装卸费、安装费和专业人员服务费等。

以一笔款项购入多项没有单独标价的固定资产,按照各项固定资产同类或类似固定资产市场价格的比例对总成本进行分配,分别确定各项固定资产的入账价值。

（2）自行建造的固定资产,其成本包括建造该项资产至交付使用前所发生的全部必要支出。

固定资产的各组成部分需要分别核算的,按照各组成部分固定资产造价确定其成本；没有各组成部分固定资产造价的,按照各组成部分固定资产同类或类似固定资产市场造价的比例对总造价进行分配,确定各组成部分固定资产的成本。

（3）自行繁育的动植物,其成本包括在达到可使用状态前所发生的全部必要支出。

（4）在原有固定资产基础上进行改建、扩建、修缮的固定资产,其成本按照原固定资产的账面价值（"固定资产"科目账面余额减去"累计折旧"科目账面余额后的净值）加上改建、扩建、修缮发生的支出,再扣除固定资产拆除部分账面价值后的金额确定。

（5）置换取得的固定资产,其成本按照换出资产的评估价值加上支付的补价或减去收到的补价,加上为换入固定资产支付的其他费用（运输费等）确定。

（6）接受捐赠、无偿调入的固定资产,其成本的确定请参照"接受捐赠、无偿调入的存货"内容。

（7）盘盈的固定资产,具体请参照"盘盈的存货"内容。

三、固定资产核算使用的会计科目

为了核算各类固定资产原价增减变动情况,行政单位应设置"固定资产"总账科目,该科目借方登记增加额,贷方登记减少额,该科目期末借方余额,反映行政单位固定资产的原价。

行政单位应当设置"固定资产登记簿"和"固定资产卡片",按照固定资产类别、项目和使用部门等进行明细核算。出租、出借的固定资产,应当设置备查簿进行登记。

关于固定资产的核算还应注意以下两点：

（1）行政单位的软件,如果其构成相关硬件不可缺少的组成部分,应当将该软件的价值包括在所属的硬件价值中,一并作为固定资产,通过该科目进行核算；如果其不构成相关硬件不可缺少的组成部分,应当将该软件作为无形资产,通过"无形资产"科目核算。

（2）行政单位购建房屋及构筑物不能够分清支付价款中的房屋及构筑物与土地使用权部分的,应当全部作为固定资产,通过该科目核算；能够分清支付价款中的房屋及构筑物与土地使用权部分的,应当将其中的房屋及构筑物部分作为固定资产,通过该科目核算,将其中的土地使用权部分作为无形资产,通过"无形资产"科目核算；境外行政单位购买具有所有权的土地,作为固定资产,通过该科目核算。

四、固定资产取得的核算

(一) 购入固定资产

(1) 购入不需要安装的固定资产,按照确定的固定资产成本,借记"固定资产"科目,贷记"资产基金——固定资产"科目;同时,按照实际支付的金额,借记"经费支出"科目,贷记"财政拨款收入""零余额账户用款额度""银行存款"等科目。

【例 2-11】 某行政单位购买 10 台计算机,价款 60 000 元,价款用单位零余额账户支付,货已验收。其会计分录为:

借:固定资产——办公设备　　　　　　　　　　　　　　　60 000
　　贷:资产基金——固定资产　　　　　　　　　　　　　　60 000

同时,

借:经费支出　　　　　　　　　　　　　　　　　　　　　60 000
　　贷:零余额账户用款额度　　　　　　　　　　　　　　　60 000

(2) 购入需要安装的固定资产,先通过"在建工程"科目核算。安装完工交付使用时,借记"固定资产"科目,贷记"资产基金——固定资产"科目;同时,借记"资产基金——在建工程"科目,贷记"在建工程"科目。

具体核算举例详见本章"第三节在建工程"。

(3) 购入固定资产分期付款或扣留质量保证金的,在取得固定资产时,按照确定的固定资产成本,借记"固定资产"科目(不需安装)或"在建工程"科目(需要安装),贷记"资产基金——固定资产(或在建工程)"科目;同时,按照已实际支付的价款,借记"经费支出"科目,贷记"财政拨款收入""零余额账户用款额度""银行存款"等科目;按照应付未付的款项或扣留的质量保证金等金额,借记"待偿债净资产"科目,贷记"应付账款"或"长期应付款"科目。

具体核算举例详见本章"第三节在建工程"。

(二) 自行建造的固定资产

工程完工交付使用时,按照自行建造过程中发生的实际支出,借记"固定资产"科目,贷记"资产基金——固定资产"科目;同时,借记"资产基金——在建工程"科目,贷记"在建工程"科目;已交付使用但尚未办理竣工决算手续的固定资产,按照估计价值入账,待确定实际成本后再进行调整。

具体核算举例详见本章"第三节在建工程"。

(三) 自行繁育的动植物

(1) 购入需要繁育的动植物,按照购入的成本,借记"固定资产"科目(未成熟动植物),贷记"资产基金——固定资产"科目;同时,按照实际支付的金额,借记"经费支出"科目,贷记"财政拨款收入""零余额账户用款额度""银行存款"等科目。

(2) 发生繁育费用,按照实际支付的金额,借记"固定资产"科目(未成熟动植物),贷记"资产基金——固定资产"科目;同时,借记"经费支出"科目,贷记"财政拨款收入"

"零余额账户用款额度""银行存款"等科目。

(3) 动植物达到可使用状态时,借记"固定资产"科目(成熟动植物),贷记"固定资产"科目(未成熟动植物)。

【例 2-12】 某市园林局发生如下业务:

(1) 向甲公司购入幼苗一批进行培育,价格为 300 000 元,款项通过单位零余额账户支付。其会计分录为:

借:固定资产——未成熟动植物   300 000
　　贷:资产基金——固定资产   300 000

同时,

借:经费支出   300 000
　　贷:零余额账户用款额度   300 000

(2) 购买肥料 50 000 元,款项通过零余额账户用款额度支付。其会计分录为:

借:固定资产——未成熟动植物   50 000
　　贷:资产基金——固定资产   50 000

同时,

借:经费支出   50 000
　　贷:零余额账户用款额度   50 000

(3) 6 个月种苗培育成熟,达到可使用状态时,其会计分录为:

借:固定资产——成熟动植物   350 000
　　贷:固定资产——未成熟动植物   350 000

(四) 置换取得的固定资产

置换取得的固定资产,按其成本借记"固定资产"(不需安装)或"在建工程"科目(需安装),贷记"资产基金——固定资产(或在建工程)"科目;按照实际支付的补价、相关税费、运输费等,借记"经费支出"科目,贷记"财政拨款收入""零余额账户用款额度""银行存款"等科目。

(五) 接受捐赠、无偿调入的固定资产

接受捐赠、无偿调入的固定资产,按照确定的成本,借记"固定资产"(不需安装)或"在建工程"科目(需要安装),贷记"资产基金——固定资产(或在建工程)"科目;按照实际支付的相关税费、运输费等,借记"经费支出"科目,贷记"财政拨款收入""零余额账户用款额度""银行存款"等科目。

【例 2-13】 某行政单位接到国内某单位赠送的 5 辆轿车,价值 600 000 元,同时该单位支付国内运杂费 5 000 元,已通过单位零余额账户支付。其会计分录为:

借:经费支出   5 000
　　贷:零余额账户用款额度   5 000

同时，

借：固定资产——交通工具　　　　　　　　　　　　　　　　600 000
　　贷：资产基金——固定资产　　　　　　　　　　　　　　　　600 000

此外，在原有固定资产基础上进行改建、扩建、修缮的固定资产的核算参见本章"第三节在建工程"。

五、固定资产折旧

（一）折旧的概念与内容

固定资产计提折旧是指在固定资产预计使用寿命内，按照确定的方法对应折旧金额进行系统分摊。

行政单位对下列固定资产不计提折旧：文物及陈列品；图书、档案；动植物；以名义金额入账的固定资产；境外行政单位持有的能够与房屋及构筑物区分、拥有所有权的土地。

关于固定资产、公共基础设施折旧说明如下几点：

（1）行政单位应当根据固定资产的性质和实际使用情况，合理确定其折旧年限。省级以上财政部门、主管部门对行政单位固定资产、公共基础设施折旧年限作出规定的，从其规定。

（2）行政单位一般应当采用年限平均法或工作量法计提固定资产折旧。

（3）行政单位固定资产的应折旧金额为其成本，计提固定资产、公共基础设施折旧不考虑预计净残值。

（4）行政单位一般应当按月计提固定资产折旧。当月增加的固定资产当月不提折旧，从下月起计提折旧；当月减少的固定资产，当月照提折旧，从下月起不提折旧。

（5）固定资产提足折旧后，无论能否继续使用，均不再计提折旧；提前报废的固定资产，也不再补提折旧；已提足折旧的固定资产，可以继续使用的，应当继续使用，规范管理。

（6）固定资产因改建、扩建或修缮等原因而提高使用效能或延长使用年限的，应当按照重新确定的固定资产成本以及重新确定的折旧年限，重新计算折旧额。

（二）固定资产折旧核算

为了核算累计折旧业务，行政单位应设置"累计折旧"总账科目。该科目应当按照固定资产的类别、项目等进行明细核算。该科目期末贷方余额，反映行政单位计提的固定资折旧累计数。

行政单位按月计提固定资产折旧时，按照应计提折旧金额，借记"资产基金——固定资产（或公共基础设施）"科目，贷记"累计折旧"科目。

【例2-14】某行政单位对一台运输设备计提固定资产折旧1 000元。其会计分录为：

借：资产基金——固定资产　　　　　　　　　　　　　　　　1 000
　　贷：累计折旧　　　　　　　　　　　　　　　　　　　　　1 000

行政单位会计核算一般采用收付实现制，故行政单位计提折旧时，不形成费用，也没有支出,而是冲减资产基金。这种计提折旧的方法,被称为虚提折旧。

六、与固定资产有关的后续支出

与固定资产有关的后续支出,分以下情况处理:

(1) 为增加固定资产使用效能或延长其使用寿命而发生的改建、扩建或修缮等后续支出,应当计入固定资产成本,通过"在建工程"科目核算,完工交付使用时转入该科目。有关账务处理参见"在建工程"科目。

(2) 为维护固定资产正常使用而发生的日常修理等后续支出,应当计入当期支出但不计入固定资产成本,借记"经费支出"科目,贷记"财政拨款收入""零余额账户用款额度""银行存款"等科目。

【例2-15】 某行政单位对职工专用接送车进行修理,共支付修理费3 000元,款项通过银行存款支付。其会计分录为:

借:经费支出   3 000
  贷:银行存款   3 000

七、固定资产的处理

固定资产处理包括固定资产出售、置换换出、无偿调出、对外捐赠、报废、毁损、盘盈、盘亏等。

(1) 经批准无偿调出、对外捐赠固定资产时,按照固定资产的账面价值,借记"资产基金——固定资产"科目,按照已计提折旧,借记"累计折旧"科目,按照固定资产的账面余额,贷记"固定资产"科目。

无偿调出、对外捐赠固定资产发生由行政单位承担的拆除费用、运输费等,按照实际支付的金额,借记"经费支出"科目,贷记"财政拨款收入""零余额账户用款额度""银行存款"等科目。

【例2-16】 某行政单位按照规定报经批准后,无偿调出一批台式电脑,账面价值120 000元,已提折旧60 000元。其会计分录为:

借:资产基金——固定资产   60 000
  累计折旧   60 000
  贷:固定资产   120 000

(2) 出售、置换换出、报废、毁损、盘盈、盘亏固定资产应转入待处理财产损溢,具体请参见本章"第八节待处理财产损溢"。

第三节 在 建 工 程

一、在建工程的概念与内容

在建工程是指行政单位已经发生必要支出,但尚未完工交付使用的各种建筑(包括新建、改建、扩建、修缮等)工程、设备安装工程和信息系统建设工程。

不能够增加固定资产、公共基础设施使用效能或延长其使用寿命的修缮、维护等，不属于在建工程。

二、在建工程(非基本建设项目)核算

为了核算在建工程的实际成本，行政单位应设置"在建工程"总账科目。该科目应当按照具体工程项目等进行明细核算；需要分摊计入不同工程项目的间接工程成本，应当通过该科目下设置的"待摊投资"明细科目核算。

行政单位的基本建设投资应当按照国家有关规定单独建账、单独核算，同时按照本制度的规定至少按月并入该科目及其他相关科目反映。行政单位应当在该科目下设置"基建工程"明细科目，核算由基建账套并入的在建工程成本。该科目期末借方余额，反映行政单位尚未完工的在建工程的实际成本。

(一) 建筑工程的核算

(1) 将固定资产转入改建、扩建或修缮等时，按照固定资产的账面价值，借记"在建工程"科目，贷记"资产基金——在建工程"科目；同时，按照固定资产的账面价值，借记"资产基金——固定资产"科目，按照固定资产已计提折旧，借记"累计折旧"科目，按照固定资产的账面余额，贷记"固定资产"科目。

(2) 将改建、扩建或修缮的建筑部分拆除时，按照拆除部分的账面价值(没有固定资产拆除部分的账面价值的，比照同类或类似固定资产的实际成本或市场价格及其拆除部分占全部固定资产价值的比例确定)，借记"资产基金——在建工程"科目，贷记"在建工程"科目。

改建、扩建或修缮的建筑部分拆除获得残值收入时，借记"银行存款"等科目，贷记"经费支出"科目；同时，借记"资产基金——在建工程"科目，贷记"在建工程"科目。

(3) 根据工程进度支付工程款时，按照实际支付的金额，借记"经费支出"科目，贷记"财政拨款收入""零余额账户用款额度""银行存款"等科目；同时，按照相同的金额，借记"在建工程"科目，贷记"资产基金——在建工程"科目。

根据工程价款结算账单与施工企业结算工程价款时，按照工程价款结算账单上列明的金额(扣除已支付的金额)，借记"在建工程"科目，贷记"资产基金——在建工程"科目；同时，按照实际支付的金额，借记"经费支出"科目，贷记"财政拨款收入""零余额账户用款额度""银行存款"等科目，按照应付未付的金额，借记"待偿债净资产"科目，贷记"应付账款"科目。

(4) 支付工程价款结算账单以外的款项时，借记"在建工程"科目，贷记"资产基金——在建工程"科目；同时，借记"经费支出"科目，贷记"财政拨款收入""零余额账户用款额度""银行存款"等科目。

(5) 工程项目结束，需要分摊间接工程成本的，按照应当分摊到该项目的间接工程成本，借记"在建工程——××项目"科目，贷记"在建工程——待摊投资"科目。

(6) 建筑工程项目完工交付使用时,按照交付使用工程的实际成本,借记"资产基金——在建工程"科目,贷记"在建工程"科目;同时,借记"固定资产""无形资产"科目(交付使用的工程项目中有能够单独区分成本的无形资产),贷记"资产基金——固定资产(或无形资产)"科目。

(7) 建筑工程项目完工交付使用时扣留质量保证金的,按照扣留的质量保证金金额,借记"待偿债净资产"科目,贷记"长期应付款"等科目。

(8) 为工程项目配套而建成的、产权不归属本单位的专用设施,将专用设施产权移交其他单位时,按照应当交付专用设施的实际成本,借记"资产基金——在建工程"科目,贷记"在建工程"科目。

【例2-17】 某市农委的锅炉房使用多年转入修缮,有关账务处理如下:

(1) 该锅炉房原价5 000 000元,已提折旧3 500 000元,锅炉房转入修缮时,其会计分录为:

借:资产基金——固定资产　　　　　　　　　　　　　　　　1 500 000
　　累计折旧——锅炉房　　　　　　　　　　　　　　　　　3 500 000
　　贷:固定资产——锅炉房　　　　　　　　　　　　　　　　　　5 000 000

借:在建工程——锅炉房　　　　　　　　　　　　　　　　　1 500 000
　　贷:资产基金——在建工程　　　　　　　　　　　　　　　　1 500 000

(2) 拆除部分设备,其价值占整个锅炉房价值的1/15,故该部分价值为100 000元。其会计分录为:

借:资产基金——在建工程　　　　　　　　　　　　　　　　　100 000
　　贷:在建工程——锅炉房　　　　　　　　　　　　　　　　　　100 000

(3) 拆除部分的残值收入为20 000元,款项存入银行。其会计分录为:

借:银行存款　　　　　　　　　　　　　　　　　　　　　　　20 000
　　贷:经费支出　　　　　　　　　　　　　　　　　　　　　　　20 000

同时,

借:资产基金——在建工程　　　　　　　　　　　　　　　　　　20 000
　　贷:在建工程——锅炉房　　　　　　　　　　　　　　　　　　　20 000

(4) 通过财政授权支付给工程公司工程款620 000元。其会计分录为:

借:在建工程——锅炉房　　　　　　　　　　　　　　　　　　620 000
　　贷:资产基金——在建工程　　　　　　　　　　　　　　　　　620 000

同时,

借:经费支出　　　　　　　　　　　　　　　　　　　　　　　620 000
　　贷:零余额账户用款额度　　　　　　　　　　　　　　　　　　620 000

(5) 维修完毕转入固定资产时,其会计分录为:

借：固定资产——锅炉房　　　　　　　　　　　　　　　　　2 000 000
　　贷：资产基金——固定资产　　　　　　　　　　　　　　　2 000 000

同时，

借：资产基金——在建工程　　　　　　　　　　　　　　　　2 000 000
　　贷：在建工程——锅炉房　　　　　　　　　　　　　　　　2 000 000

（二）设备安装的核算

（1）购入需要安装的设备，按照购入的成本，借记"在建工程"科目，贷记"资产基金——在建工程"科目；同时，按照实际支付的金额，借记"经费支出"科目，贷记"财政拨款收入""零余额账户用款额度""银行存款"等科目。

（2）发生安装费用时，按照实际支付的金额，借记"在建工程"科目，贷记"资产基金——在建工程"科目；同时，借记"经费支出"科目，贷记"财政拨款收入""零余额账户用款额度""银行存款"等科目。

（3）设备安装完工交付使用时，按照交付使用设备的实际成本，借记"资产基金——在建工程"科目，贷记"在建工程"科目；同时，借记"固定资产""无形资产"科目（交付使用的设备中有能够单独区分成本的无形资产），贷记"资产基金——固定资产（或无形资产）"科目。

【例2-18】 某行政单位向甲公司购入电梯一部（需要安装），有关账务处理如下：

（1）电梯价格为2 340 000元（含税），运输及保险费160 000元，扣留质量保证金100 000元（无故障运行3个月后返还），通过财政直接支付款项。其会计分录为：

借：在建工程——电梯　　　　　　　　　　　　　　　　　　2 500 000
　　贷：资产基金——在建工程　　　　　　　　　　　　　　　2 500 000

同时，

借：经费支出　　　　　　　　　　　　　　　　　　　　　　2 400 000
　　贷：财政拨款收入　　　　　　　　　　　　　　　　　　　2 400 000

借：待偿债净资产　　　　　　　　　　　　　　　　　　　　　100 000
　　贷：应付账款　　　　　　　　　　　　　　　　　　　　　　100 000

（2）电梯开始安装，通过财政授权支付安装费用100 000元时，其会计分录为：

借：在建工程——电梯　　　　　　　　　　　　　　　　　　　100 000
　　贷：资产基金——在建工程　　　　　　　　　　　　　　　　100 000

同时，

借：经费支出　　　　　　　　　　　　　　　　　　　　　　　100 000
　　贷：零余额账户用款额度　　　　　　　　　　　　　　　　　100 000

（3）电梯安装合格交付使用时，其会计分录为：

借：固定资产——电梯　　　　　　　　　　　　　　　　　2 600 000
　　贷：资产基金——固定资产　　　　　　　　　　　　　　　　2 600 000

同时，

借：资产基金——在建工程　　　　　　　　　　　　　　2 600 000
　　贷：在建工程——电梯　　　　　　　　　　　　　　　　　　2 600 000

(4) 3个月后通过财政授权支付质量保证金100 000元时，其会计分录为：

借：应付账款　　　　　　　　　　　　　　　　　　　　100 000
　　贷：待偿债净资产　　　　　　　　　　　　　　　　　　　　100 000

同时，

借：经费支出　　　　　　　　　　　　　　　　　　　　100 000
　　贷：零余额账户用款额度　　　　　　　　　　　　　　　　　100 000

三、信息系统建设的核算

(1) 发生各项建设支出时，按照实际支付的金额，借记"在建工程"科目，贷记"资产基金——在建工程"科目；同时，借记"经费支出"科目，贷记"财政拨款收入""零余额账户用款额度""银行存款"等科目。

(2) 信息系统建设完成交付使用时，按照交付使用信息系统的实际成本，借记"资产基金——在建工程"科目，贷记"在建工程"科目；同时，借记"固定资产""无形资产"科目，贷记"资产基金——固定资产(或无形资产)"科目。

【例2-19】 某市地税局进行信息系统建设，有关账务处理如下：

(1) 以财政直接支付方式支付系统开发建设支出总计300 000元。其会计分录为：

借：在建工程　　　　　　　　　　　　　　　　　　　　300 000
　　贷：资产基金——在建工程　　　　　　　　　　　　　　　　300 000

同时，

借：经费支出　　　　　　　　　　　　　　　　　　　　300 000
　　贷：财政拨款收入　　　　　　　　　　　　　　　　　　　　300 000

(2) 信息系统完工交付使用，假设未发生其他费用。其会计分录为：

借：资产基金——在建工程　　　　　　　　　　　　　　300 000
　　贷：在建工程　　　　　　　　　　　　　　　　　　　　　　300 000

同时，

借：固定资产　　　　　　　　　　　　　　　　　　　　300 000
　　贷：资产基金——固定资产　　　　　　　　　　　　　　　　300 000

毁损的在建工程成本,应当转入"待处理财产损溢"科目进行处理。具体详见本章"第八节待处理财产损溢"。

第四节　无形资产

一、无形资产的概念与内容

无形资产是指不具有实物形态而能为行政单位提供某种权利的非货币性资产,包括著作权、土地使用权、专利权、非专利技术等。行政单位购入的不构成相关硬件不可缺少组成部分的软件,应当作为无形资产核算。

二、无形资产的确认与计量

无形资产应当在完成对其权属的规定登记或其他证明单位取得无形资产时确认。取得无形资产时,应当按照其实际成本入账。

(1) 外购的无形资产,其成本包括实际支付的购买价款、相关税费以及可归属于该项资产达到预定用途所发生的其他支出。

(2) 自行开发并按法律程序申请取得的无形资产,按照依法取得时发生的注册费、聘请律师费等费用确定成本。

(3) 置换取得的无形资产,其成本按照换出资产的评估价值加上支付的补价或减去收到的补价,加上为换入无形资产支付的其他费用(登记费等)确定。

(4) 接受捐赠、无偿调入的无形资产的成本确定参照"接受捐赠、无偿调入存货"的成本确定原则。

三、无形资产的核算

为了核算各项无形资产的原价,行政单位应设置"无形资产"总账科目。该科目应当按照无形资产的类别、项目等进行明细核算。

(一) 无形资产取得

1. 外购无形资产

购入的无形资产,按照确定的成本,借记"无形资产"科目,贷记"资产基金——无形资产"科目;同时,按照实际支付的金额,借记"经费支出"科目,贷记"财政拨款收入""零余额账户用款额度""银行存款"等科目。

购入无形资产尚未付款的,取得无形资产时,按照确定的成本,借记"无形资产"科目,贷记"资产基金——无形资产"科目;同时,按照应付未付的款项金额,借记"待偿债净资产"科目,贷记"应付账款"科目。

2. 委托软件公司开发的软件

委托软件公司开发的软件,视同外购无形资产进行处理。

(1) 软件开发前按照合同约定预付开发费用时,借记"预付账款"科目,贷记"资产基金——预付款项"科目;同时,借记"经费支出"科目,贷记"财政拨款收入""零余额账户用款额度""银行存款"等科目。

(2) 软件开发完成交付使用,并支付剩余或全部软件开发费用时,按照软件开发费用总额,借记"无形资产"科目,贷记"资产基金——无形资产"科目;按照实际支付的金额,借记"经费支出"科目,贷记"财政拨款收入""零余额账户用款额度""银行存款"等科目;按照冲销的预付开发费用,借记"资产基金——预付款项"科目,贷记"预付账款"科目。

3. 自行开发的无形资产

自行开发取得无形资产时,按照确定的成本,借记"无形资产"科目,贷记"资产基金——无形资产"科目;同时,按照实际支付的金额,借记"经费支出"科目,贷记"财政拨款收入""零余额账户用款额度""银行存款"等科目。

依法取得前所发生的研究开发支出,应当于发生时直接计入当期支出,但不计入无形资产的成本。借记"经费支出"科目,贷记"财政拨款收入""零余额账户用款额度""财政应返还额度""银行存款"等科目。

4. 置换取得的无形资产

置换取得的无形资产,按照确定的成本,借记"无形资产"科目,贷记"资产基金——无形资产"科目;按照实际支付的补价、相关税费等,借记"经费支出"科目,贷记"财政拨款收入""零余额账户用款额度""银行存款"等科目。

5. 接受捐赠、无偿调入的无形资产

接受捐赠、无偿调入无形资产时,按照确定的无形资产成本,借记"无形资产"科目,贷记"资产基金——无形资产"科目;按照发生的相关税费,借记"经费支出"科目,贷记"零余额账户用款额度""银行存款"等科目。

(二) 无形资产摊销

无形资产摊销是指在无形资产使用寿命内,按照确定的方法对应摊销金额进行系统分摊。行政单位应当对无形资产进行摊销,以名义金额计量的无形资产除外。

1. 无形资产摊销年限与摊销方法的确定

行政单位应当按照以下原则确定无形资产的摊销年限:法律规定了有效年限的,按照法律规定的有效年限作为摊销年限;法律没有规定有效年限的,按照相关合同或单位申请书中的受益年限作为摊销年限;法律没有规定有效年限、相关合同或单位申请书也没有规定受益年限的,按照不少于10年的期限摊销。非大批量购入、单价小于1 000元的无形资产,可以于购买的当期,一次将成本全部摊销。

行政单位应当采用年限平均法计提无形资产摊销。

2. 无形资产应摊销金额的确定

行政单位无形资产的应摊销金额为其成本。行政单位应当自无形资产取得当月起,按月计提摊销;无形资产减少的当月,不再计提摊销。无形资产提足摊销后,无论能否继续带来服务潜力或经济利益,均不再计提摊销;核销的无形资产,如果未提足摊销,也不再补提摊销。因发生后续支出而增加无形资产成本的,应当按照重新确定的无形资产成本,重新计算摊销额。

3. 无形资产摊销的账务处理

行政单位应设置"累计摊销"科目,用来核算无形资产计提的累计摊销。该科目应当按照无形资产的类别、项目等进行明细核算。该科目期末贷方余额,反映行政单位计提的无形资产摊销累计数。

行政单位按月计提无形资产摊销时,按照应计提摊销金额,借记"资产基金——无形资产"科目,贷记"累计摊销"科目。

【例 2-20】 某市外文局发生如下业务:

(1) 购得一批外文著作的著作权,通过财政直接支付方式支付购买价款 100 000 元,相关税费为 20 000 元。其会计分录为:

　　借:无形资产　　　　　　　　　　　　　　　　　　　　　120 000
　　　　贷:资产基金——无形资产　　　　　　　　　　　　　120 000

同时,

　　借:经费支出　　　　　　　　　　　　　　　　　　　　　120 000
　　　　贷:财政拨款收入　　　　　　　　　　　　　　　　　120 000

(2) 假定按照合同约定该著作权的使用年限为 5 年,每月摊销额 2 000 元。其会计分录为:

　　借:资产基金——无形资产　　　　　　　　　　　　　　　2 000
　　　　贷:累计摊销　　　　　　　　　　　　　　　　　　　2 000

与行政单位计提固定资产折旧一样,行政单位计提无形资产摊销不形成费用,也没有支出,而是冲减资产基金。这种计提摊销的方法,被称为虚提摊销。

(三) 无形资产后续支出

与无形资产有关的后续支出,分以下情况处理:

(1) 为增加无形资产使用效能而发生的后续支出,如对软件进行升级改造或扩展其功能等所发生的支出,应当计入无形资产的成本,借记"无形资产"科目,贷记"资产基金——无形资产"科目;同时,借记"经费支出"科目,贷记"财政拨款收入""零余额账户用款额度""银行存款"等科目。

(2) 为维护无形资产的正常使用而发生的后续支出,如对软件进行的漏洞修补、技术维护等所发生的支出,应当计入当期支出但不计入无形资产的成本,借记"经费支出"科目,贷记"财政拨款收入""零余额账户用款额度""银行存款"等科目。

(四) 无形资产处置

1. 无偿调出、对外捐赠无形资产

报经批准无偿调出、对外捐赠无形资产,按照无偿调出、对外捐赠无形资产的账面价值,借记"资产基金——无形资产"科目;按照已计提摊销,借记"累计摊销"科目;按照无形资产的账面余额,贷记"无形资产"科目。无偿调出、对外捐赠无形资产发生由行政单位承担的相关费用支出等,按照实际支付的金额,借记"经费支出"科目,贷记"财政拨款收入""零余额账户用款额度""银行存款"等科目。

2. 出售、置换换出及核销无形资产

报经批准出售、置换换出及核销无形资产转入待处理财产损溢时,其账务处理请具体参见本章"第八节待处理财产损溢"。

第五节 政府储备物资

一、政府储备物资的概念与内容

政府储备物资是指行政单位直接储存管理的各项政府应急或救灾储备物资等,如民政行政单位可能会有救灾储备物资、粮食行政单位可能会有救灾储备物资。负责采购并拥有储备物资调拨权力的行政单位(简称"采购单位")将政府储备物资交由其他行政单位(简称"代储单位")代为储存的,由采购单位通过该科目核算政府储备物资,代储单位将受托代储的政府储备物资作为受托代理资产核算。

二、政府储备物资的确认与计量

政府储备物资应当在其到达存放地点并验收时确认。

取得政府储备物资时,应当按照其成本入账。

(1)购入的政府储备物资,其成本包括购买价款、相关税费、运输费、装卸费、保险费以及其他使政府储备物资达到目前场所和状态所发生的支出;单位支付的政府储备物资保管费、仓库租赁费等日常储备费用,不计入政府储备物资的成本。

(2)接受捐赠、无偿调入的政府储备物资,其成本参照"接受捐赠、无偿调入存货"的成本确定。

三、政府储备物资的核算

为了核算政府储备物资业务,行政单位应设置"政府储备物资"总账科目。该科目应当按照政府储备物资的种类、品种、存放地点等进行明细核算。该科目期末借方余额,反映行政单位管理的政府储备物资的实际成本。

(一)取得政府储备物资

1. 购入政府储备物资

购入的政府储备物资验收入库,按照确定的成本,借记"政府储备物资"科目,贷记"资产基金——政府储备物资"科目;同时,按实际支付的金额,借记"经费支出"科目,贷记"财政拨款收入""零余额账户用款额度""银行存款"等科目。

2. 接受捐赠、无偿调入政府储备物资

接受捐赠、无偿调入的政府储备物资验收入库,按照确定的成本,借记"政府储备物资"科目,贷记"资产基金——政府储备物资"科目,由行政单位承担运输费用等的,按实际支付的相关税费、运输费等金额,借记"经费支出"科目,贷记"财政拨款收入""零余额账户用款额度""银行存款"等科目。

(二)发出政府储备物资

政府储备物资发出时,应当根据实际情况采用先进先出法、加权平均法或者个别计价法确定发出政府储备物资的实际成本。计价方法一经确定,不得随意变更。

(1)经批准对外捐赠、无偿调出政府储备物资时,按照对外捐赠、无偿调出政府储备物资的实际成本,借记"资产基金——政府储备物资"科目,贷记"政府储备物资"科目。

对外捐赠、无偿调出政府储备物资发生由行政单位承担的运输费等支出时,借记"经费支出"科目,贷记"财政拨款收入""零余额账户用款额度""银行存款"等科目。

(2)行政单位报经批准将不需储备的物资出售时,应当转入待处理财产损溢,按照相关储备物资的账面余额,借记"待处理财产损溢"科目,贷记"政府储备物资"科目。具体详见本章"第八节 待处理财产损溢"。

【例2-21】 某市国土局发生如下业务:

(1)通过零余额账户购入一批抗震救灾政府储备物资,购买价款为500 000元,相关税费85 000元,装卸费及保险费为15 000元,购入的政府储备物资验收入库。其会计分录为:

借:政府储备物资　　　　　　　　　　　　　　　　　600 000
　　贷:资产基金——政府储备物资　　　　　　　　　　　　600 000

同时,

借:经费支出　　　　　　　　　　　　　　　　　　　600 000
　　贷:零余额账户用款额度　　　　　　　　　　　　　　　600 000

(2)经批准向灾区无偿调出政府储备物资,该批物资的实际成本是250 000元。其会计分录为:

借:资产基金——政府储备物资　　　　　　　　　　　250 000
　　贷:政府储备物资　　　　　　　　　　　　　　　　　　250 000

(三)盘盈、盘亏或报废、毁损政府储备物资

行政单位管理的政府储备物资应当定期进行清查盘点,每年至少盘点一次。对于发生的政府储备物资盘盈、盘亏或者报废、毁损,应当及时查明原因,按规定报经批准后进行账务处理,具体详见本章"第八节 待处理财产损溢"。

第六节　公共基础设施

一、公共基础设施的概念与内容

公共基础设施是由行政单位占有并直接负责维护管理、供社会公众使用的工程性

公共基础设施资产,包括城市交通设施、公共照明设施、环保设施、防灾设施、健身设施、广场及公共构筑物等其他公共设施。与公共基础设施配套使用的修理设备、工具器具、车辆等动产,应作为管理公共基础设施的行政单位的固定资产。与公共基础设施配套、供行政单位在公共基础设施管理中自行使用的房屋构筑物等,能够与公共基础设施分开核算的,也作为行政单位的固定资产核算,不作为公共基础设施。

二、公共基础设施的核算

为了核算公共基础设施业务,行政单位应当设置"公共基础设施"科目,并按照公共基础设施的类别和项目进行明细核算。公共基础设施应当在对其取得占有权利时确认。该科目期末借方余额,反映行政单位管理的公共基础设施的实际成本。

行政单位应当结合本单位的具体情况,制定适合于本单位管理的公共基础设施目录、分类方法,作为进行公共基础设施核算的依据。

(一)公共基础设施取得

公共基础设施在取得时,应当按照其成本入账。

(1)行政单位自行建设的公共基础设施,其成本包括建造该公共基础设施至交付使用前所发生的全部必要支出。

公共基础设施的各组成部分需要分别核算的,按照各组成部分公共基础设施造价确定其成本;没有各组成部分公共基础设施造价的,按照各组成部分公共基础设施同类或类似市场造价的比例对总造价进行分配,确定各组成部分公共基础设施的成本。

公共基础设施建设完工交付使用时,按照确定的成本,借记"公共基础设施"科目,贷记"资产基金——公共基础设施"科目;同时,借记"资产基金——在建工程"科目,贷记"在建工程"科目。已交付使用但尚未办理竣工决算手续的公共基础设施,按照估计价值入账,待确定实际成本后再进行调整。

(2)接受其他单位移交的公共基础设施,其成本按照公共基础设施的原账面价值确认,借记"公共基础设施"科目,贷记"资产基金——公共基础设施"科目。

【例2-22】 某市财政局根据市政规划自行建造广场喷水池。该项目自公共基础设施至交付使用前所完成的全部必要支出是800 000元。其会计分录为:

  借:公共基础设施   800 000
    贷:资产基金——公共基础设施   800 000

同时,

  借:资产基金——在建工程   800 000
    贷:在建工程   800 000

(二)公共基础设施的折旧

行政单位应当按照规定对公共基础设施计提折旧。具体内容与固定资产相同,不再赘述。

行政单位按月计提公共基础设施折旧时,按照应计提折旧额,借记"资产基金——

公共基础设施"科目,贷记"累计折旧——公共基础设施累计折旧"科目。

(三) 公共基础设施后续支出

与公共基础设施有关的后续支出,分以下情况处理:

(1) 为增加公共基础设施使用效能或延长其使用寿命而发生的改建、扩建或大型修缮等后续支出,应当计入公共基础设施成本,通过"在建工程"科目核算,完工交付使用时转入"公共基础设施"科目。

(2) 为维护公共基础设施的正常使用而发生的日常修理等后续支出,应当计入当期支出,借记有关支出科目,贷记"财政拨款收入""零余额账户用款额度""银行存款"等科目。

(四) 公共基础设施处置

行政单位管理的公共基础设施向其他单位移交、毁损、报废时,应当按照规定报经批准后进行账务处理。

(1) 经批准向其他单位移交公共基础设施时,按照移交公共基础设施的账面价值,借记"资产基金——公共基础设施"科目,按照已计提折旧,借记"累计折旧"科目,按照公共基础设施的账面余额,贷记"公共基础设施"科目。

【例 2-23】 某市城建局根据市政府的统一规划,经批准将某休闲广场移交市体育局。休闲广场的原值是 5 000 000 元,已提折旧为 2 000 000 元。经批准移交公共基础设施时,其会计分录为:

借:资产基金——公共基础设施　　　　　　　　　　　　　　　3 000 000
　　累计折旧　　　　　　　　　　　　　　　　　　　　　　　2 000 000
　贷:公共基础设施——休闲广场　　　　　　　　　　　　　　　5 000 000

(2) 报废、毁损的公共基础设施,转入待处理财产损溢,具体详见本章"第八节 待处理财产损溢"。

第七节 受托代理资产

一、受托代理资产的概念与内容

受托代理资产是指行政单位接受委托方委托管理的各项资产,包括受托指定转赠的物资、受托储存管理的物资等。行政单位收到的受托代理资产为现金和银行存款的,不属于受托代理资产。

二、受托代理资产的确认与计量

受托代理资产应当在行政单位收到受托代理的资产时确认。

接受委托人委托需要转赠给受赠人的物资,其成本按照有关凭据注明的金额确定;没有相关凭据可供取得的,其成本比照同类或类似物资的市场价格确定。

接受委托人委托储存管理的物资,其成本按照有关凭据注明的金额确定。

三、受托代理资产的核算

为了核算受托代理资产业务,行政单位应当设置"受托代理资产"科目,该科目应当按照资产的种类和委托人进行明细核算;属于转赠资产的,还应当按照受赠人进行明细核算。该科目期末借方余额,反映单位受托代理资产中实物资产的价值。

行政单位收到受托代理资产为现金和银行存款的,不通过该科目核算,应当通过"库存现金""银行存款"科目进行核算。

(一)受托转赠物资

(1)接受委托转赠的物资验收入库,按照确定的成本,借记"受托代理资产"科目,贷记"受托代理负债"科目;受托协议约定由行政单位承担相关税费、运输费等的,还应当按照实际支付的相关税费、运输费等金额,借记"经费支出"科目,贷记"银行存款"等科目。

(2)将受托转赠物资交付受赠人时,按照转赠物资的成本,借记"受托代理负债"科目,贷记"受托代理资产"科目。

(3)转赠物资的委托人取消了对捐赠物资的转赠要求,且不再收回捐赠物资的,应当将转赠物资转为存货或固定资产,按照转赠物资的成本,借记"受托代理负债"科目,贷记"受托代理资产"科目;同时,借记"存货""固定资产"科目,贷记"资产基金——存货(或固定资产)"科目。

【例2-24】 某市国土局发生如下业务:

(1)接受甲公司受托转赠物资一批,实际成本为500 000元。接受委托的转赠物资验收入库时,其会计分录为:

借:受托代理资产　　　　　　　　　　　　　　　　　　　　　500 000
　　贷:受托代理负债　　　　　　　　　　　　　　　　　　　　　500 000

(2)根据受托协议承担相关税费及运输费25 000元,通过财政授权方式支付该笔费用时,其会计分录为:

借:经费支出　　　　　　　　　　　　　　　　　　　　　　　25 000
　　贷:零余额账户用款额度　　　　　　　　　　　　　　　　　　25 000

(3)将受托转赠物资交付受赠人,转赠物资成本为500 000元。其会计分录为:

借:受托代理负债　　　　　　　　　　　　　　　　　　　　　500 000
　　贷:受托代理资产　　　　　　　　　　　　　　　　　　　　　500 000

(4)若受赠物资的委托人取消了对捐赠物资的转赠要求,且不再收回捐赠物资。其会计分录为:

借:受托代理负债　　　　　　　　　　　　　　　　　　　　　500 000
　　贷:受托代理资产　　　　　　　　　　　　　　　　　　　　　500 000

同时，

　　借：存货　　　　　　　　　　　　　　　　　　　　　　　500 000
　　　　贷：资产基金——存货　　　　　　　　　　　　　　　　　500 000

（二）受托储存管理物资

（1）接受委托储存的物资验收入库，按照确定的成本，借记"受托代理资产"科目，贷记"受托代理负债"科目。

（2）支付由受托单位承担的与受托储存管理的物资相关的运输费、保管费等费用时，按照实际支付的金额，借记"经费支出"科目，贷记"银行存款"等科目。

（3）根据委托人要求交付受托储存管理的物资时，按照储存管理物资的成本，借记"受托代理负债"科目，贷记"受托代理资产"科目。

第八节　待处理财产损溢

行政单位财产的处理包括资产的出售、报废、毁损、盘盈、盘亏以及货币性资产损失核销等。行政单位财产的处理，应当按照规定报经批准后及时进行相应的账务处理。年终结账前一般应处理完毕。

为了核算待处理财产的价值及财产处理损溢，行政单位应设置"待处理财产损溢"总账科目。该科目应当按照待处理财产项目进行明细核算；对于在财产处理过程中取得收入或发生相关费用的项目，还应当设置"待处理财产价值""处理净收入"明细科目，进行明细核算。该科目期末如为借方余额，反映尚未处理完毕的各种财产的价值及净损失；期末如为贷方余额，反映尚未处理完毕的各种财产净溢余。年度终了，报经批准处理后，该科目一般应无余额。

一、现金短缺或溢余的处理

每日终了结算现金收支，核对库存现金时发现有待查明原因的现金短缺或溢余，应通过"待处理财产损溢"科目核算。属于现金短缺，应当按照实际短缺的金额，借记"待处理财产损溢"科目，贷记"库存现金"科目；属于现金溢余，应当按照实际溢余的金额，借记"库存现金"科目，贷记"待处理财产损溢"科目。待查明原因后作如下处理：

（1）如为现金短缺，属于应由责任人赔偿或向有关人员追回的部分，借记"其他应收款"科目，贷记"待处理财产损溢"科目；属于无法查明原因的现金短缺，报经批准核销的，借记"经费支出"科目，贷记"库存现金"科目。

（2）如为现金溢余，属于应支付给有关人员或单位的，借记"待处理财产损溢"科目，贷记"其他应付款"科目。属于无法查明原因的现金溢余，报经批准后，借记"库存现金"科目，贷记"其他收入"科目。

【例 2-25】 某行政单位盘点库存现金发生如下会计事项：

（1）盘点库存现金，发现库存数比账面数短少 18 元，暂时无法查明原因。其会计分录为：

　　借：待处理财产损溢——短款　　　　　　　　　　　　　　　　　　　　18
　　　　贷：库存现金　　　　　　　　　　　　　　　　　　　　　　　　　　18

（2）经查明分析，短少的现金是由于工作失误所致，经单位领导批准，同意责任人赔偿。其会计分录为：

　　借：其他应收款——××人　　　　　　　　　　　　　　　　　　　　　18
　　　　贷：待处理财产损溢——短款　　　　　　　　　　　　　　　　　　　18

二、应收账款、其他应收款的核销

（1）行政单位的应收账款或其他应收款转入待处理财产损溢时，按照待核销的应收账款或其他应收款金额，借记"待处理财产损溢"科目，贷记"应收账款""其他应收款"科目。

（2）对无法收回的应收账款予以核销时，借记"其他应付款"等科目，贷记"待处理财产损溢"科目。已核销的应收账款在以后期间收回的，借记"银行存款"科目，贷记"应缴财政款"等科目。

（3）对无法收回的其他应收款予以核销时，借记"经费支出"科目，贷记"待处理财产损溢"科目；已核销的其他应收款在以后期间又收回的，如属于在核销年度内收回的，借记"银行存款"等科目，贷记"经费支出"科目；如属于在核销年度以后收回的，借记"银行存款"等科目，贷记"财政拨款结转""财政拨款结余""其他资金结转结余"等科目。

三、预付账款、无形资产的核销

（1）待核销的预付账款或无形资产转入待处理财产损溢时，借记"待处理财产损溢"科目（核销无形资产的，还应借记"累计摊销"科目），贷记"预付账款""无形资产"科目。

（2）报经批准予以核销时，借记"资产基金——预付款项（或无形资产）"科目，贷记"待处理财产损溢"科目；已核销的预付账款在以后期间又收回的，借记"零余额账户用款额度""银行存款"等科目，贷记"财政拨款结转""财政拨款结余""其他资金结转结余"等科目。

四、出售、置换换出存货、固定资产、无形资产、政府储备物资

（1）出售、置换换出存货、固定资产、无形资产、政府储备物资转入待处理财产损溢时，借记"待处理财产损溢——待处理财产价值"科目（出售、置换换出固定资产的，还应当借记"累计折旧"科目；出售、置换换出无形资产的，还应当借记"累计摊销"科目），贷记"存货""固定资产""无形资产""政府储备物资"等科目。

（2）实现出售、置换换出时，借记"资产基金——存货（或固定资产、无形资产、政府

储备物资)"科目,贷记"待处理财产损溢——待处理财产价值"科目。

(3)出售、置换换出资产过程中收到价款、补价等收入,借记"库存现金""银行存款"等科目,贷记"待处理财产损溢——处理净收入"科目。

(4)出售、置换换出资产过程中发生相关费用,借记"待处理财产损溢——处理净收入"科目,贷记"库存现金""银行存款""应缴税费"等科目。

(5)出售、置换换出完毕并收回相关的应收账款后,按照处置收入扣除相关税费后的净收入,借记"待处理财产损溢——处理净收入"科目,贷记"应缴财政款"科目。如果处置收入小于相关税费的,按照相关税费减去处置收入后的净支出,借记"经费支出"科目,贷记"待处理财产损溢——处理净收入"科目。

【例2-26】某行政单位出售一辆使用过的汽车,其账面原价为250 000元,已提折旧100 000元,出售价款为103 000元。其账务处理方法如下:

(1)固定资产转入处置时,其会计分录为:

借:待处理财产损溢——待处理财产价值　　　　　　　　　　150 000
　　累计折旧　　　　　　　　　　　　　　　　　　　　　　100 000
　　贷:固定资产　　　　　　　　　　　　　　　　　　　　　250 000

同时,

借:资产基金——固定资产　　　　　　　　　　　　　　　　150 000
　　贷:待处理财产损溢——待处理财产价值　　　　　　　　　150 000

(2)收到出售价款时,其会计分录为:

借:银行存款　　　　　　　　　　　　　　　　　　　　　　103 000
　　贷:待处理财产损溢——处理净收入　　　　　　　　　　　103 000

(3)计算应缴税费时,其会计分录为:

假定该行政单位出售旧固定资产,按税法规定按3%的比率减按2%征收应缴增值税。

$$应税销售额=103\ 000\div(1+3\%)=100\ 000(元)$$
$$应缴增值税=100\ 000\times 2\%=2\ 000(元)$$
$$应缴纳的城市维护建设税=2\ 000\times 7\%=140(元)$$
$$应缴纳的教育费附加=2\ 000\times 3\%=60(元)$$

借:待处理财产损溢——处理净收入　　　　　　　　　　　　2 200
　　贷:应缴税费——增值税　　　　　　　　　　　　　　　　2 000
　　　　　　　——城市维护建设税　　　　　　　　　　　　　140
　　　　　　　——教育费附加　　　　　　　　　　　　　　　60

(4)结转出售固定资产处理净收入,其会计分录为:

借:待处理财产损溢——处理净收入　　　　　　　　　　　　101 800
　　贷:应缴财政款——国有资产处置收入　　　　　　　　　　101 800

(5) 实际缴纳税费时,其会计分录为:

借:应缴税费——增值税　　　　　　　　　　　　　　　　2 000
　　　　　　——城市维护建设税　　　　　　　　　　　　　140
　　　　　　——教育费附加　　　　　　　　　　　　　　　 60
　贷:银行存款　　　　　　　　　　　　　　　　　　　　2 200

(6) 将出售旧汽车净收入上缴财政国库时,其会计分录为:

借:应缴财政款——国有资产处置收入　　　　　　　　　101 800
　贷:银行存款　　　　　　　　　　　　　　　　　　　101 800

【例 2-27】 某行政单位出售闲置办公楼,其账面原价为 5 000 000 元,已提折旧 1 000 000 元,销售价款为 8 000 000 元,销售该项固定资产适用的营业税税率为 5%。其账务处理如下:

$$应缴纳的营业税 = 8\ 000\ 000 \times 5\% = 400\ 000(元)$$
$$应缴纳的城市维护建设税 = 400\ 000 \times 7\% = 28\ 000(元)$$
$$应缴纳的教育费附加 = 400\ 000 \times 3\% = 12\ 000(元)$$

(1) 建筑物转入处置时,其会计分录为:

借:待处理财产损溢——待处理财产价值　　　　　　　4 000 000
　　累计折旧　　　　　　　　　　　　　　　　　　　1 000 000
　贷:固定资产　　　　　　　　　　　　　　　　　　5 000 000

同时,

借:资产基金——固定资产　　　　　　　　　　　　　4 000 000
　贷:待处理财产损溢——待处理财产价值　　　　　　4 000 000

(2) 收到出售价款时,其会计分录为:

借:银行存款　　　　　　　　　　　　　　　　　　　8 000 000
　贷:待处理财产损溢——处理净收入　　　　　　　　8 000 000

(3) 计算应缴税费时,其会计分录为:

借:待处理财产损溢——处理净收入　　　　　　　　　　440 000
　贷:应缴税费——营业税　　　　　　　　　　　　　　400 000
　　　　　　——城市维护建设税　　　　　　　　　　 28 000
　　　　　　——教育费附加　　　　　　　　　　　　 12 000

(4) 结转出售建筑物处理净收入,其会计分录为:

借:待处理财产损溢——处理净收入　　　　　　　　　7 560 000
　贷:应缴财政款——国有资产处置收入　　　　　　　7 560 000

(5) 实际缴纳税费时,其会计分录为:

借：应缴税费——营业税 40 000
　　　　　　——城市维护建设税 2 800
　　　　　　——教育费附加 1 200
　　贷：银行存款 44 000

(6) 将出售建筑物处理净收入上缴财政国库时，其会计分录为：

借：应缴财政款——国有资产处置收入 7 560 000
　　贷：银行存款 7 560 000

五、盘亏、毁损、报废各种实物资产

(1) 盘亏、毁损、报废各种实物资产转入待处理财产损溢时，借记"待处理财产损溢——待处理财产价值"科目(处置固定资产、公共基础设施的，还应当借记"累计折旧"科目)，贷记"存货""固定资产""在建工程""政府储备物资""公共基础设施"等科目。

(2) 报经批准予以核销时，借记"资产基金——存货(或固定资产、无形资产、政府储备物资)"科目，贷记"待处理财产损溢——待处理财产价值"科目。

(3) 毁损、报废各种实物资产过程中取得的残值变价收入、发生相关费用，以及取得的残值变价收入扣除相关费用后的净收入或净支出的账务处理，比照有关出售资产进行处理。

六、核销不能形成资产的在建工程成本

不能形成资产的在建工程转入待处理财产损溢时，借记"待处理财产损溢"科目，贷记"在建工程"科目。报经批准予以核销时，借记"资产基金——在建工程"科目，贷记"待处理财产损溢"科目。

七、盘盈存货、固定资产、政府储备物资等实物资产

盘盈存货、固定资产、政府储备物资等实物资产转入待处理财产损溢时，借记"存货""固定资产""政府储备物资"等科目，贷记"待处理财产损溢"科目。报经批准予以处理时，借记"待处理财产损溢"科目，贷记"资产基金——存货(或固定资产、政府储备物资)"科目。

【例 2-28】 某行政单位年终财产清查盘点结果如下：

(1) 年终盘点库存存货，结果发现盘亏乙办公用品 3 件，其成本 300 元，其会计分录为：

借：待处理财产损溢——待处理财产价值 300
　　贷：存货——乙办公用品 300

报经单位领导批准，进行相关处理。其会计分录为：

借：资产基金——存货 300
　　贷：待处理财产损溢——待处理财产价值 300

(2) 盘盈笔记本电脑一台,重置完全价值2 000元;盘亏扫描仪一台,原价1 500元,已提折旧500元。填制"固定资产盘盈盘亏表",按规定程序批准后,分别予以补账和销账。

根据"固定资产盘盈盘亏表",盘盈电脑应作会计分录为:

借:固定资产——办公设备　　　　　　　　　　　　　　　　2 000
　　贷:待处理财产损溢——待处理财产价值　　　　　　　　　2 000

报经批准予以处理时,其会计分录为:

借:待处理财产损溢——待处理财产价值　　　　　　　　　　2 000
　　贷:资产基金——固定资产　　　　　　　　　　　　　　　2 000

根据"固定资产盘盈盘亏表",盘亏扫描仪应作会计分录为:

借:待处理财产损溢——待处理财产价值　　　　　　　　　　1 000
　　累计折旧　　　　　　　　　　　　　　　　　　　　　　　500
　　贷:固定资产——办公设备　　　　　　　　　　　　　　　1 500

报经批准予以处理时,其会计分录为:

借:资产基金——固定资产　　　　　　　　　　　　　　　　1 000
　　贷:待处理财产损溢——待处理财产价值　　　　　　　　　1 000

复习思考题

1. 什么是行政单位资产?具体包括哪些?
2. 什么是行政单位的零余额账户用款额度?如何核算?行政单位零余额账户和银行存款都可以用来为行政单位支付款项,这两个账户有什么不同?
3. 什么是行政单位财政应返还额度?如何核算?
4. 什么是行政单位的应收及预付款项?如何核算?
5. 什么是行政单位的存货?如何核算?
6. 什么是行政单位的固定资产?如何核算?
7. 什么是行政单位的无形资产?如何核算
8. 什么是行政单位的政府储备物资?如何核算?
9. 什么是行政单位的公共基础设施?如何核算?
10. 行政单位的资产处理如何核算?

练 习 题

一、判断题

1. 行政单位的固定资产包括房屋和建筑物、文物和陈列品、图书等种类。(　　)

2. 在实行财政国库单一账户制度后,行政单位已经没有银行存款账户。（ ）
3. 行政单位的单位零余额账户用于财政直接支付。（ ）
4. 财政应返还额度是指行政单位尚未收到的财政直接支付用款额度和尚未收到的财政授权支付用款额度。（ ）
5. 行政单位对于单位零余额账户的业务通过设置"零余额账户用款额度"账户进行核算,对于财政零余额账户的业务通过设置"财政零余额账户存款"账户进行核算。（ ）

二、单项选择题

1. 下列项目不属于行政单位资产的是(   )。
   A. 库存现金　　　　　　　　B. 银行存款
   C. 财政零余额账户存款　　　D. 零余额账户用款额度

2. 下列属于行政单位使用的非实存资金银行账户是(   )。
   A. 财政零余额账户　　　　　B. 银行存款账户
   C. 单位零余额账户　　　　　D. 财政预算外资金专户

3. 年终行政单位根据本年度已下达的财政授权支付用款额度与当年财政授权支付实际发生数的差额,应作会计分录为(   )。
   A. 借记"零余额账户用款额度"科目,贷记"财政拨款收入"科目
   B. 借记"零余额账户用款额度"科目,贷记"财政应返还额度"科目
   C. 借记"财政应返还额度"科目,贷记"零余额账户用款额度"科目
   D. 借记"财政应返还额度"科目,贷记"财政拨款收入"科目

4. 行政单位购入的大宗办公用品、专用材料等验收入库时应当记入(   )科目。
   A. "固定资产"　　　　　　　B. "经费支出"
   C. "存货"　　　　　　　　　D. "预付账款"

5. 下列不属于行政单位的固定资产的是(   )。
   A. 房屋和建筑物　　　　　　B. 办公设备
   C. 道路、桥梁等基础设施　　D. 交通工具

6. "资产基金"科目的对应科目一般不会是(   )科目。
   A. "预付账款"　B. "存货"　C. "在建工程"　D. "应收账款"

7. 按照规定,行政单位对下列(   )固定资产不计提折旧。
   A. 房屋及构筑物　　　　　　B. 通用设备
   C. 专用设备　　　　　　　　D. 文物和陈列品

8. 行政单位借记"经费支出"科目,贷记的科目通常不会是(   )科目。
   A. "零余额账户用款额度"　　B. "银行存款"
   C. "累计摊销"　　　　　　　D. "财政拨款收入"

9. 行政单位核算的公共基础设施不包括(   )。
   A. 城市交通设施　　　　　　B. 公共照明设施
   C. 广场及公共构筑物　　　　D. 行政单位自行使用的房屋构筑物

三、业务处理题

某行政单位2015年发生如下经济业务：

(1) 收到单位零余额账户代理银行转来的财政授权支付额度到账通知书,其中列示行政单位收到财政授权支付用款额度67 500元。

(2) 通过单位零余额账户购入一批办公用品计12 900元。办公用品已验收入库。

(3) 从单位零余额账户中提取现金450元,以备日常零星开支。

(4) 以现金向单位业务人员王某预支差旅费225元。

(5) 通过财政零余额账户购买一台办公设备计12 750元。办公设备已收到并投入使用。

(6) 通过财政授权支付方式支付一笔信息系统建设支出50 000元,该信息系统已经建设完成,确认为无形资产。

(7) 接受其他单位移交的公共基础设施,该公共基础设施的账面价值为200 000元。

(8) 计提固定资产折旧6 500元。

(9) 计提无形资产摊销1 500元。

(10) 年终,本年度财政直接支付实际发生数为40 200元,当年财政直接支付用款额度为40 500元,行政单位存在尚未使用的财政直接支付用款额度300元(40 500—40 200)。

(11) 有关部门从仓库领用办公用品1 200元。

(12) 经批准从其他单位无偿调入一台专用设备,评估价为18 000元。

(13) 经批准出售一台不需要的办公设备,原价10 000元,已计提折旧8 000元,出售价格800元,款项尚未收到。

(14) 收到上述出售办公设备的价款800元,款项存入开户银行。

(15) 通过开户银行将收到的出售价款800元上缴财政。

要求：根据以上资料,为该行政单位编制有关的会计分录。

第三章 行政单位负债的核算

负债是指行政单位承担的能以货币计量、需要以资产偿还的债务。按流动性划分,负债分为流动负债和非流动负债。

第一节 流动负债

流动负债是指预计在1年内(含1年)偿还的负债。行政单位的流动负债包括应缴财政款、应缴税费、应付职工薪酬、应付及暂存款项、应付政府补贴款等。

一、应缴财政款

(一)应缴财政款的概念与管理要求

应缴财政款是指行政单位取得的按规定应当上缴财政的款项,包括罚没收入、行政事业性收费、政府性基金、国有资产处置和出租收入等。按照国家税法的有关规定,行政单位应当缴纳的各种税费,作为应缴税费核算,不作为应缴财政款核算。应缴财政款应当在收到应缴财政的款项时确认。

(二)应缴财政款的核算

为了核算应缴财政款业务,行政单位应设置"应缴财政款"科目。该科目应当按照应缴财政款项的类别进行明细核算。该科目贷方余额,反映行政单位应当上缴财政但尚未缴纳的款项。年终清缴后,该科目一般应无余额。

行政单位取得按照规定应当上缴财政的款项时,借记"银行存款"等科目,贷记"应缴财政款"科目;上缴应缴财政的款项时,按照实际上缴的金额,借记"应缴财政款"科目,贷记"银行存款"科目。

【例3-1】 某行政单位发生如下业务:

(1)收到一项应缴财政的行政性收费,具体金额为200元,款项存入开户银行。其会计分录为:

借:银行存款　　　　　　　　　　　　　　　　200
　　贷:应缴财政款——行政事业性收费收入　　　　200

(2)在执法过程中取得一笔按照规定应缴财政的款项,具体金额为800元。款项存入开户银行。其会计分录为:

借:银行存款　　　　　　　　　　　　　　　　800
　　贷:应缴财政款——罚没收入　　　　　　　　　800

(3) 假定月末积累的应缴财政款的明细账情况如下:"行政事业性收费"1 000元,"罚没收入"1 800元。将以上应缴财政款项全部上缴财政国库。其会计分录为:

借:应缴财政款——行政事业性收费收入　　　　　　　　　　1 000
　　　　　　——罚没收入　　　　　　　　　　　　　　　　1 800
　贷:银行存款　　　　　　　　　　　　　　　　　　　　　　2 800

二、应缴税费

(一) 应缴税费的概念与内容

应缴税费是指行政单位按照税法等规定应当缴纳的各种税费,包括营业税、城市维护建设税、教育费附加、房产税、车船税、城镇土地使用税等。行政单位代扣代缴的个人所得税,在上缴之前也属于应缴税费的范畴。应缴税费应当在产生缴纳税费义务时确认。

(二) 应缴税费的核算

为了核算应缴税费业务,行政单位应设置"应缴税费"科目,该科目应当按照应缴纳的税费种类进行明细核算。该科目期末贷方余额,反映行政单位应缴未缴的税费金额。应缴税费的主要账务处理如下所述。

1. 资产处置应缴的税费

因资产处置等发生营业税、城市维护建设税、教育费附加等缴纳义务的,按照税法等规定计算的应缴税费金额,借记"待处理财产损溢"科目,贷记"应缴税费"科目;实际缴纳时,借记"应缴税费"科目,贷记"银行存款"等科目。

具体举例参见第九章"第九节待处理财产损溢"。

2. 出租资产应缴的税费

因出租资产等发生营业税、城市维护建设税、教育费附加等缴纳义务的,按照税法等规定计算的应缴税费金额,借记"应缴财政款"等科目,贷记"应缴税费"科目;实际缴纳时,借记"应缴税费"科目,贷记"银行存款"等科目。

【例3-2】 某行政单位出租房屋取得租金收入60 000元,租金收入适用的营业税税率为5%。其相关账务处理如下:

(1) 收到租金时,其会计分录为:

借:银行存款　　　　　　　　　　　　　　　　　　　　　　60 000
　贷:应缴财政款——国有资产出租收入　　　　　　　　　　60 000

(2) 计算应缴税费时,其会计分录为:

租金收入应缴纳的营业税=30 000×5%=3 000(元)
应缴纳的城市维护建设税=3 000×7%=210(元)
应缴纳的教育费附加=3 000×3%=90(元)

借:应缴财政款——国有资产出租收入　　　　　　　　　　　3 300
　贷:应缴税费——营业税　　　　　　　　　　　　　　　　3 000

　　　　——城市维护建设税　　　　　　　　　　　　　　　　　　　210
　　　　——教育费附加　　　　　　　　　　　　　　　　　　　　　90

（3）实际缴纳税费时，其会计分录为：

借：应缴税费——营业税　　　　　　　　　　　　　　　　　　3 000
　　　　——城市维护建设税　　　　　　　　　　　　　　　　　　210
　　　　——教育费附加　　　　　　　　　　　　　　　　　　　　90
　　贷：银行存款　　　　　　　　　　　　　　　　　　　　　　3 300

（4）将出租房屋净收入上缴财政国库时，其会计分录为：

借：应缴财政款——国有资产出租收入　　　　　　　　　　　　56 700
　　贷：银行存款　　　　　　　　　　　　　　　　　　　　　56 700

3. 代扣代缴个人所得税

行政单位按照税法等规定计算的应代扣代缴的个人所得税金额，借记"应付职工薪酬"（从职工工资中代扣个人所得税）或"经费支出"科目（从劳务费中代扣个人所得税），贷记"应缴税费"科目。实际缴纳时，借记"应缴税费"科目，贷记"财政拨款收入""零余额账户用款额度""银行存款"等科目。

具体举例详见［例3-3］。

三、应付职工薪酬

（一）应付职工薪酬的概念与内容

应付职工薪酬是指行政单位按照有关规定应付给职工及为职工支付的各种薪酬，包括基本工资、奖金、国家统一规定的津贴补贴、社会保险费、住房公积金等。应付职工薪酬应当在规定支付职工薪酬时确认。

（二）应付职工薪酬的核算

为了核算应付职工薪酬业务，行政单位应设置"应付职工薪酬"科目，该科目应当根据国家有关规定按照"工资（离退休费）""地方（部门）津贴补贴""其他个人收入"以及"社会保险费""住房公积金"等进行明细核算。该科目期末贷方余额，反映行政单位应付未付的职工薪酬。应付职工薪酬的主要账务处理如下：

（1）发生应付职工薪酬时，按照计算出的应付职工薪酬金额，借记"经费支出"科目，贷记"应付职工薪酬"科目。

（2）向职工支付工资、津贴补贴等薪酬时，按照实际支付的金额，借记"应付职工薪酬"科目，贷记"财政拨款收入""零余额账户用款额度""银行存款"等科目。

从应付职工薪酬中代扣为职工垫付的水电费、房租等费用时，按照实际扣除的金额，借记"应付职工薪酬"科目（工资），贷记"其他应收款"等科目。

从应付职工薪酬中代扣代缴个人所得税，按照代扣代缴的金额，借记"应付职工薪酬"科目（工资），贷记"应缴税费"科目。

从应付职工薪酬中代扣代缴社会保险费和住房公积金，按照代扣代缴的金额，借记"应付职工薪酬"科目(工资),贷记"其他应付款"科目。

(3)缴纳单位为职工承担的社会保险费和住房公积金时,借记"应付职工薪酬"科目(社会保险费、住房公积金),贷记"财政拨款收入""零余额账户用款额度""银行存款"等科目。

【例3-3】 某行政单位按照国家统一规定,某月发生如下应付工资及应付津贴补贴的业务:

(1)计算本月职工薪酬总额为200 000元。其中,工资158 000元,津贴补贴20 000元,社会保险费10 000元,住房公积金12 000元。其会计分录为:

借:经费支出　　　　　　　　　　　　　　　　　　　　　　　　200 000
　　贷:应付职工薪酬——工资　　　　　　　　　　　　　　　　　158 000
　　　　　　　　　　——津贴补贴　　　　　　　　　　　　　　　 20 000
　　　　　　　　　　——社会保险费　　　　　　　　　　　　　　 10 000
　　　　　　　　　　——住房公积金　　　　　　　　　　　　　　 12 000

(2)从应付职工薪酬中代扣代缴社会保险费10 000元、住房公积金12 000元、个人所得税6 000元。其会计分录为:

借:应付职工薪酬——工资　　　　　　　　　　　　　　　　　　 28 000
　　贷:其他应付款——社会保险费　　　　　　　　　　　　　　　 10 000
　　　　　　　　　——住房公积金　　　　　　　　　　　　　　　 12 000
　　　　应缴税费——应交个人所得税　　　　　　　　　　　　　　　6 000

(3)从应付职工薪酬中代扣为职工垫付的水电费2 000元。其会计分录为:

借:应付职工薪酬——工资　　　　　　　　　　　　　　　　　　　2 000
　　贷:其他应收款——应收为职工代垫的水电费　　　　　　　　　　2 000

(4)通过财政直接支付向职工支付职工工资、津贴补贴150 000元(158 000+20 000-10 000-12 000-6 000)。其会计分录为:

借:应付职工薪酬——工资　　　　　　　　　　　　　　　　　　130 000
　　　　　　　　——津贴补贴　　　　　　　　　　　　　　　　　 20 000
　　贷:财政拨款收入　　　　　　　　　　　　　　　　　　　　　150 000

(5)通过财政直接支付缴纳社会保险费、住房公积金和个人所得税。其会计分录为:

借:应付职工薪酬——住房公积金　　　　　　　　　　　　　　　　12 000
　　其他应付款——社会保险费　　　　　　　　　　　　　　　　　10 000
　　　　　　　——住房公积金　　　　　　　　　　　　　　　　　12 000
　　应缴税费——应交个人所得税　　　　　　　　　　　　　　　　　6 000
　　贷:财政拨款收入　　　　　　　　　　　　　　　　　　　　　 40 000

(6)发给在职出差人员伙食补助费200元,市内交通费100元,以现金支付。其会计分录为：

借：经费支出 300
　　贷：应付职工薪酬——其他个人收入 300

同时，

借：应付职工薪酬——其他个人收入 300
　　贷：库存现金 300

四、应付政府补贴款

（一）应付政府补贴款的概念与内容

应付政府补贴款是指负责发放政府补贴的行政单位，按照规定应当支付给政府补贴接受者的各种政府补贴款，主要包括生活补助、救济费、抚恤金、助学金、奖励金、生产补贴等。应付政府补贴款应当在规定发放政府补贴的时间确认。

（二）应付补贴款的核算

为了核算应付补贴款业务，行政单位应设置"应付政府补贴款"科目。该科目应当按照应支付的政府补贴种类进行明细核算。行政单位还应当按照补贴接受者建立备查簿，进行相应明细核算。该科目期末贷方余额，反映行政单位应付未付的政府补贴金额。

行政单位发生应付政府补贴时，按照规定计算出的应付政府补贴金额，借记"经费支出"科目，贷记"应付政府补贴款"科目；支付应付的政府补贴款时，借记"应付政府补贴款"科目，贷记"零余额账户用款额度""银行存款"等科目。

【例3-4】 某市教育局负责本市学校发放政府给予的助学金和奖学金，按规定计算出的应付金额分别为150 000元和180 000元。其会计分录为：

借：经费支出 330 000
　　贷：应付政府补贴款——助学金 150 000
　　　　　　　　　　　——奖学金 180 000

通过单位零余额账户支付规定的助学金和奖学金时，其会计分录为：

借：应付政府补贴款——助学金 150 000
　　　　　　　　　——奖学金 180 000
　　贷：零余额账户用款额度 330 000

五、应付及暂存款项

应付及暂存款项是指行政单位在开展业务活动中发生的各项债务，包括应付账款、其他应付款等。

（一）应付账款

应付账款是指行政单位因购买物资或服务、工程建设等而应付的偿还期限在1年以内(含1年)的款项。应付账款应当在收到所购物资或服务、完成工程时确认。

为了核算应付账款业务,行政单位应设置"应付账款"科目。该科目应当按照债权单位(或个人)进行明细核算。该科目期末贷方余额,反映行政单位尚未支付的应付账款。应付账款的主要账务处理如下:

(1) 收到所购物资或服务、完成工程但尚未付款时,按照应付未付款项的金额,借记"待偿债净资产"科目,贷记"应付账款"科目;偿付应付账款时,借记"应付账款"科目,贷记"待偿债净资产"科目;同时,借记"经费支出"科目,贷记"财政拨款收入""零余额账户用款额度""银行存款"等科目。

(2) 无法偿付或债权人豁免偿还的应付账款,应当按照规定报经批准后进行账务处理。经批准核销时,借记"应付账款"科目,贷记"待偿债净资产"科目。核销的应付账款应在备查簿中保留登记。

【例 3-5】 某市环保局发生如下业务:

(1) 从甲公司定做一批工作服,价款 50 000 元,工作服已验收入库,货款暂欠。其会计分录为:

  借:存货——工作服   50 000
   贷:资产基金——存货   50 000

同时,

  借:待偿债净资产——应付账款   50 000
   贷:应付账款——甲公司   50 000

(2) 用财政直接支付方式偿还甲公司工作服价款 50 000 元。其会计分录为:

  借:应付账款——甲公司   50 000
   贷:待偿债净资产——应付账款   50 000

同时,

  借:经费支出   50 000
   贷:财政拨款收入   50 000

(3) 欠乙公司环保工具款 5 000 元,因该公司解散无法偿还,经批准核销此笔货款。其会计分录为:

  借:应付账款——乙公司   5 000
   贷:待偿债净资产——应付账款   5 000

同时,应在备查簿中保留登记此笔货款。

(二) 其他应付款

其他应付款是指行政单位除应缴财政款、应缴税费、应付职工薪酬、应付政府补贴款、应付账款以外的其他各项偿还期在 1 年以内(含 1 年)的应付及暂存款项,如收取的押金、保证金、未纳入行政单位预算管理的转拨资金、代扣代缴职工社会保险费和住房公积金等。

为了核算其他应付款业务,行政单位应设置"其他应付款"科目。该科目应当按照其他应付款的类别以及债权单位(或个人)进行明细核算。该科目期末贷方余额,反映行政单位尚未支付的其他应付款。其他应付款的主要账务处理如下:

(1) 发生其他各项应付及暂存款项时,借记"银行存款"等科目,贷记"其他应付款"科目;支付其他各项应付及暂存款项时,借记"其他应付款"科目,贷记"银行存款"等科目。

(2) 因故无法偿付或债权人豁免偿还的其他应付款项,应当按规定报经批准后进行账务处理。经批准核销时,借记"其他应付款"科目,贷记"其他收入"科目。核销的其他应付款应在备查簿中保留登记。

【例 3-6】某行政单位发生如下业务:

(1) 出租固定资产给甲单位,收取押金 3 000 元,款项存入银行。其会计分录为:

借:银行存款   3 000
 贷:其他应付款——甲单位   3 000

(2) 收回固定资产时,甲单位没有按合同要求维护固定资产,没收 50% 押金,其余退还甲单位。其会计分录为:

借:其他应付款——甲单位   3 000
 贷:其他收入   1 500
   银行存款   1 500

第二节 非流动负债

一、长期应付款

(一) 长期应付款的概念与内容

长期应付款是指行政单位发生的偿还期限超过 1 年(不含 1 年)的应付款项,主要包括跨年度分期付款购入固定资产的价款等。

长期应付款应当按照以下条件确认:①因购买物资、服务等发生的长期应付款,应当在收到所购物资或服务时确认。②因其他原因发生的长期应付款,应当在承担付款义务时确认。

(二) 长期应付款的核算

为了核算长期应付款业务,行政单位应设置"长期应付款"科目。该科目应当按照长期应付款的类别以及债权单位(或个人)进行明细核算。该科目期末贷方余额,反映行政单位尚未支付的长期应付款。长期应付款的主要账务处理如下:

(1) 发生长期应付款时,按照应付未付的金额,借记"待偿债净资产"科目,贷记"长期应付款"科目;偿付长期应付款时,借记"经费支出"科目,贷记"财政拨款收入""零余额账户用款额度""银行存款"等科目;同时,借记"长期应付款"科目,贷记"待偿债净资产"科目。

(2) 无法偿付或债权人豁免偿还的长期应付款,应当按照规定报经批准后进行账务处理。经批准核销时,借记"长期应付款"科目,贷记"待偿债净资产"科目。核销的长期应付款应在备查簿中保留登记。

【例 3-7】 某行政单位购买一台专用设备,价款 150 000 元,扣留质量保证金 2 年,金额 30 000 元。同时取得固定资产全款发票,上述价款均通过财政直接支付,不考虑相关税费,有关账务处理如下:

(1) 购入专用设备,通过财政直接支付款项时,其会计分录为:

借:固定资产　　　　　　　　　　　　　　　　　　　　　　　　150 000
　　贷:资产基金——固定资产　　　　　　　　　　　　　　　　　150 000

借:经费支出　　　　　　　　　　　　　　　　　　　　　　　　120 000
　　贷:财政拨款收入　　　　　　　　　　　　　　　　　　　　　120 000

借:待偿债净资产　　　　　　　　　　　　　　　　　　　　　　 30 000
　　贷:长期应付款　　　　　　　　　　　　　　　　　　　　　　 30 000

(2) 质保期满支付质量保证金时,其会计分录为:

借:长期应付款　　　　　　　　　　　　　　　　　　　　　　　 30 000
　　贷:待偿债净资产　　　　　　　　　　　　　　　　　　　　　 30 000

同时,

借:经费支出　　　　　　　　　　　　　　　　　　　　　　　　 30 000
　　贷:财政拨款收入　　　　　　　　　　　　　　　　　　　　　 30 000

二、受托代理负债

受托代理负债是指行政单位接受委托,取得受托管理资产时形成的负债。受托代理负债应当在行政单位收到受托代理资产并产生受托代理义务时确认。

为了核算受托代理负债业务,行政单位应设置"受托代理负债"科目。该科目应当按照委托人等进行明细核算;属于指定转赠物资和资金的,还应当按照指定受赠人进行明细核算。该科目的账务处理参见"受托代理资产""库存现金""银行存款"等科目。该科目期末贷方余额,反映行政单位尚未清偿的受托代理负债。

【例 3-8】 某行政单位发生如下业务:

(1) 收到受托代理一笔现金 5 000 元。根据委托人的要求,该笔现金应当转赠给有关受赠人。其会计分录为:

借:库存现金　　　　　　　　　　　　　　　　　　　　　　　　 5 000
　　贷:受托代理负债　　　　　　　　　　　　　　　　　　　　　 5 000

(2) 按照委托人的要求,将受托代理的现金支付给有关受赠人时,其会计分录为:

借：受托代理负债　　　　　　　　　　　　　　　　5 000
　　贷：库存现金　　　　　　　　　　　　　　　　　　　5 000

行政单位接受委托方委托管理的各项物资，通过"受托代理资产"和"受托代理负债"科目核算，具体账务处理参见"受托代理资产"的核算。

复习思考题

1. 什么是行政单位的负债？具体包括哪些内容？
2. 什么是行政单位的应缴财政款？主要包括哪些内容？如何核算应缴财政款？
3. 什么是行政单位的应缴税费？如何核算？
4. 什么是政府应付补贴款？如何核算？
5. 行政单位应当如何核算应付职工薪酬？
6. 什么是行政单位的长期应付款？应当如何核算？
7. 什么是行政单位的受托代理负债？

练习题

一、判断题

1. 行政单位应缴财政款的内容主要包括纳入预算管理的税收收入、纳入预算管理的政府性基金、纳入预算管理的行政性收费、罚没款项等。（　　）
2. 应缴税费是指行政单位按照税法等规定应当缴纳的各种税费，包括营业税、城市维护建设税、教育费附加、房产税、车船税、城镇土地使用税等。（　　）
3. 应付职工工资福利是指行政单位按照有关规定应向职工支付的工资和相关福利，主要包括应付工资、应付津贴补贴和应付其他个人收入等种类。（　　）
4. 应付政府补贴款是指负责发放政府补贴的行政单位，按照规定应当支付给政府补贴接受者的各种政府补贴款。（　　）

二、单项选择题

1. 下列项目中，不属于行政单位应缴财政款的是（　　）。
   A. 纳入预算管理的政府性基金　　B. 纳入预算管理的行政性收费
   C. 罚没款项　　　　　　　　　　D. 税收收入
2. 下列项目中，不属于应付职工薪酬的是（　　）。
   A. 应付工资　　　　　　　　　　B. 应付其他个人收入
   C. 应付津贴补贴　　　　　　　　D. 代垫水电费
3. 下列项目中，属于行政单位应付职工薪酬中的应付其他个人收入的是（　　）。
   A. 岗位津贴　　　　　　　　　　B. 离退休人员的离休、退休费
   C. 年终一次性奖金　　　　　　　D. 出差人员伙食补助费
4. 行政单位的流动负债不包括（　　）。

A. 应缴财政款 B. 应缴税费
C. 应付职工薪酬 D. 预收账款

5. 行政单位的"应缴税费"不核算（　　）。
A. 行政事业性收费 B. 房产税
C. 车船税 D. 代扣代缴的个人所得税

三、业务处理题

某行政单位2014年发生如下经济业务：

（1）在执法过程中取得一笔按规定应当上缴财政的款项1 200元，款项已存入银行。

（2）按规定将上述收到的应缴预算款项通过银行存款账户上缴财政国库。

（3）发生应付职工薪酬，计算出的应付职工薪酬金额为123 700元，其中，工资98 800元，津贴补贴10 200元，社会保险费8 500元，住房公积金6 200元。从应付职工工资中代扣代缴社会保险费和住房公积金合计13 300元，其中，代扣代缴社会保险费7 700元，代扣代缴住房公积金5 600元。从应付职工工资中代扣代缴个人所得税5 200元。扣除各种代扣代缴金额后，应付职工薪酬中的应付职工工资数额为80 300元（98 800—13 300—5 200）。

（4）通过财政直接支付方式向职工支付工资和津贴补贴等薪酬共计90 500元，其中，工资80 300元，津贴补贴10 200元。通过财政直接支付方式缴纳单位为职工承担的社会保险费和住房公积金共计14 700元，其中，社会保险费8 500元，住房公积金6 200元。通过财政直接支付方式缴纳单位为职工代扣代缴的个人所得税5 200元。通过财政直接支付方式缴纳单位为职工代扣代缴的社会保险费和住房公积金共计13 300元，其中，代扣代缴社会保险费7 700元，代扣代缴住房公积金5 600元。

（5）收到一项购买的服务，款项尚未支付，金额为6 900元。数日后，行政单位采用财政直接支付方式支付所购服务的价款6 900元。

（6）采用分期付款方式购入一项固定资产。按照合同约定，行政单位每半年向供应商支付一次购买价款20 000元，连续支付两年，共计支付购买价款80 000元。相应固定资产在合同签订日即收到并投入使用。半年后，行政单位采用财政直接支付方式支付购买价款20 000元。

要求：根据以上经济业务，为该行政单位编制有关的会计分录。

第四章 行政单位收入的核算

收入是指行政单位为开展业务活动而依法取得的非偿还性资金,包括财政拨款收入和其他收入。

第一节 财政拨款收入

一、财政拨款收入的概念与管理要求

财政拨款收入是指行政单位从同级财政部门取得的财政预算资金。财政拨款收入是行政单位主要的资金来源。

行政单位应加强对财政拨款收入的管理,具体要求是:

(1) 按单位预算和用款计划取得财政拨款收入。行政单位应按照批准的年度部门预算和分月用款计划按月申请取得财政拨款收入,财政部门根据计划分月拨款,不得申请无预算、无计划或超预算、超计划的拨款。如果由于行政计划或任务变动而需要增加的拨款,应编制追加预算,并经过同级财政部门批准以后,才能增加拨款。

(2) 按规定用途申请取得财政拨款收入。行政单位应按照预算规定的用途申请取得财政拨款收入,未经财政部门同意,不能随便改变支出用途。行政单位的经费支出分为基本支出和项目支出两类。基本支出的财政拨款收入和项目支出的财政拨款收入应当分别核算,不能相互混淆。

(3) 按规定的财政资金支付方式取得财政拨款收入。财政资金的支付方式有财政直接支付方式、财政授权支付方式和其他方式。其中,财政直接支付方式和财政授权支付方式为财政国库单一账户制度下的财政资金支付方式。行政单位在确定部门预算和用款计划时,其财政资金的支付方式也被确定了。

(4) 按预算管理关系申请取得财政拨款收入。行政单位要按预算管理关系申请取得财政拨款收入,不可以越级申请取得财政拨款收入。行政单位的隶属关系如有改变,需要在办理划转预算管理关系时,办理财政拨款收入的划转手续。

(5) 按业务活动进度和资金结余情况申请财政拨款收入。行政单位除根据分月用款计划申请取得财政拨款收入外,还应结合单位各项计划和行政任务的执行进度、资金结余情况申请财政拨款收入,既要保证计划内所需资金及时供应,又要防止资金积压。

(6) 实行各种收支统一管理、统筹安排使用的预算管理方法。即将财政拨款收入、

其他收入等收入来源同时纳入收入预算，实行统一管理、统筹安排使用。行政单位发生的经费支出，是统筹安排财政拨款收入和其他收入的结果。

二、财政拨款收入的确认

财政拨款收入的方式有三种，一是财政直接支付方式，二是财政授权支付方式，三是其他方式。由于三种财政资金支付方式的业务流程不尽相同，因此，行政单位财政拨款收入的确认也有一些区别。

（一）财政直接支付方式下财政拨款收入的确认

在财政直接支付方式下，行政单位根据部门预算和用款计划，在需要财政部门支付资金时，向财政部门提出财政直接支付申请。财政部门经审核无误后，通过财政零余额账户直接将款项支付给收款人。行政单位在收到财政部门委托财政零余额账户代理银行转来的财政直接支付入账通知书时，确认财政拨款收入。在这种方式下，行政单位在确认财政拨款收入时，实际上已经使用了财政预算资金。

（二）财政授权支付方式下财政拨款收入的核算

在财政授权支付方式下，行政单位根据部门预算和用款计划，按规定时间和程序向财政部门申请财政授权支付用款额度。财政部门审核无误后，将财政授权支付用款额度通知行政单位零余额账户代理银行。行政单位在收到代理银行转来的财政授权支付到账通知书时，确认财政拨款收入。在财政授权支付方式下，行政单位在确认财政拨款收入时，还没有实际使用财政资金，行政单位收到的是一个用款额度，而不是实际的货币资金。

（三）实拨资金方式下财政拨款收入的确认

在实拨资金方式下，行政单位应当在收到财政资金时确认财政拨款收入。在实拨资金方式下，行政单位根据部门预算和用款计划，按规定的时间和程序向财政部门提出资金拨入请求。财政部门审核无误后，将财政资金直接拨入行政单位的开户银行。行政单位在收到开户银行转来的收款通知时，确认财政拨款收入，即实际收到货币资金。

三、财政拨款收入的核算

为核算财政拨款收入业务，行政单位应设置"财政拨款收入"科目。该科目属于收入类科目，平时贷方余额反映财政拨款收入累计数。年终结账时，将"财政拨款收入"科目贷方余额转入"财政拨款结转"科目，借记"财政拨款收入"科目，贷记"财政拨款结转"科目。年终结账后，该科目无余额。该科目应按财政拨款收入的用途和资金管理要求分别设置"基本支出拨款"和"项目支出拨款"两个二级科目。在"基本支出拨款"明细科目下再按财政拨款收入的具体用途分别设置"人员经费"和"日常公用经费"两个明细科目。在"项目支出拨款"明细科目下按《政府收支分类科目》中的支出功能分类科目设置明细科目。

行政单位取得财政拨款收入时，根据财政资金的支付方式，分别借记"经费支出"

"零余额账户用款额度""银行存款"等科目,贷记"财政拨款收入"科目。行政单位获得财政拨款收入的方式有财政直接支付方式、财政授权支付方式和其他方式,通过这些方式获得财政拨款收入的账务处理如下所述。

(一)财政直接支付方式下财政拨款收入的核算

在财政直接支付方式下,行政单位根据财政国库支付执行机构委托代理银行转来的"财政直接支付入账通知书"及原始凭证,借记有关支出科目,贷记"财政拨款收入"科目。

1. 取得基本支出拨款

【例 4-1】 某市审计局发生如下业务:

(1)收到财政部门委托其代理银行转来的财政直接支付入账通知书,财政部门为该行政单位支付了一笔款项 80 000 元,具体内容为向某物业公司支付物业管理费,适用的政府支出功能分类科目为"一般公共服务支出——审计事务——行政运行"。其会计分录为:

　　借:经费支出　　　　　　　　　　　　　　　　　　　　　　　　80 000
　　　　贷:财政拨款收入——基本支出拨款——日常公用经费　　　　　　80 000

(2)收到财政部门委托其代理银行转来的财政直接支付入账通知书,财政部门为该行政单位支付一笔款项 200 000 元,具体内容是职工基本工资和津贴补贴,适用的政府支出功能分类科目为"一般公共服务支出——审计事务——行政运行"。其会计分录为:

　　借:应付职工薪酬　　　　　　　　　　　　　　　　　　　　　　200 000
　　　　贷:财政拨款收入——基本支出拨款——人员经费　　　　　　　200 000

2. 取得项目支出拨款

(1)向社会力量购买服务。目前,在我国的政府购买服务中,购买的主体仅限于行政单位,不包括事业单位。

【例 4-2】 某食品药品监督管理行政单位通过财政直接支付方式向某社会组织支付一笔款项 100 000 元,具体内容为该行政单位向某民间食品检验机构支付了委托食品检验的费用,适用的政府支出功能分类科目为"医疗卫生支出——食品和药品监督管理事务"。其会计分录为:

　　借:经费支出　　　　　　　　　　　　　　　　　　　　　　　　100 000
　　　　贷:财政拨款收入——项目支出拨款——食品安全事务　　　　　100 000

(2)购买非货币资产。在购买非货币资产的会计处理中,应采用双分录会计处理方法,目的是实现同时反映预算执行情况和反映财务状况的行政单位双重会计目标。

【例 4-3】 某行政单位通过财政直接支付方式支付一笔款项 50 000 元。收到财政部门委托其代理银行转来的财政直接支付入账通知书,财政部门为该行政单位支付一笔款项 50 000 元,具体内容为信息系统建设款项,适用的政府支出功能分类科目为

"一般公共服务支出——审计事务——信息化建设"。其会计分录为：

　　借：经费支出　　　　　　　　　　　　　　　　　　　　　　50 000
　　　　贷：财政拨款收入——项目支出拨款——信息化建设　　　　 50 000

同时，

　　借：固定资产　　　　　　　　　　　　　　　　　　　　　　50 000
　　　　贷：资产基金——固定资产　　　　　　　　　　　　　　 50 000

3. 年末确认财政应返还额度

年末，行政单位根据本年度财政直接支付预算指标数与财政直接支付实际支出数的差额，借记"财政应返还额度——财政直接支付"科目，贷记"财政拨款收入"科目。

【例4-4】 某审计行政单位本年度财政直接支付预算指标数为855 000元。年末，财政直接支付实际支出数为852 500元，本年度财政直接支付预算指标数与财政直接支付实际支出数的差额为2 500元(855 000－852 500)。其中，基本支出中人员经费的差额为200元，日常公用经费的差额300元，均属于"一般公共服务支出——审计事务——行政运行"科目的反映内容；项目支出的差额为2 000元，具体科目为"一般公共服务支出——审计事务——信息化建设"。年末，其会计分录为：

　　借：财政应返还额度——财政直接支付　　　　　　　　　　　2 500
　　　　贷：财政拨款收入——基本支出拨款——人员经费　　　　 　 200
　　　　　　　　　　　　　　　　　　　　——日常公用经费　　　 300
　　　　　　　　　　　　——项目支出拨款——信息化建设　　　 2 000

4. 本年度财政直接支付资金的收回

本年度财政直接支付的资金收回时，借记"财政拨款收入"科目，贷记"经费支出"等科目。

【例4-5】 某质量技术监督与检验检疫行政单位收回一笔当年通过财政直接支付方式支付的款项30 500元，原因为之前购买的检验检疫专用设备(用于质量技术监督技术支持)在试用期内出现质量问题而以退货，适用的政府支出功能分类科目为"一般公共服务支出——质量技术监督与检验检疫事务——质量技术监督技术支持"，该设备已入账。其会计分录为：

　　借：财政拨款收入——项目支出拨款——质量技术监督技术支持　30 500
　　　　贷：经费支出　　　　　　　　　　　　　　　　　　　　 30 500

同时，

　　借：资产基金——固定资产　　　　　　　　　　　　　　　　30 500
　　　　贷：固定资产　　　　　　　　　　　　　　　　　　　　 30 500

行政单位收回以前年度财政直接支付款项时，借记"财政应返还额度"科目，记"财政拨款结转""财政拨款结余"科目。即收回的款项不冲减当年的"财政拨款收入"科目。

(二) 财政授权支付方式下财政拨款收入的核算

1. 收到财政授权支付用款额度

财政授权支付方式下,行政单位根据收到的"财政授权支付额度到账通知书",借记"零余额账户用款额度"等科目,贷记"财政拨款收入"科目。

【例 4-6】 某教育行政单位发生如下业务:

(1) 收到其代理银行转来的"财政授权支付额度到账通知书",收到财政部门拨入一笔财政授权支付用款额度 150 000 元,规定用于该单位的日常行政活动开支,适用的政府支出功能分类科目为"教育支出——教育管理事务——行政运行"。其会计分录为:

借:零余额账户用款额度　　　　　　　　　　　　　　　　　150 000
　　贷:财政拨款收入——基本支出拨款——日常公用经费　　　　150 000

(2) 收到其代理银行转来的"财政授权支付额度到账通知书",收到财政部门拨入一笔财政授权支付用款额度 70 000 元,规定用于开展某专项活动(一般行政管理事务),适用的政府支出功能分类科目为"教育支出——教育管理事务——一般行政管理事务"。其会计分录为:

借:零余额账户用款额度　　　　　　　　　　　　　　　　　70 000
　　贷:财政拨款收入——项目支出拨款——一般行政管理事务　　70 000

2. 年末确认财政返还额度

年末,行政单位本年度财政授权支付预算指标数与财政授权支付额度下达数的差额为行政单位本年度尚未收到的财政授权支付预算指标数。行政单位首先应当将该财政授权支付预算指标数确认为财政拨款收入。之后的处理,与行政单位本年度尚未使用的财政直接支付预算指标数一样,即次年是否可以继续使用视情况而定。

年末,如单位本年度财政授权支付预算指标数大于财政授权支付额度下达数,根据两者间的差额,借记"财政应返还额度——财政授权支付"科目,贷记"财政拨款收入"科目。

【例 4-7】 某教育行政单位本年度财政授权支付预算指标数为 255 500 元。年末,财政授权支付额度下达数为 252 000 元,本年度财政授权支付预算指标数与财政授权支付额度下达数的差额为 3 500 元(255 500-252 000)。其中,基本支出中日常公用经费的差额为 1 500 元,属于"行政运行"科目的反映内容;项目支出的差额为 2 000 元,属于"一般行政管理事务"科目的反映内容。年末,该行政单位应编制如下会计分录:

借:财政应返还额度——财政授权支付　　　　　　　　　　　3 500
　　贷:财政拨款收入——基本支出拨款——日常公用经费　　　　1 500
　　　　　　——项目支出拨款——一般行政管理事务　　　　　　2 000

(三) 财政实拨资金支付方式下财政拨款收入的核算

在财政实拨资金支付方式下,实际收到财政拨款收入时,借记"银行存款"等科目,贷记"财政拨款收入"科目。

【例4-8】 假定某环境保护行政单位尚未纳入财政国库单一账户制度改革。该行政单位收到开户银行转来的收款通知,财政部门拨入的预算经费68 000元,适用的政府支出功能分类科目为"节能环保支出——环境保护管理事务——行政运行",单位预算规定用于基本支出拨款中的人员经费和日常公用经费支出。具体为:"基本支出拨款——人员经费"38 000元,"基本支出拨款——日常公用经费"30 000元。其会计分录为:

借:银行存款　　　　　　　　　　　　　　　　　　　　　　　68 000
　贷:财政拨款收入——基本支出拨款——人员经费　　　　　　38 000
　　　　　　　　　——基本支出拨款——日常公用经费　　　　30 000

目前,绝大多数行政单位已经进行了财政国库单一账户制度改革,财政实拨资金支付方式已经很少使用。

(四)同时有公共财政预算拨款和政府性基金预算拨款情况下财政拨款收入的核算

上述举例是假定行政单位仅有公共财政预算拨款情况下的财政拨款收入的核算。如果行政单位有公共财政预算拨款、政府性基金预算拨款两种或两种以上财政预算拨款的,"财政拨款收入"科目应按财政拨款收入的不同经费性质设置"公共财政预算拨款"和"政府性基金预算拨款"等明细科目进行明细核算。

【例4-9】 某市政府所属行政单位水利局,收到代理银行转来的财政授权支付到账通知书,收到财政部门拨入一笔公共财政预算资金安排的财政授权支付额度78 000元,适用的政府支出功能分类科目为"农林水支出——水利——行政运行",单位预算为日常公用经费,具体科目和金额为:"公共财政预算拨款——基本支出拨款——人员经费"48 000元;"公共财政预算拨款——基本支出拨款——日常公用经费"30 000元。同时,收到财政部门拨入一笔政府性基金预算资金财政授权支付用款额度12 000元,具体内容为支付城市防洪设施改建项目款项,适用的政府支出功能分类科目为"农林水支出——地方水利建设基金支出——城市防洪",具体应在"政府性基金预算拨款——项目支出拨款——城市防洪"科目中反映。

(1)对于收到的公共财政预算拨款,其会计分录为:

借:零余额账户用款额度　　　　　　　　　　　　　　　　　　78 000
　贷:财政拨款收入(公共财政预算拨款)——基本支出拨款——人员经费　　48 000
　　　　　　　　　　　　　　　　　　——基本支出拨款——日常公用经费　30 000

(2)对于收到的政府性基金预算拨款,其会计分录为:

借:零余额账户用款额度　　　　　　　　　　　　　　　　　　12 000
　贷:财政拨款收入(政府性基金预算拨款)——项目支出拨款——城市防洪　12 000

(五)财政拨款收入年终结转

在财政国库集中支付方式下,行政单位的年度财政直接支付和财政授权支付预算指标数通常即为年终财政拨款收入的本年发生数。其中,年度期间收到或使用的数额在收到或使用时确认为财政拨款收入,年终尚未收到或者尚未使用的数额通过使用权责发生制确认为当年的财政拨款收入。财政拨款收入的本年发生额全额结转至"财政拨款结转"科目。

年末,将"财政拨款收入"科目的本期发生额转入财政拨款结转,借记"财政拨款收入"科目,贷记"财政拨款结转"科目。年终结账后,"财政拨款收入"科目应无余额。

【例4-10】某行政单位年终结账,该行政单位"财政拨款收入"总账科目的本年发生额为7 800 000元,具体明细科目为:"基本支出拨款——人员经费"5 000 000元;"基本支出拨款——日常公用经费"2 000 000元;"项目支出拨款——信息化建设"800 000元。其会计分录为:

借:财政拨款收入——基本支出拨款——人员经费　　　　　5 000 000
　　　　　　　　　　　　　　　　——日常公用经费　　　　2 000 000
　　　　　　　　　——项目支出拨款——信息化建设　　　　　800 000
　贷:财政拨款结转　　　　　　　　　　　　　　　　　　　7 800 000

同时,有公共财政预算拨款和政府性基金预算拨款的行政单位,财政拨款收入年终应当按照公共财政预算拨款和政府性基金预算拨款分别结账。相应的,"财政拨款结转"科目也需要区分财政拨款的种类进行明细核算。

【例4-11】某行政单位年终"财政拨款收入"科目的本年发生额为1 315 000元,其中:"财政拨款收入——公共财政预算拨款"898 500元,"财政拨款收入——政府性基金预算拨款"416 500元。行政单位将其全数转入"财政拨款结转"科目。其会计分录为:

借:财政拨款收入——公共财政预算拨款　　　　　　　　　　898 500
　贷:财政拨款结转——公共财政预算拨款　　　　　　　　　　898 500

同时,

借:财政拨款收入——政府性基金预算拨款　　　　　　　　　416 500
　贷:财政拨款结转——政府性基金预算拨款　　　　　　　　　416 500

同时,行政单位应当结清所有财政拨款收入明细账的余额。

第二节　其他收入

一、其他收入的概念

其他收入是指行政单位取得的除财政拨款收入以外的其他各项收入,如从非同级财政部门、上级主管部门等取得的用于完成项目或专项任务的资金、库存现金溢余等。

行政单位从非同级财政部门取得的财政资金主要是一些实行垂直管理的行政单位从当地财政部门取得的财政拨款收入。实施垂直管理的行政单位如下:

(1)国家税务局系统,包括国家税务总局、各省级国家税务局、各市级国家税务局以及各县级国家税务局。

（2）审计署系统，包括审计署本级、审计署驻上海特派员办事处、审计署驻广州特派员办事处、审计署驻南京特派员办事处等。

（3）公安部系统，包括公安部机关、公安部北京出入境边防检查总队、公安部上海出入境边防检查总队、公安部深圳出入境边防检查总队等。

对有些行政单位实行垂直管理，有利于对相应的业务在一定区域范围内进行统一监管。行政单位从非同级财政部门取得的财政资金，可能是行政单位代征地方收入的手续费收入，也可能是地方政府给予行政单位的奖励收入等。

行政单位从上级单位等取得的用于转给下级单位、不纳入本单位预算的资金，属于"其他应付款"的核算内容。行政单位依法取得的应当上缴财政的罚没收入、行政事业性收费、政府性基金、国有资产处置和出租出借收入等，不属于行政单位的收入，属于"应缴财政款"的核算内容。

二、其他收入的核算

为核算其他收入业务，行政单位应设置"其他收入"科目。该科目应当按照其他收入的类别、来源单位、项目资金和非项目资金进行明细核算。对于项目资金收入，还应当按照具体项目进行明细核算。该科目平时为贷方余额，反映其他收入累计数。年终结账后，该科目应无余额。

行政单位收到属于其他收入的各种款项时，按照实际收到的金额，借记"银行存款""库存现金"等科目，贷记"其他收入"科目。年终结账时，"其他收入"科目贷方余额，全数转入"其他资金结转结余"科目，借记"其他收入"科目，贷记"其他资金结转结余"科目。

【例4-12】 某纳入市级财政部门预算范围的行政单位发生如下其他收入业务：

（1）从当地县级财政部门获得一笔财政资金7 500元，具体内容为县政府给予的奖励性资金，没有用途规定，款项已存入该行政单位的银行存款账户。其会计分录为：

借：银行存款　　　　　　　　　　　　　　　　　　　　　　　　7 500
　　贷：其他收入——非同级财政部门——县财政局——非项目收入　　7 500

（2）从上级省级业务主管部门获得一笔资金5 000元，具体内容为上级主管部门委托其开展一项基层实务调研工作，款项已存入该行政单位的银行存款账户。其会计分录为：

借：银行存款　　　　　　　　　　　　　　　　　　　　　　　　5 000
　　贷：其他收入——上级主管部门——项目收入　　　　　　　　　5 000

（3）出售废旧报刊，获得现金收入850元。经财政部门同意，该笔现金收入作为其他收入管理，并没有指定用途。其会计分录为：

借：库存现金　　　　　　　　　　　　　　　　　　　　　　　　850
　　贷：其他收入——出售废旧报刊——非项目收入　　　　　　　　850

（4）收到工商银行海淀支行转来的存款利息100元。其会计分录为：

借：银行存款　　　　　　　　　　　　　　　　　　　　　　　　100
　　贷：其他收入——利息收入——非项目收入　　　　　　　　　　　100

（5）无法查明原因的现金溢余70元，经批准核销。其会计分录为：

借：待处理财产损溢　　　　　　　　　　　　　　　　　　　　　70
　　贷：其他收入——现金溢余——非项目收入　　　　　　　　　　　70

（6）年终结账时，将上述"其他收入"科目余额13 520元转入"其他资金结转结余"科目。其会计分录为：

借：其他收入　　　　　　　　　　　　　　　　　　　　　　　13 520
　　贷：其他资金结转结余　　　　　　　　　　　　　　　　　　13 520

同时，行政单位应当结清所有其他收入明细账的余额。

随着我国预算管理的不断规范和完善，以及行政单位后勤机构市场化改革的不断推进，行政单位其他收入的具体内容和数额将越来越少。

复习思考题

1. 什么是行政单位的收入？它包括哪两个种类？
2. 什么是财政拨款收入？行政单位财政拨款收入的管理要求主要有哪些？
3. "财政拨款收入"总账科目需要设置哪两个明细科目？它们分别核算什么内容？
4. 在财政直接支付方式下，行政单位应当在何时确认财政拨款收入？在财政授权支付方式下，行政单位应当在何时确认财政拨款收入？
5. 行政单位在年末应当如何确认财政拨款收入？
6. 在财政实拨资金支付方式下，行政单位应当在何时确认财政拨款收入？
7. 在同时有公共财政预算拨款和政府性基金预算拨款的情况下，行政单位应当如何核算财政拨款收入？
8. 财政拨款收入在年终结账时应当如何核算？
9. 什么是其他收入？其他收入的管理要求主要包括哪些内容？行政单位应当如何核算其他收入？

练 习 题

一、判断题

1. 行政单位应当按规定的财政资金支付方式申请取得财政拨款收入。（　　）
2. 在财政实拨资金方式下，行政单位在收到开户银行转来的收款通知时，确认财政拨款收入。（　　）

3. 行政单位应当按规定的用途申请取得财政拨款收入。（　）
4. 在财政授权支付方式下,行政单位在实际使用财政资金时确认拨入。（　）
5. 行政单位处置固定资产的收入一般应当作为其他收入处理。（　）

二、单项选择题

1. 在财政直接支付方式下,行政单位在确认财政拨款收入的同时确认(　)。
   A. 银行存款增加 　　　　　　B. 零余额账户用款额度增加
   C. 经费支出   　　　　　　D. 财政零余额账户存款增加

2. 行政单位的基本支出(　)。
   A. 只使用财政拨款收入安排
   B. 只使用其他收入安排
   C. 可以同时使用财政拨款收入和其他收入统筹安排
   D. 多数使用财政拨款收入安排,局部使用其他收入安排

3. 对于仅有公共财政预算拨款收入业务的行政单位,"财政拨款收入"科目下一级明细科目的设置方法可以是(　)。
   A. "人员经费""日常公用经费""项目支出"
   B. "工资福利支出""商品服务支出""对个人和家庭的补助""基本建设支出""其他资本性支出"
   C. "基本支出""项目支出"
   D. "基本支出""基本建设支出""其他资本性支出"

4. 行政单位在确认财政拨款收入时,不可能的对应科目是(　)。
   A. "经费支出"   　　　　　B. "零余额账户用款额度"
   C. "财政零余额账户存款"　　D. "财政应返还额度"

5. "财政拨款收入"科目的对应科目通常不包括(　)科目。
   A. "经费支出"   　　　　　B. "其他应付款"
   C. "应付职工薪酬"　　　　　D. "应付账款"

三、业务处理题

某市政府所属行政单位统计局没有政府性基金预算拨款收入的业务,2016年该行政单位发生如下经济业务：

（1）收到财政部门委托其代理银行转来的财政直接支付入账通知书,财政部门为行政单位支付了一笔基本支出,具体科目和金额为："基本支出——人员经费"11 775元。

（2）收到单位代理银行转来的财政授权支付到账通知书,其中列示收到财政部门拨入一笔财政授权支付用款额度,具体科目和金额为："基本支出——日常公用经费"12 930元。

（3）收到单位代理银行转来的财政授权支付到账通知书,其中列示收到财政部门拨入一笔财政授权支付用款额度,具体科目和金额为："项目支出——专项统计业务"7 800元,"项目支出——专项普查活动"5 100元。

(4) 收到财政部门委托其代理银行转来的财政直接支付入账通知书,财政部门为行政单位支付了一笔项目支出预算经费,具体科目和金额为:"项目支出——信息网络购建"10 395 元。

(5) 年终结账,"财政拨款收入"总账科目的发生额为 167 400 元。有关明细科目为:"基本支出——人员经费"35 250 元,"基本支出——日常公用经费"46 800 元;"项目支出——专项统计业务"39 600 元,"项目支出——专项普查活动"28 950 元,"项目支出——信息网络购建"16 800 元。行政单位将以上"财政拨款收入"科目转入"财政拨款结转"科目。

要求:根据以上资料,为该行政单位编制有关的会计分录。

第五章 行政单位支出的核算

支出是指行政单位为保障机构正常运转和完成工作任务所发生的资金耗费损失,主要包括经费支出、拨出经费等。行政单位的支出一般应当在支付款项时予以确认,并按照实际支付金额进行计量。

第一节 经费支出

一、经费支出的概念

经费支出是行政单位为完成业务活动所发生的各项支出,包括基本支出和项目支出。基本指出是指为保障机构正常运转和完成日常工作任务发生的支出;项目支出是指为完成特定的工作任务,在基本支出之外发生的支出。

经费支出是行政单位为实现社会管理职能,完成行政任务所必须发生的各项资金耗费,是行政单位各项收入(包括财政拨款收入和其他收入)综合安排使用的结果,是行政单位最主要的支出,其经济性质属于非生产性支出。

二、经费支出的分类

为全面反映行政单位各项经费支出的内容,便于分析和考核各项经费支出的实际发生情况及其效果,行政单位有必要对经费支出按照一定的标准进行适当的分类。

(一)按照政府支出经济分类科目进行的分类

行政单位的经费支出应当按照《政府收支分类科目》中的"支出经济分类科目"进行分类。《政府收支分类科目》中的"支出经济分类科目"分类、款两级科目。类、款两级科目在内容上逐渐细化。按照《政府收支分类科目》,行政单位经费支出的类、款两级科目设置情况如下所述。

1. 工资福利支出

"工资福利支出"科目反映行政单位开支的在职职工和聘用人员的各类劳动报酬,以及为上述人员缴纳的各项工会保险费等。该类级科目分设如下款级科目:

(1)基本工资,反映行政单位按规定发放的基本工资,包括公务员的职务工资、级别工资;机关工人的岗位工资、技术等级工资等;各类学校毕业生试用期工资;新参加工作工人学徒期、熟练期工资等。

(2)津贴补贴,反映行政单位经国家批准建立的艰苦边远地区津贴、地区附加津贴、岗位津贴等。

（3）奖金，反映行政单位的年终一次性奖金。

（4）社会保障缴费，反映行政单位为职工缴纳的基本养老、基本医疗、失业、工伤、生育等社会保险费，残疾人就业保障金等。

（5）伙食补助费，反映行政单位发给职工的伙食补助费，如误餐补助等。

（6）其他工资福利支出，反映上述项目未包括的人员支出，如各种加班工资、病假两个月以上期间的人员工资、编制外长期聘用人员，公务员及参照和依照公务员制度管理的单位工作人员转入企业工作并按规定参加企业职工基本养老保险后给予的一次性补贴等。

2. 商品和服务支出

"商品和服务支出"科目反映行政单位购买商品和服务的支出，其中不包括用于购置固定资产的支出、战略性和应急储备支出。该类级科目分设如下款级科目：

（1）办公费，反映行政单位购买按财务会计制度规定不符合固定资产确认标准的日常办公用品、书报杂志等支出。

（2）印刷费，反映行政单位的印刷费支出。

（3）咨询费，反映行政单位咨询方面的支出。

（4）手续费，反映行政单位支付的各类手续费支出。

（5）水费，反映行政单位支付的水费、污水处理费等支出。

（6）电费，反映行政单位的电费支出。

（7）邮电费，反映行政单位开支的信函、包裹、货物等物品的邮寄费及电话费、电报费、传真费、网络通讯费等。

（8）取暖费，反映行政单位取暖用燃料费、热力费、炉具购置费、锅炉临时工的工资、节煤奖以及由行政单位支付的在职职工和离退休人员宿舍取暖费等。

（9）物业管理费，反映行政单位开支的办公用房、职工及离退休人员宿舍等的物业管理费，包括综合治理、绿化、卫生等方面的支出。

（10）差旅费，反映行政单位工作人员出差的住宿费、旅费、伙食补助费、杂费，干部及大中专学生调遣费，调干家属旅费补助等。

（11）因公出国（境）费用，反映行政单位工作人员公务出国（境）的住宿费、旅费、伙食补助费、杂费、培训费等支出。

（12）维修（护）费，反映行政单位日常开支的固定资产（不包括车船等交通工具）修理和维护费用，网络信息系统运行与维护费用等。

（13）租赁费，反映行政单位租赁办公用房、宿舍、专用通讯网以及其他设备等方面的费用。

（14）会议费，反映行政单位会议中按规定开支的房租费、伙食补助费以及文件资料的印刷费、会议场地租用费等。

（15）培训费，反映行政单位各类培训支出。

（16）公务接待费，反映行政单位按规定开支的各类公务接待（含外宾接待）费用。

(17) 专用材料费,反映行政单位购买日常专用材料的支出。

(18) 被装购置费,反映法院、检察院、政府各部门的被装购置支出。

(19) 专用燃料费,反映用作业务工作设备的车、船设施等的油料支出。

(20) 劳务费,反映行政单位支付给单位和个人的劳务费用,如临时聘用人员、钟点工工资、稿费、翻译费、评审费等。

(21) 委托业务费,反映行政单位因委托外单位办理业务而支付的委托业务费。

(22) 工会经费,反映行政单位按规定提取的工会经费。

(23) 福利费,反映行政单位按规定提取的福利费。

(24) 公务用车运行维护费,反映行政单位公务用车租用费、燃料费、维修费、过桥过路费、保险费、安全奖励费用等支出。

(25) 其他交通费用,反映行政单位除公务用车运行维护费以外的其他交通费用,如飞机、船舶等的燃料费、维修费、过桥过路费、保险费、出租车费用等。

(26) 税金及附加费用,反映行政单位提供劳务或销售产品应负担的税金及附加费用,包括营业税、城市维护建设税和教育费附加等。

(27) 其他商品和服务支出,反映上述科目未包括的日常公用支出,如行政赔偿费和诉讼费、国内组织的会员费、来访费、广告宣传、其他劳务费及离休人员特需费、公用经费等。

3. 对个人和家庭的补助

"对个人和家庭的补助"科目反映政府用于对个人和家庭的补助支出。该类级科目分设如下款级科目:

(1) 离休费,反映行政单位和军队移交政府安置的离休人员的离休费、护理费和其他补贴。

(2) 退休费,反映行政单位和军队移交政府安置的退休人员的退休费和其他补贴。

(3) 退职(役)费,反映行政单位退职人员的生活补贴,一次性支付给职工的退职补助等。

(4) 抚恤金,反映行政单位按规定开支的烈士遗属、牺牲病故人员遗属的一次性和定期抚恤金,伤残人员的抚恤金,离退休人员等其他人员的各项抚恤金。

(5) 生活补助,反映行政单位按规定开支的优抚对象定期定量生活补助费,行政单位职工和遗属生活补助,因公负伤等住院治疗、住疗养院期间的伙食补助费,长期赡养人员补助费,由于国家实行退耕还林禁牧舍饲政策补偿给农牧民的现金、粮食支出,对农村党员、复员军人以及村干部的补助支出,看守人员和犯人的伙食费、药费等。

(6) 救济费,反映行政单位按规定开支的城乡贫困人员、灾民、归侨、外侨及其他人员的生活救济费,包括城市居民的最低生活保障费,随同资源枯竭矿山破产但未参加养老保险统筹的矿山所属集体企业退休人员按最低生活保障标准发放的生活费,农村五保供养对象、贫困户、麻风病人的生活救济费,精简退职老弱残职工救济费,福利、救助机构发生的收养费以及救助支出等。实物形式的救济也在此科目反映。

(7) 医疗费,反映行政单位在职职工、离退休人员的医疗费,军队移交政府安置的离退休人员的医疗费,优抚对象医疗补助,以及按国家规定资助农民参加新型农村合作医疗和城镇居民参加城镇居民基本医疗保险的支出和对城乡贫困家庭的医疗救助支出。

(8) 奖励金,反映行政单位的奖励支出,如对个体私营经济的奖励、计划生育目标责任奖励、独生子女父母奖励等。

(9) 生产补贴,反映行政单位各种对个人发放的生产补贴支出,如国家对农民发放的农机具购置补贴、良种补贴、粮食直补以及发放给残疾人的各种生产经营补贴等。

(10) 住房公积金,反映行政单位按规定的基本工资和津贴补贴以及规定比例为职工缴纳的住房公积金。

(11) 提租补贴,反映按房改政策规定的标准,行政单位向职工(含离退休人员)发放的租金补贴。

(12) 购房补贴,反映按房改政策规定,行政单位向符合条件职工(含离退休人员)发放的用于购买住房的补贴。

(13) 其他对个人和家庭的补助支出,反映未包括在上述科目的对个人和家庭的补助支出,如婴幼儿补贴、职工探亲旅费、退职人员及随行家属路费、对农户的生产经营补贴等。

4. 对企事业单位的补贴

"对企事业单位的补贴"科目反映政府对各类企业、事业单位及民间非营利组织的补贴。该类级科目分设如下款级科目:

(1) 企业政策性补贴,反映对企业的政策性补贴。

(2) 事业单位补贴,反映对事业单位的补贴。

(3) 财政贴息,反映国家财政对国家重点支持的企业和项目给予的贷款利息补贴。

(4) 国有资本经营预算费用性支出,反映用国有资本经营预算弥补国有企业改革成本等方面的费用性支出。

(5) 其他对企事业单位的补贴支出,反映除上述项目外其他对企事业单位的补贴支出。

5. 赠与

"赠与"科目反映对国内外政府、组织等提供的援助、捐赠以及缴纳国际组织会费等方面的支出。该类级科目分设如下款级科目:

(1) 对国内的赠与,反映对国内组织、政府等提供的捐赠支出。

(2) 对国外的赠与,反映对国际组织、国外政府等提供的双边援助,缴纳的会费以及有关捐赠方面的支出。

6. 债务利息支出

"债务利息支出"科目反映政府和行政单位的债务利息支出。该类级科目分设如下款级科目:

(1) 国内债务付息,反映当年用于偿还国内债务利息的支出。

(2) 向国家银行借款付息,反映向国家银行借款的付息支出。

(3) 其他国内借款付息,反映向其他国内借款的付息支出。
(4) 向国外政府借款付息,反映当年用于偿还向外国政府借款的利息支出。
(5) 向国际组织借款付息,反映当年用于偿还向国际组织借款的利息支出。
(6) 其他国外借款付息,反映当年用于偿还其他国外借款的利息支出。

7. 基本建设支出

"基本建设支出"科目反映行政单位由各级发展与改革部门集中安排的公共财政预算用于购置固定资产、战略性和应急性储备、土地和无形资产,以及购建基础设施、大型修缮所发生的支出。该类级科目分设如下款级科目:

(1) 房屋建筑物购建,反映用于购买、自行建造办公用房、仓库、职工生活用房、教学科研用房、学生宿舍、食堂等建筑物的支出。

(2) 办公设备购置,反映用于购置并按财务会计制度规定纳入固定资产核算范围的办公家具和办公设备的支出。

(3) 专用设备购置,反映用于购置具有专门用途并按财务会计制度规定纳入固定资产核算范围的各类专用设备的支出。如通信设备、发电设备、交通监控设备、卫星转发器、气象设备、进出口监管设备等。

(4) 基础设施建设,反映用于农田设施、道路、铁路、桥梁、水坝和机场、车站、码头等公共基础设施建设方面的支出。

(5) 大型修缮,反映按财务会计制度规定允许资本化的各类设备、建筑物、公共基础设施等大型修缮的支出。

(6) 信息网络及软件购置更新,反映用于信息网络方面的支出。如计算机硬件、软件购置、开发、应用支出等,如果购建的计算机硬件、软件等不符合财务会计制度规定的固定资产确认标准的,不在此科目反映。

(7) 物资储备,反映为应付战争、自然灾害或意料不到的突发事件而提前购置的具有特殊重要性的军事用品、石油、医药、粮食等战略性和应急性物资储备支出。

(8) 公务用车购置,反映公务用车车辆购置支出(含车辆购置税)。

(9) 其他交通工具购置,反映单位除公务用车外的其他各类交通工具(如船舶、飞机等)购置支出(含车辆购置税)。

(10) 其他基本建设支出,反映著作权、商标权、专利权等无形资产购置支出,以及其他上述科目中未包括的资本性支出。如娱乐、文化和艺术原作的使用权、购买国内外影片播映权、购置图书等。

8. 其他资本性支出

"其他资本性支出"科目反映行政单位由非各级发展与改革部门集中安排的用于购置固定资产、战略性和应急性储备、土地和无形资产,以及购建基础设施、大型修缮和财政支持企业更新改造所发生的支出。该类级科目分设如下款级科目:

(1) 房屋建筑物购建,反映用于购买、自行建造办公用房、仓库、职工生活用房、教学科研用房、学生宿舍、食堂等建筑物的支出。

(2) 办公设备购置,反映用于购置并按财务会计制度规定纳入固定资产核算范围的办公家具和办公设备的支出。

(3) 专用设备购置,反映用于购置具有专门用途,并按财务会计制度规定纳入固定资产核算范围的各类专用设备的支出。如通信设备、发电设备、交通监控设备、卫星转发器、气象设备、进出口监管设备等。

(4) 基础设施建设,反映用于农田设施、道路、铁路、桥梁、水坝和机场、车站、码头等公共基础设施建设方面的支出。

(5) 大型修缮,反映按财务会计制度规定允许资本化的各类设备、建筑物、公共基础设施等大型修缮的支出。

(6) 信息网络及软件购置更新,反映用于信息网络方面的支出。如计算机硬件、软件购置、开发、应用支出等,如果购建的计算机硬件、软件等不符合财务会计制度规定的固定资产确认标准的,不在此科目反映。

(7) 物资储备,反映为应付战争、自然灾害或意料不到的突发事件而提前购置的具有特殊重要性的军事用品、石油、医药、粮食等战略性和应急性物质储备支出。

(8) 土地补偿,反映地方人民政府在征地和收购土地过程中支付的土地补偿费。

(9) 安置补助,反映地方人民政府在征地和收购土地过程中支付的安置补助费。

(10) 地上附着物和青苗补偿,反映地方人民政府在征地和收购土地过程中支付的地上附着物和青苗补偿费。

(11) 拆迁补偿,反映地方人民政府在征地和收购土地过程中支付的拆迁补偿费。

(12) 公务用车购置,反映公务用车车辆购置支出(含车辆购置税)。

(13) 其他交通工具购置,反映单位除公务用车外的其他各类交通工具(如船舶、飞机等)购置支出(含车辆购置税)。

(14) 其他资本性支出,反映著作权、商标权、专利权等无形资产购置支出,以及其他上述科目中未包括的资本性支出。如娱乐、文化和艺术原作的使用权、购买国内外影片播映权、购置图书等。

9. 贷款转贷及产权参股

"贷款转贷及产权参股"科目反映政府部门发放的贷款和向企业参股投资方面的支出。该类级科目分设如下款级科目:

(1) 国内贷款,反映政府部门向国内有关单位发放的贷款。

(2) 国外贷款,反映政府部门向国际组织和国外政府提供的贷款。

(3) 国内转贷,反映政府部门向外国政府、国外金融机构或上级政府借款转贷给下级政府、相关部门和企业的款项。

(4) 国外转贷,反映政府部门向外国政府、国内金融机构借款转贷给国外有关机构和企业的款项。

(5) 产权参股,反映政府购买国际组织股权和对企业投资参股的支出。

(6) 国有资本经营预算资本性支出,反映用国有资本经营预算向新设企业注入国有资本、向现有企业补充国有资本和认购有限责任公司、股份有限公司股权股份等资本性支出。

(7)其他贷款转贷及产权参股支出,反映除上述项目以外其他用于贷款转贷及产权参股方面的支出。

10. 其他支出

"其他支出"科目反映行政单位不能划分到上述经济科目的其他支出。

在《政府收支分类科目》中,"支出经济分类科目"与"支出功能分类科目"是两套相互并列的政府支出科目体系。这两套政府支出科目体系,分别从不同的角度对政府的支出进行了全面系统的分类。而且,这两套政府支出科目体系还可以相互配合,同时对有关的支出进行反映。例如,某公安部门购买了一批办公用品,用作日常行政运行。该购买办公用品的支出可以同时在"一般预算支出——公共安全——公安——行政运行"科目和"基本支出——商品和服务支出——办公费"科目中反映。前者反映为政府的功能支出或职能支出,后者反映为政府的经济支出或用途支出。

(二)按照单位预算的要求进行的分类

行政单位的经费支出应当按照部门预算的要求进行分类。按照单位预算的要求,行政单位的经费支出可分为基本支出和项目支出两大类。

1. 基本支出

基本支出是指行政单位为维持正常运转和完成日常工作任务而发生的各项支出。按照部门预算管理的要求,行政单位的基本支出可分成人员经费支出和日常公用经费支出两大类。

(1)人员经费支出是指为保障机构正常运转和完成日常工作任务而发生的可归集到个人的各项支出。人员经费支出的具体科目包括《政府收支分类科目》中的"工资福利支出"科目以及"对个人和家庭的补助支出"科目两个。

(2)日常公用经费支出是指为保障机构正常运转和完成日常工作任务而发生的不能归集到个人的各项支出。日常公用经费支出的具体科目包括《政府收支分类科目》中的"商品和服务支出"科目和"其他资本性支出"科目。"基本建设支出"科目通常不列入日常公用经费支出,而列入项目支出。

基本支出是行政单位的基本资金消耗,是行政单位维持日常正常运转的基本资金保证。

2. 项目支出

项目支出是指行政单位为完成专项工作或特定任务而发生的各项支出。一般包括大型专项会议支出、专项任务支出、大型专项修缮支出、专项基本建设支出等。项目支出需要经过申报、筛选、立项、评审和审批的过程。经批准后,安排专项资金作为财力保证。项目支出的具体科目可以同时包括《政府收支分类科目》中的"商品和服务支出""基本建设支出""其他资本性支出"科目中的相关明细科目。

将行政单位的经费支出区分为基本支出和项目支出,主要是为了更好地安排使用行政单位的行政经费,确保行政单位的正常运转。

(三)按不同经费性质的分类

按照不同经费的性质,行政单位的经费支出可以分成财政拨款支出和其他资金支出两类。同时有公共财政预算拨款和政府性基金预算拨款的行政单位，财政拨款支出还可以区分为公共财政预算拨款支出和政府性基金预算拨款支出。

1. 财政拨款支出

财政拨款支出是指使用财政拨款收入发生的支出。如果使用的是公共财政预算拨款收入而发生的支出，为公共财政预算拨款支出；如果使用的是政府性基金预算拨款收入而发生的支出，为政府性基金预算拨款支出。

2. 其他资金支出

其他资金支出是指行政单位使用除财政拨款收入以外的资金而发生的支出，如使用其他收入而发生的支出。其他资金支出需要按照项目支出和非项目支出分别反映，以分别与项目收入和非项目收入对应。

三、经费支出的一般管理要求

行政单位必须严格按照有关规定，采取切实可行的办法加强对经费支出的管理。行政单位经费支出的一般管理要求主要是：

（1）建立健全经费支出的内部管理制度。例如，行政单位应当建立健全各项经费支出全部由单位财务部门统一管理的制度，不允许在单位财务部门之外设立账外账或"小金库"；对于基本支出可以建立健全标准定额管理制度，对于项目支出可以建立健全绩效考核制度；对于其他收入，可以进一步建立健全综合纳入单位经费支出的管理制度；对重大支出项目，可以进一步建立健全严格的审批制度，等等。

（2）严格按照预算确定的用途和数额支用各项经费支出。行政单位的经费支出必须严格按照预算规定的用途支用，不得办理无预算、超预算范围的经费支出。同时，行政单位的经费支出必须严格按照预算规定的开支标准支用，不得任意改变经费开支标准。

（3）保证单位基本支出的需要。行政单位应当保证人员经费和单位日常公用经费开支的需要。这些开支是行政单位的基本支出，如果这些基本支出不能得到保证，行政单位的正常运转就不能维持。

（4）严格项目支出的管理。行政单位的项目支出应当保证专款专用，不得任意改变项目内容或扩大使用范围。行政单位应当为每一专项工作或特定任务单独建账，以单独反映该专项工作或特定任务的资金到位、使用进度和完成结算等情况。

这里必须重点指出的是，行政单位应采用积极有效的措施，对诸如人员经费、"三公经费"（即因公出国出境经费、公务用车购置及运行经费和公务接待费）、会议费等经费支出的薄弱环节实施重点管理。对于人员经费管理，应当严格执行编制主管部门核定的人员编制数，不能突破。对于"三公经费"管理，行政单位应当严格按照经批准的预算开支，不得超预算或无预算安排"三公经费"。对于会议费管理，应当建立健全会议的审批制度，严格控制会议数量、会期和参会人数，尽可能减少会议费支出。

四、经费支出核算

经费支出是指行政单位自身开展业务活动使用各项资金发生的基本支出和项目

支出。

为了核算经费支出业务,行政单位应设置"经费支出"总账科目。该科目应当分别按照"财政拨款支出"和"其他资金支出""基本支出"和"项目支出"等分类进行明细核算;并按照《政府收支分类科目》中"支出功能分类科目"的项级科目进行明细核算;"基本支出"和"项目支出"明细科目下应当按照《政府收支分类科目》中"支出经济分类科目"的款级科目进行明细核算。同时在"项目支出"明细科目下按照具体项目进行明细核算。该科目平时余额在借方,表示年内经费支出的累计数。年末结账将该科目余额转入"财政拨款结转""其他资金结转结余"科目。年终结账后,该科目应无余额。

经费支出的主要账务处理如下所述。

1. 计提单位职工薪酬时经费支出的核算

行政单位计提单位职工薪酬时,按照计算出的金额,借记"经费支出"科目,贷记"应付职工薪酬"科目。

【例5-1】 某农业行政单位计提单位职工薪酬98 000元,具体内容包括:职工基本工资90 000元,津贴补贴8 000元,适用的政府支出功能分类科目为"农林水支出——水利——行政运行",适用的政府支出经济分类科目为"工资福利支出——基本工资""工资福利支出——津贴补贴",单位预算为基本支出预算,具体科目和金额为:"经费支出——财政拨款支出——基本支出——工资福利支出——基本工资"90 000元,"经费支出——财政拨款支出——基本支出——对个人和家庭的补助——退休费"8 000元,并通过财政直接支付方式支付。其会计分录为:

借:经费支出　　　　　　　　　　　　　　　　　　　　98 000
　　贷:应付职工薪酬　　　　　　　　　　　　　　　　　98 000

同时,

借:应付职工薪酬　　　　　　　　　　　　　　　　　　98 000
　　贷:财政拨款收入　　　　　　　　　　　　　　　　　98 000

同时,在"经费支出"明细科目借方登记如下:

财政拨款支出——基本支出——工资福利支出——基本工资　　　90 000
财政拨款支出——基本支出——对个人和家庭的补助——退休费　　8 000

2. 支付外部人员劳务费时经费支出的核算

支付外部人员劳务费,按照应当支付的金额,借记"经费支出"科目,按照代扣代缴个人所得税的金额,贷记"应缴税费"科目,按照扣税后实际支付的金额,贷记"财政拨款收入""零余额账户用款额度""银行存款"等科目。

【例5-2】 某审计行政单位通过财政直接支付方式向某审计组织支付一笔款项,具体内容为委托部分业务审计费,适用的政府支出功能分类科目为"一般公共服务支出——审计事务——审计业务",适用的政府支出经济分类科目为"商品和服务支出——委托业务费",单位预算为项目支出预算,具体科目和金额为"经费支出——财政拨款支出——项目支出(审计业务)——商品和服务支出——委托业务费"50 000元。其会计分录为：

  借：经费支出   50 000
   贷：财政拨款收入   50 000

同时，在"经费支出"明细科目借方登记如下：

  财政拨款支出——项目支出(审计业务)——商品和服务支出——委托业务费 50 000

3. 支付购买存货、固定资产、无形资产、政府储备物资和工程结算款项时经费支出的核算

  支付购买存货、固定资产、无形资产、政府储备物资和工程结算的款项，按照实际支付的金额，借记"经费支出"科目，贷记"财政拨款收入""零余额账户用款额度""银行存款"等科目；同时，按照采购或工程结算成本，借记"存货""固定资产""无形资产""在建工程""政府储备物资"等科目，贷记"资产基金"及其明细科目。

【例 5-3】 某工商行政管理行政单位通过财政直接支付方式支付一笔款项 85 000元，具体内容为购买办公设备，适用的政府支出功能分类科目为"一般公共服务支出——工商行政管理事务——行政运行"，适用的政府支出经济分类科目为"基本建设支出——办公设备购置"，该办公设备购置费属于基本支出日常公用经费预算项目，并且由发展和改革部门安排资金购买。具体科目和金额为："财政拨款支出——基本支出——基本建设支出"85 000 元。购入的办公设备作为固定资产。其会计分录为：

  借：经费支出   85 000
   贷：财政拨款收入   85 000

同时，

  借：固定资产——办公设备   85 000
   贷：资产基金——固定资产   85 000

同时，在"经费支出"明细科目借方登记如下：

  财政拨款支出——基本支出——基本建设支出——办公设备购置 85 000

  在我国，由各级发展与改革部门(有预算分配权)集中安排的公共财政预算用于购置固定资产、战略性和应急性储备、土地和无形资产，以及购建基础设施、大型修缮所发生的支出，列入政府支出经济分类科目中的"基本建设支出"科目。而由各级财政部门(也有预算分配权)集中安排的用于上述项目的支出，列入政府支出经济分类科目中的"其他资本性支出"科目。

4. 发生预付账款时经费支出的核算

  发生预付账款的，按照实际预付的金额，借记"经费支出"科目，贷记"财政拨款收入""零余额账户用款额度""银行存款"等科目；同时，借记"预付账款"科目，贷记"资产基金——预付款项"科目。

【例5-4】 某民政行政单位通过财政直接支付方式支付一笔款项,具体内容为向某公司预付购买一批救灾物资的部分款项,适用的政府支出功能分类科目为"农林水支出——水利——防汛",适用的政府支出经济分类科目为"其他资本性支出——物资储备"。项目和金额为:"经费支出——财政拨款支出——项目支出(防汛)——其他资本性支出"325 000元。购买的救灾物资尚未收到。其会计分录为:

借:经费支出　　　　　　　　　　　　　　　　　　　　325 000
　　贷:财政补助收入　　　　　　　　　　　　　　　　　325 000

同时,

借:预付账款　　　　　　　　　　　　　　　　　　　　325 000
　　贷:资产基金——预付账款　　　　　　　　　　　　325 000

同时,在"经费支出"明细科目借方登记如下:

财政拨款支出——项目支出(防汛)——其他资本性支出　　325 000

行政单位收到购买的政府储备物资应验收入库时,按照确定的成本数额,借记"政府储备物资"科目,贷记"资产基金——政府储备物资"科目。同时按照实际支付的金额,借记"经费支出"科目,贷记"财政拨款收入""零余额账户用款额度"等科目。

5. 偿还应付款项时经费支出的核算

偿还应付款项时,按照实际偿付的金额,借记"经费支出"科目,贷记"财政拨款收入""零余额账户用款额度""银行存款"等科目;同时,借记"应付账款""长期应付款"科目,贷记"待偿债净资产"科目。

【例5-5】 某税务行政单位通过财政授权支付方式支付一笔款项25 800元,具体内容为偿付购买一项固定资产的赊购价款,适用的政府支出功能分类科目为"一般公共服务支出——税收事务——信息化建设",适用的政府支出经济分类科目为"其他资本性支出——专用设备购置"。单位预算为项目支出,具体科目和金额为:"经费支出——财政拨款支出——项目支出(信息化建设)——其他资本性支出"。该行政单位在之前购买该固定资产时,采用赊购方式,即没有立即支付价款。该项固定资产在购入时即已验收并投入使用。其会计分录为:

借:经费支出　　　　　　　　　　　　　　　　　　　　25 800
　　贷:零余额账户用款额度　　　　　　　　　　　　　25 800

同时,

借:应付账款　　　　　　　　　　　　　　　　　　　　25 800
　　贷:待偿债净资产　　　　　　　　　　　　　　　　25 800

同时,在"经费支出"明细科目借方登记如下:

财政拨款支出——项目支出(信息化建设)——其他资本性支出　　25 800

6. 发生其他各项支出时经费支出的核算

发生其他各项支出时，按照实际支付的金额，借记"经费支出"科目，贷记"财政拨款收入""零余额账户用款额度""银行存款"等科目。

【例 5-6】 某工商行政管理行政单位通过财政授权支付了一笔款项 7 500 元，具体内容为水费、电费，适用的政府支出功能分类科目为"一般公共服务支出——工商行政管理事务——行政运行"，适用的政府支出经济分类科目为"商品和服务支出——水费""商品和服务支出——电费"。单位预算为基本支出预算经费，具体科目和金额为："经费支出——财政拨款支出——基本支出——商品和服务支出——水费"4 100 元、"经费支出——财政拨款支出——基本支出——商品和服务支出——电费"3 400 元。

其会计分录为：

借：经费支出　　　　　　　　　　　　　　　　　　　7 500
　　贷：零余额账户用款额度　　　　　　　　　　　　7 500

同时，在"经费支出"明细科目借方登记如下：

财政拨款支出——基本支出——商品和服务支出——水费　　4 100
财政拨款支出——基本支出——商品和服务支出——电费　　3 400

行政单位商品和服务支出中的办公费、印刷费、水费、电费等是行政单位自身耗用的支出，属于行政单位最常见的日常公用费用。

【例 5-7】 某工商行政管理行政单位通过财政授权支付方式支付一笔款项 4 500 元，具体内容为支付一项公务接待费，适用的政府支出功能分类科目为"一般公共服务支出——工商行政管理事务——行政运行"，适用的政府支出经济分类科目为"商品和服务支出——公务接待费"，单位预算为基本支出预算经费，具体科目和金额为："经费支出——财政拨款支出——基本支出——商品和服务支出——公务接待费"4 500 元。

其会计分录为：

借：经费支出　　　　　　　　　　　　　　　　　　　4 500
　　贷：零余额账户用款额度　　　　　　　　　　　　4 500

同时，在"经费支出"明细科目借方登记如下：

财政拨款支出——基本支出——商品和服务支出——公务接待费　　4 500

商品和服务支出中的因公出国（境）费用、公务接待费、公务用车购置与运行维护费属于行政单位的"三公经费"。目前，在行政单位的单位预算与决算中，单独编制"三公经费"预算与决算，并连同基本支出预算、项目支出预算等一起上报财政部门审核。

【例 5-8】 某水利行政单位尚未进行国库集中支付制度改革，通过使用银行存款账户中的财政拨款收入支付一笔款项 860 元，具体内容为支付一项会议费，适用的政府支出功能分类科目为"一般公共服务支出——水利——行政运行"，适用的政府支出经济分类科目为"商品和服务支出——会议费"，单位预算为基本支出预算经费，具体科目和金额为"经费支出——财政拨款支出——基本支出——商品和服务支出——会议费"860元。其会计分录为：

  借：经费支出   860
    贷：银行存款   860

同时，在"经费支出"明细科目借方登记如下：

  财政拨款支出——基本支出——商品和服务支出——会议费   860

【例5-9】 某工商行政管理行政单位通过财政授权支付一笔项目支出预算经费，具体内容为大型专项会议，适用的政府支出功能分类科目为"一般公共服务支出——工商行政管理事务——行政运行"，适用的政府支出经济分类科目为"商品和服务支出——会议费"，单位预算为项目支出预算经费，具体科目和金额为："经费支出——财政拨款支出——项目支出（大型专项会议支出）——商品和服务支出——会议费"8 200元。其会计分录为：

  借：经费支出   8 200
    贷：零余额账户用款额度   8 200

同时，在"经费支出"明细科目借方登记如下：

  财政拨款支出——项目支出（大型专项会议支出）——商品和服务支出——会议费 8 200

  商品和服务支出中的会议费可能属于基本支出，也可能属于项目支出。若是行政部门常规性的会议费，通常作为基本支出预算管理。若是行政单位为完成特定的工作任务需要发生的会议费，通常作为项目支出预算管理。

【例5-10】 某水利行政单位使用上级主管部门拨入的专项资金支付一笔款项2 500元，具体内容是为完成一项专项任务发生的咨询费，款项以银行存款支付，适用的政府支出功能分类科目为"农林水支出——水利——防汛"，适用的政府支出经济分类科目为"商品和服务支出——咨询费"，单位预算为项目支出预算经费，具体科目和金额为"经费支出——其他资金支出——项目支出（防汛）——商品和服务支出——咨询费"。其会计分录为：

  借：经费支出   2 500
    贷：银行存款   2 500

同时，在"经费支出"明细科目借方登记如下：

  其他资金支出——项目支出（防汛）——商品和服务支出   4 600

  行政单位的财政拨款支出与其他资金支出应当分开核算。行政单位既需要编制反映各项资金收支总额的收入支出表，又需要单独编制反映财政拨款收支情况的财政拨款收入支出表。

  7. 因退货等原因发生支出收回时经费支出的核算

  行政单位因退货等原因发生支出收回的，属于当年支出收回的，借记"财政拨款收入""零余额账户用款额度""银行存款"等科目，贷记"经费支出"科目；属于以前年度支出收回的,借记"财政应返还额度""零余额账户用款额度""银行存款"等科目;贷记"财政拨款结转""财政拨款结余""其他资金结转结余"等科目。

【例 5-11】 某林业行政单位收回一笔当年通过财政授权支付方式支付的款项 35 000 元,原因为之前购买的森林资源检测专用设备在试用期内出现质量问题而予以退货,适用的政府支出功能分类科目为"农林水支出——林业——森林资源检测",适用的政府支出经济分类科目为"其他资本性支出——专用设备购置",单位预算为项目支出预算经费,具体科目和金额为"经费支出——财政拨款支出——项目支出(森林资源检测)——其他资本性支出——专用设备购置"35 000 元。该设备购入时已作为固定资产入账。其会计分录为:

借:零余额账户用款额度　　　　　　　　　　　　　　　35 000
　　贷:经费支出　　　　　　　　　　　　　　　　　　　35 000

同时,

借:资产基金——固定资产　　　　　　　　　　　　　　35 000
　　贷:固定资产　　　　　　　　　　　　　　　　　　　35 000

同时,在"经费支出"明细科目借方登记如下:

财政拨款支出——项目支出(森林资源检测)——其他资本性出——专用设备购置
　　　　　　　　　　　　　　　　　　　　　　　　　　　35 000

当行政单位收回以前年度财政授权支付款项时,借记"零余额账户用款额度"科目,贷记"财政拨款结转""财政拨款结余"科目。即收回的款项不冲减当年的"经费支出"科目。

8. 经费支出年终结账时的核算

年末,将该科目本年发生额分别转入财政拨款结转和其他资金结转结余时,借记"财政拨款结转""其他资金结转结余"科目,贷记"经费支出"科目。

【例 5-12】 某行政单位年终"经费支出"总账科目的本年发生额为 523 600 元。其中,"经费支出——财政拨款支出"科目的本年发生额为 816 000 元,"经费支出——其他资金支出"科目的本年发生额为 5 500 元。行政单位将其分别转入"财政拨款结转""其他资金结转结余"科目。其会计分录为:

借:财政拨款结转　　　　　　　　　　　　　　　　　816 000
　　贷:经费支出——财政拨款支出　　　　　　　　　　816 000

同时,

借:其他资金结转结余　　　　　　　　　　　　　　　　5 500
　　贷:经费支出——其他资金支出　　　　　　　　　　　5 500

同时,行政单位应当结清所有"经费支出——财政拨款支出""经费支出——其他资金支出"明细账的余额。

9. 同时有公共财政预算拨款和政府性基金预算拨款情况下经费支出的核算

如果行政单位有公共财政预算拨款支出还有政府性基金预算拨款支出业务,"经费支出"科目应按经费支出的不同经费性质设置"公共财政预算拨款支出""政府性基金预算拨款支出"明细科目,对财政拨入的公共财政预算拨款、政府性基金预算拨款的支出情况进行分类核算。相应的,财政拨款结转也需要区分公共财政预算拨款结转、政府性基金预算拨款结转进行分类核算。

【例5-13】 某水利行政单位因为开展业务活动发生如下业务(假定同时有公共财政预算拨款支出、政府性基金预算拨款支出):

(1) 通过财政授权支付了一笔公共财政预算款项1 500元,具体内容为支付不作为存货管理的日常办公用品费,适用的政府支出功能分类科目为"农林水支出——水利——行政运行",适用的政府支出经济分类科目为"商品和服务支出——办公费",单位预算为基本支出预算经费,具体科目和金额为:"经费支出——财政拨款支出(公共财政预算拨款)——基本支出——商品和服务支出——办公费"1 500元。其会计分录为:

借:经费支出　　　　　　　　　　　　　　　　　　　　1 500
　　贷:零余额账户用款额度　　　　　　　　　　　　　　　　1 500

同时,在"经费支出"明细科目借方登记如下:

财政拨款支出(公共财政预算拨款)——基本支出——商品和服务支出——办公费 1 500

(2) 通过财政直接支付方式支付一笔政府性基金预算款项12 800元,具体内容为支付城市防洪设施改建项目款项,适用的政府支出功能分类科目为"农林水支出——地方水利建设支出——城市防洪",适用的政府支出经济分类科目为"其他资本性支出——基础设施建设"。该项目尚未完成。单位预算为项目支出预算,具体科目和金额为:"经费支出——财政拨款支出(政府性基金预算拨款)——项目支出(城市防洪)——其他资本性支出——基础设施建设"128 000元。其会计分录为:

借:经费支出　　　　　　　　　　　　　　　　　　　　128 000
　　贷:财政拨款收入　　　　　　　　　　　　　　　　　　128 000

同时,

借:在建工程　　　　　　　　　　　　　　　　　　　　128 000
　　贷:资产基金——在建工程　　　　　　　　　　　　　　128 000

在"经费支出"明细科目借方登记如下:

财政拨款支出(政府性基金预算拨款)——项目支出(城市防洪)——其他资本性支出
　　——基础设施建设　　128 000

(3) 年终,将上述"经费支出"科目下"公共财政预算拨款"的余额转入"财政拨款结

转"科目。其会计分录为:

  借:财政拨款结转——公共财政预算拨款   500
    贷:经费支出   500

同时,在"经费支出"明细科目贷方登记如下:

  财政拨款支出(公共财政预算拨款)——基本支出——商品和服务支出——办公费 500

（4）年终,将上述"经费支出——财政拨款支出"科目下"政府性基金预算拨款"明细科目的余额转入"财政拨款结转"科目。其会计分录为:

  借:财政拨款结转——政府性基金预算拨款   128 000
    贷:经费支出   128 000

同时,在"经费支出"明细科目贷方登记如下:

  财政拨款支出(政府性基金预算拨款)——项目支出(城市防洪)——其他资本性支出
        ——基础设施建设   128 000

第二节 拨出经费

一、拨出经费的概念

拨出经费是指行政单位向所属单位拨出的纳入单位预算管理的非同级财政拨款资金,如拨给所属单位的专项经费和补助经费等。

由于行政单位的收入主要来源于同级财政拨款,非同级财政拨款资金是非常少量的,因此,行政单位的拨出经费也是很少的。

二、拨出经费的核算

为了核算拨出经费业务,行政单位应设置"拨出经费"总账科目。该科目应当分别按照"基本支出"和"项目支出"进行明细核算;还应当按照接受拨出经费的具体单位和款项类别等分别进行明细核算。行政单位向所属单位拨付非同级财政拨款资金等款项时,借记"拨出经费"科目,贷记"银行存款"等科目;收回拨出经费时,借记"银行存款"等科目,贷记"拨出经费"科目;年末,将该科目本年发生额转入其他资金结转结余时,借记"其他资金结转结余"科目,贷记"拨出经费"科目。该科目平时借方余额,反映拨出经费累计数。年终结账后,该科目应无余额。

【例5-14】某市政府所属行政单位质量技术监督局实行垂直领导,因为开展业务活动的需要,发生如下业务:

（1）使用取得的一部分其他收入通过银行存款账户向所属新市区质量技术监督分局(二级预算管理单位)拨付一笔日常公用经费补助,具体科目和金额为:"拨出经费——基本支出——新市区质量技术监督分局"20 000元。其会计分录为:

借：拨出经费——基本支出——新市区质量技术监督分局　　　　　20 000
　　贷：银行存款　　　　　　　　　　　　　　　　　　　　　　　　20 000

(2) 使用取得的一部分其他收入通过银行存款科目向所属市质量技术检测研究所（二级预算管理单位）拨付一笔专项经费，具体科目和金额为："拨出经费——项目支出——市质量技术检测研究所" 200 000 元。其会计分录为：

借：拨出经费——项目支出——市质量技术检测研究所　　　　　200 000
　　贷：银行存款　　　　　　　　　　　　　　　　　　　　　　　　200 000

(3) 年终，将"拨出经费"科目的借方余额转入"其他资金结转结余"科目。其会计分录为：

借：其他资金结转结余　　　　　　　　　　　　　　　　　　　　220 000
　　贷：拨出经费——基本支出——新市区质量技术监督分局　　　　20 000
　　　　　　　——项目支出——市质量技术检测研究所　　　　　200 000

复习思考题

1. 什么是行政单位的支出？行政单位的支出包括哪些内容？
2. 什么是行政单位的经费支出？如何核算？
3. 工资福利支出科目反映什么内容？具体由哪些明细科目组成？
4. 商品和服务支出科目反映什么内容？具体由哪些明细科目组成？
5. 对个人和家庭的补助科目反映什么内容？具体由哪些明细科目组成？
6. 基本建设支出科目反映什么内容？具体由哪些明细科目组成？
7. 其他资本性支出科目反映什么内容？具体由哪些明细科目组成？
8. 行政单位的经费支出可以按照哪些要求或标准进行分类？
9. 什么是行政单位的拨出经费？如何核算？

练 习 题

一、判断题

1. 经费支出按照不同经费性质可以分为工资福利支出、商品和服务支出、对个人和家庭的补助、基本建设支出和其他资本性支出等种类。　　　　　　　　　（　　）
2. 经费支出按照部门预算管理的要求应分为基本支出和项目支出两大类。其中，基本支出再分成人员经费支出和日常公用经费支出两类，人员经费支出具体再分为工资福利支出、对个人和家庭的补助、商品和服务支出等种类。　（　　）
3. 在财政国库单一账户制度下，主管会计单位需要将所属二级会计单位的预算资金转拨给二级会计单位，由此，形成拨出经费的业务。　　　　　　　　（　　）
4. 行政单位的经费支出应当保证单位基本支出的需要，包括人员经费和日常公用

经费的需要。　　　　　　　　　　　　　　　　　　　　　　　　（　）

5. 行政单位的各项经费支出必须严格按照部门预算规定的用途和数额使用，行政单位不可办理无预算、超预算范围的经费支出。　　　　　　　　（　）

二、单项选择题

1. 行政单位为职工缴纳的基本养老、基本医疗、失业、工伤等社会保险费属于行政单位的（　　）。
   A. 工资福利支出　　　　　　　　　　B. 商品和服务支出
   C. 其他资本性支出　　　　　　　　　D. 对个人和家庭的补助

2. 行政单位购买日常办公用品的支出属于（　　）。
   A. 工资福利支出　　　　　　　　　　B. 商品和服务支出
   C. 其他资本性支出　　　　　　　　　D. 对个人和家庭的补助

3. 行政单位由各级发展与改革部门集中安排的购置固定资产、购建基础设施等的支出属于（　　）。
   A. 其他资本性支出　　　　　　　　　B. 商品和服务支出
   C. 基本建设支出　　　　　　　　　　D. 其他支出

4. 行政单位的基本支出最可能不包括（　　）的内容。
   A. 工资福利支出　　　　　　　　　　B. 商品和服务支出
   C. 对个人和家庭的补助　　　　　　　D. 基本建设支出

5. 行政单位的项目支出通常不包括（　　）。
   A. 日常会议支出　　　　　　　　　　B. 专项基本建设支出
   C. 专项任务支出　　　　　　　　　　D. 大型专项会议支出

三、业务处理题

某行政单位没有政府性基金预算拨款收入。该行政单位2016年发生如下经济业务：

（1）收到财政国库支付执行机构委托其代理银行转来的财政直接支付入账通知书，财政国库支付执行机构通过财政零余额账户为行政单位支付了一笔基本支出预算经费，具体科目和金额为："经费支出——基本支出——人员经费——工资福利支出——基本工资"18 445元。该行政单位没有对基本工资做过应计的会计处理。

（2）通过单位零余额账户支付了一笔项目支出预算经费，具体科目和金额为："经费支出——信息化建设——商品和服务支出——委托业务费"1 150元。

（3）通过单位零余额账户支付了一笔基本支出预算经费，具体科目和金额为："经费支出——基本支出——日常公用经费——商品和服务支出——电费"1 800元。

（4）通过单位零余额账户支付了一笔项目支出预算经费，具体科目和金额为："经费支出——预算编制业务——商品和服务支出——会议费"1 400元。

（5）国库部门从仓库领用一批办公用品，计价1 100元。该项支出应当记入"经费支出——财政国库业务——商品和服务支出——办公费"科目。

（6）收到财政国库支付执行机构委托其代理银行转来的财政直接支付入账通知

书，财政国库支付执行机构通过财政零余额账户为行政单位支付了一笔项目支出预算经费，具体科目和金额为："经费支出——信息化建设——基本建设支出——信息网络购建"3 900元。

（7）以现金支付一笔基本支出预算经费，具体科目和金额为："经费支出——基本支出——日常公用经费——对个人和家庭的补助——生活补助"580元。

（8）通过单位零余额账户支付了一笔会计管理事务支出。该会计管理事务支出属于未单独设置项级科目的其他项目支出，具体科目和金额为："经费支出——一般行政管理事务——其他资本性支出——办公设备购置"3 725元。

（9）年终结账。"经费支出"总账科目的借方余额为213 900元。经费支出有关明细科目的借方余额为："基本支出——人员经费"52 950元，"基本支出——日常公用经费"66 150元，"一般行政管理事务"24 300元，"预算编制业务"22 200元，"财政国库业务"27 450元，"信息化建设"20 850元。行政单位将以上"经费支出"科目的借方余额转入"财政拨款结转"科目。

要求：根据以上资料，为该行政单位编制有关的会计分录。

第六章　行政单位净资产的核算

净资产是指行政单位资产扣除负债后的余额。行政单位的净资产包括结转(余)、资产基金、待偿债净资产等。

第一节　结　转（余）

一、结转(余)的含义及其分类

(一) 结转(余)的含义

结转和结余简称结转(余)，是指行政单位一定期间收入(财政拨款收入、其他收入)与支出(经费支出、拨出经费)相抵后的余额。行政单位在业务活动中会取得一定的收入，发生一定的支出，要求根据预算收入的数额控制预算支出，达到一定期间的收入与支出的平衡。但收入与支出之间的平衡是相对的，行政单位的收入与支出会存在一定的差额，形成行政单位的结转(余)。行政单位的结转(余)每年年终结算一次，平时不结算。因此，行政单位的结转(余)是全年全部实际收入与全年全部实际支出相抵后的最终财务成果。行政单位不以盈利为目的，并不追求结转(余)的数额，所以，结转(余)的数额不能过大，尽量做到预算收支平衡。

(二) 结转(余)的分类

1. 按不同经费性质的分类

按照不同的经费性质，行政单位的结转(余)可以分成财政拨款结转(余)和其他资金结转结余两类。

(1) 财政拨款结转(余)，是指行政单位财政拨款收入减去财政拨款支出后的差额。财政拨款结转(余)又可进一步分为公共财政预算拨款结转(余)和政府性基金预算拨款结转(余)。前者是指行政单位公共财政预算拨款收入减去公共财政预算拨款支出后的差额；后者是指行政单位政府性基金预算拨款收入减去政府性基金预算拨款支出后的差额。

(2) 其他资金结转结余，是指行政单位除上述财政拨款收支以外的其他资金预算收入减去其他资金预算支出后的差额。

结转(余)按照不同的经费性质分类，与收入和支出按照不同的经费性质分类相对应。这种分类方法主要考虑行政单位的收支会计信息可以与财政总预算会计的收支信息相对应，以满足财政部门对行政单位收支信息的需求。

2. 按部门预算管理要求的分类

按照部门预算管理的要求，行政单位的结转（余）可以区分成基本支出结转和项目支出结转（余）两大类。

（1）基本支出结转，是指行政单位的基本支出收入减去基本支出后的差额。基本支出结转可以进一步区分成人员经费结转和日常公用经费结转两类。其中，人员经费结转是指人员经费收入减去人员经费支出后的差额。日常公用经费结转是指日常公用经费收入减去日常公用经费支出后的差额。人员经费结转与日常公用经费结转之间未经批准不可相互调剂。基本支出结转一般应当结转至下年度，继续使用在基本支出上。

（2）项目支出结转（余），是指行政单位的项目支出收入减去项目支出后的差额。其中，项目支出结转是指尚未完成项目的项目支出收入减去项目支出后的差额。项目支出结余是指已经完成项目的项目支出收入减去项目支出后的差额。项目支出结转应当结转至下年度，继续使用在有关项目支出上。项目支出结余应当按照财政部门和上级单位的要求，或者留归单位使用在新的项目支出上，或者归还财政部门或上级单位。

无论是基本支出结转还是项目支出结转，行政单位在下年度使用之前，都需要获得财政部门的使用批复。在获得财政部门的使用批复之前，行政单位不可擅自使用上年度的基本支出结转和项目支出结转。

二、财政拨款结转的核算

财政拨款结转是指行政单位当年预算已执行但尚未完成，或因故未执行，下一年度需要按照原用途继续使用的财政拨款滚存资金。行政单位滚存的财政拨款结转资金，包括基本支出结转、项目支出结转。

为了核算财政拨款结转业务，行政单位应设置"财政拨款结转"总账科目。该科目应当设置"基本支出结转""项目支出结转"两个明细科目；在"基本支出结转"明细科目下按照"人员经费"和"日常公用经费"进行明细核算，在"项目支出结转"明细科目下按照具体项目进行明细核算；该科目还应当按照《政府收支分类科目》中"支出功能分类"科目的项级科目进行明细核算。有公共财政预算拨款、政府性基金预算拨款等两种或两种以上财政拨款的行政单位，还应当按照财政拨款种类分别进行明细核算。该科目还可以根据管理需要按照财政拨款结转变动原因，设置"收支转账""结余转账""年初余额调整""归集上缴""归集调入""单位内部调剂""剩余结转"等明细科目，进行明细核算。该科目期末贷方余额，反映行政单位滚存的财政拨款结转资金数额。

财政拨款结转的主要账务处理如下所述。

（一）调整以前年度财政拨款结转

因发生差错更正，以前年度支出收回等原因，需要调整财政拨款结转的，按照实际调增财政拨款结转的金额，借记有关科目，贷记"财政拨款结转——年初余额调整"科目；按照实际调减财政拨款结转的金额，借记"财政拨款结转——年初余额调整"科目，贷记有关科目。

【例 6-1】 2016年1月，某税务行政单位发现由于上年发生差错，具体内容是属于基本支出的日常公用经费少计算了 150 元，导致上年年末同时少记录财政应返还额度和财政拨款收入各 150 元。该行政单位对上年发生的这一差错进行更正。其会计分录为：

  借：财政应返还额度   150
    贷：财政拨款结转（年初余额调整）——基本支出结转——日常公用经费 150

（二）从其他单位调入财政拨款结余资金

按照规定行政单位从其他单位调入财政拨款结余资金时，按照实际调增的额度数额或调入的资金数额，借记"零余额账户用款额度""银行存款"等科目，贷记"财政拨款结转——归集调入"科目及其明细科目。

【例 6-2】 2016年3月，某税务行政单位按照规定从上级税务行政单位收到调入的财政拨款结余资金 3 000 元，专项用于信息化建设。相应款项已调增该税务行政单位的零余额账户用款额度。其会计分录为：

  借：零余额账户用款额度   3 000
    贷：财政拨款结转（归集调入）——项目支出结转（信息化建设） 3 000

（三）上缴财政拨款结转

按照规定上缴财政拨款结转资金时，按照实际核销的额度数额或上缴的资金数额，借记"财政拨款结转——归集上缴"科目及其明细科目，贷记"财政应返还额度""零余额账户用款额度""银行存款"等科目。

【例 6-3】 2016年4月，某税务行政单位按照规定上缴财政拨款结转资金 1 600 元，相应数额的零余额账户用款额度已经核销。其会计分录为：

  借：财政拨款结转（归集上缴）——基本支出结转——日常公用经费 1 600
    贷：零余额账户用款额度   1 600

行政单位按照规定上缴财政拨款结转资金的原因，可以是缩小项目资金原定数额，或者上缴历年多余日常公用经费等。

（四）单位内部调剂结余资金

经财政部门批准对财政拨款结余资金改变用途，调整用于其他未完成项目等，按照调整的金额，借记"财政拨款结余——单位内部调剂"科目及其明细科目，贷记"财政拨款结转——单位内部调剂"科目及其明细科目。

【例 6-4】 2016年5月，某税务行政单位经财政部门批准，将税务宣传专项结余资金 100 元调整用于税务办案。其会计分录为：

  借：财政拨款结余（单位内部调剂）   100
    贷：财政拨款结转（单位内部调剂）——项目支出结转（税务办案） 100

（五）结转本年财政拨款收入和支出

（1）年末，将财政拨款收入本年发生额转入"财政拨款结转"科目，借记"财政拨款收入——基本支出拨款（或项目支出拨款）"科目及其明细科目，贷记"财政拨款结转——收支转账——基本支出结转（或项目支出结转）"科目及其明细科目。

（2）年末，将财政拨款支出本年发生额转入"财政拨款结转"科目，借记"财政拨款结转——收支转账——基本支出结转（或项目支出结转）"科目及其明细科目，贷记"经费支出——财政拨款支出——基本支出（或项目支出）"科目及其明细科目。

【例6-5】 2016年12月31日，某税务行政单位各收支科目余额如下："财政拨款收入——基本支出拨款"55 000元；"财政拨款收入——项目支出拨款（税务办案）"78 000元；"财政拨款收入——项目支出拨款（税务宣传）"24 000元；"财政拨款收入——项目支出拨款（信息化建设）"60 000元；"经费支出——财政拨款支出——基本支出"53 500元；"经费支出——财政拨款支出——项目支出（税务办案）"77 800元；"经费支出——财政拨款支出——项目支出（税务宣传）"23 600元；"经费支出——财政拨款支出——项目支出（信息化建设）"61 200元。

该行政单位将"财政拨款收入"本年发生额、"经费支出——财政拨款支出"本年发生额分别进行结转。其会计分录为：

借：财政拨款收入——基本支出拨款　　　　　　　　　　　　55 000
　　　　　　　　——项目支出拨款（税务办案）　　　　　　78 000
　　　　　　　　——项目支出拨款（税务宣传）　　　　　　24 000
　　　　　　　　——项目支出拨款（信息化建设）　　　　　60 000
　贷：财政拨款结转（收支转账）——基本支出结转　　　　　55 000
　　　　　　　　　　　　　　　——项目支出结转（税务办案）　78 000
　　　　　　　　　　　　　　　——项目支出结转（税务宣传）　24 000
　　　　　　　　　　　　　　　——项目支出结转（信息化建设）60 000

同时，

借：财政拨款结转（收支转账）——基本支出结转　　　　　　53 500
　　　　　　　　　　　　　　　——项目支出结转（税务办案）　77 800
　　　　　　　　　　　　　　　——项目支出结转（税务宣传）　23 600
　　　　　　　　　　　　　　　——项目支出结转（信息化建设）61 200
　贷：经费支出——财政拨款支出——基本支出　　　　　　　53 500
　　　　　　　　　　　　　　　——项目支出（税务办案）　　77 800
　　　　　　　　　　　　　　　——项目支出（税务宣传）　　23 600
　　　　　　　　　　　　　　　——项目支出（信息化建设）　61 200

该税务行政单位可编制财政拨款结转（收支转账）科目所属明细科目情况表如表6-1所示。

表 6-1　财政拨款结转(收支转账)科目所属明细科目情况表

编制单位:某税务行政单位　　　　　　2016 年度　　　　　　　　　单位:元

财政拨款结转(收支转账)所属明细科目	借方	贷方	金额
基本支出结转	53 500	55 000	1 500
项目支出结转(税务办案)	77 800	78 000	200
项目支出结转(税务宣传)	23 600	24 000	400
项目支出结转(信息化建设)	61 200	60 000	－1 200
合　　计	216 100	217 000	900

在财政拨款结转(收支转账)科目所属明细科目情况表中,余额为正数的说明是当年收入大于支出的余额;余额为负数的说明是当年收入小于支出的余额,或者说明使用了年初财政拨款结转的数额、归集调入的数额、单位内部调剂的数额等。将"财政拨款结转"总账科目所属"收支转账""结余转账""年初余额调整""归集上缴""归集调入""单位内部调剂"明细账科目余额全部转入"剩余结转"明细账科目后,"财政拨款结转(剩余结转)"科目或者"财政拨款结转"总账科目的余额在贷方,反映财政拨款结转历年滚存余额。

(六)将完成项目的结转资金转入财政拨款结余

年末完成上述财政拨款收支转账后,对各项目执行情况进行分析,按照有关规定将符合财政拨款结余性质的项目余额转入财政拨款结余,借记"财政拨款结转(结余转账)——项目支出结转"科目及其明细科目,贷记"财政拨款结余(结余转账)——项目支出结余"科目及其明细科目。

【例 6-6】　某税务行政单位年终完成财政拨款收支转账,在对各项目执行情况进行分析后,当年预算目标已经完成的项目及其相应的财政拨款结转余额情况为:项目支出结转(税务宣传)200 元,项目支出结转(信息化建设)1 500 元。行政单位将这些符合财政拨款结余性质的项目余额转入财政拨款结余。该行政单位应编制如下会计分录:

　　借:财政拨款结转(结余转账)——项目支出结转(税务宣传)　　　　200
　　　　　　　　　　　　　　　　——项目支出结转(信息化建设)　　1 500
　　　贷:财政拨款结余(结余转账)——项目支出结转(税务宣传)　　　　200
　　　　　　　　　　　　　　　　——项目支出结转(信息化建设)　　1 500

财政拨款结转的余额应当由行政单位按原用途规定继续使用,而财政拨款结余的余额则可以由财政部门统筹安排使用。行政单位的基本支出结转应当由行政单位按原用途规定继续使用,因此,基本支出结转的余额不能转入财政拨款结余。财政拨款结余仅包括项目支出结余。

(七)年末冲销有关明细科目余额

年末收支转账后,将"财政拨款结转"科目所属"收支转账""结余转账""年初余额调整""归集上缴""归集调入""单位内部调剂"等明细科目余额转入"剩余结转"明细科目;转账后,"财政拨款结转"科目除"剩余结转"明细科目外,其他明细科目应无余额。

第六章 行政单位净资产的核算

【例6-7】 2016年12月31日,某税务行政单位年终财政拨款结转所属有关明细科目余额情况如表6-2所示。

表6-2 财政拨款结转所属有关明细科目余额情况表

编制单位:某税务行政单位　　　　　　2016年度　　　　　　　　　　　单位:元

财政拨款结转所属明细科目	年初余额调整	归集调入	归集上缴	单位内部调剂	收支转账	结余转账
基本支出结转	150(贷方)		1 600(借方)		1 500(贷方)	
项目支出结转(税务办案)				100(贷方)	200(贷方)	
项目支出结转(税务宣传)					400(贷方)	200(借方)
项目支出结转(信息化建设)		3 000(贷方)			1 200(借方)	500(借方)
合计	150(贷方)	3 000(贷方)	1 600(借方)	100(贷方)	900(贷方)	700(借方)

在收支转账后,将财政拨款结转所属"年初余额调整""归集调入""归集上缴""单位内部调剂""收支转账""结余转账"等明细科目余额调入"剩余结转"明细科目。

(1) 结转基本支出结转所属明细科目余额时,其会计分录为:

借:财政拨款结转(年初余额调整)——基本支出结转　　　　　　　　150
　　　　　(收支转账)——基本支出结转　　　　　　　　　　　　1 500
　贷:财政拨款结转(剩余结转)——基本支出结转　　　　　　　　　　50
　　　　　(归集上缴)——基本支出结转　　　　　　　　　　　　1 600

(2) 结转项目支出结转(税务办案)所属明细科目余额时,其会计分录为:

借:财政拨款结转(收支转账)——项目支出结转(税务办案)　　　　　200
　　　　　(单位内部调剂)——项目支出结转(税务办案)　　　　　　100
　贷:财政拨款结转(剩余结转)——项目支出结转(税务办案)　　　　　300

(3) 结转项目支出结转(税务宣传)所属明细余额科目时,其会计分录为:

借:财政拨款结转(收支转账)——项目支出结转(税务宣传)　　　　　400
　贷:财政拨款结转(剩余结转)——项目支出结转(税务宣传)　　　　　200
　　　　　(结余转账)——项目支出结转(税务宣传)　　　　　　　　200

(4) 结转项目支出结转(信息化建设)所属明细科目余额时,其会计分录为:

借:财政拨款结转(归集调入)——项目支出结转(信息化建设)　　　3 000
　贷:财政拨款结转(剩余结转)——项目支出结转(信息化建设)　　　1 300
　　　　　(收支转账)——项目支出结转(信息化建设)　　　　　　1 200
　　　　　(结余转账)——项目支出结转(信息化建设)　　　　　　1 500

该行政单位财政拨款结转(剩余结转)科目年末余额计算表如表6-3所示。在

表 6-3 中,"剩余结转"年初余额为假设数据。

表 6-3　财政拨款结转(剩余结转)科目年末余额计算表

编制单位:某审计行政单位　　　　　　2016 年　　　　　　　　　　单位:元

财政拨款结余所属明细科目	"剩余结转"年初余额	年初余额调整	归集调入	收集上缴	单位内部调剂	收支转账	结余转账	"剩余结转"年末余额
基本支出结转	30	150		−1 600		1 500		80
项目支出结余(税务办案)	20				100	200		320
项目支出结余(税务宣传)	50				100	400	−200	350
项目支出结余(信息化建设)	20		3 000			−1 200	−1 500	320
合　计	120	150	3 000	−1 600	200	900	−1 700	1 070

(八)同时存在公共财政预算拨款和政府性基金预算拨款情况下财政拨款结转的核算

【例 6-8】 某行政单位年末"财政拨款收入"科目和"经费支出——财政拨款支出"的本年发生额如表 6-4 所示。

表 6-4　"财政拨款收入"和"财政拨款支出"科目本期发生额

编制单位:某行政单位　　　　　　　2016 年度　　　　　　　　　　单位:元

财政拨款收入		经费支出——财政拨款支出	
公共财政预算拨款	165 000	公共财政预算拨款	164 500
政府性基金预算拨款	5 000	政府性基金预算拨款	4 800
合　计	170 000	合　计	169 300

年末,该行政单位将"财政拨款收入""经费支出——财政拨款支出"本年发生额区分公共财政预算拨款和政府性基金预算拨款分别转入"财政拨款结转(公共财政预算拨款)""财政拨款结转(政府性基金预算拨款)"科目。

(1)结转财政拨款收入时,其会计分录为:

借:财政拨款收入(公共财政预算拨款)　　　　　　　　　　　　　　165 000
　　贷:财政拨款结转(公共财政预算拨款)　　　　　　　　　　　　　165 000

同时,

借:财政拨款收入(政府性基金预算拨款)　　　　　　　　　　　　　　5 000
　　贷:财政拨款结转(政府性基金预算拨款)　　　　　　　　　　　　　5 000

(2) 结转财政拨款支出时,其会计分录为:

借:财政拨款结转(公共财政预算拨款)   164 500
 贷:经费支出——财政拨款支出(公共财政预算拨款)   164 500

同时,

借:财政拨款结转(政府性基金预算拨款)   4 800
 贷:经费支出——财政拨款支出(政府性基金预算拨款)   4 800

该行政单位"财政拨款结转(公共财政预算拨款)"科目的当年"收支转账"明细科目为贷方余额500元(165 000－164 500),"财政拨款结转(政府性基金预算拨款)"科目的当年"收支转账"明细科目为贷方余额200元(5 000－4 800)。该行政单位"财政拨款结转"总账科目的当年"收支转账"明细科目为贷方余额700元(500＋200)。

"财政拨款结转(公共财政预算拨款)"和"财政拨款结转(政府性基金预算拨款)"科目的其他会计核算方法,如同"财政拨款结转"总账科目。

三、财政拨款结余

财政拨款结余是指行政单位当年预算工作目标已完成,或因故终止,剩余的财政拨款滚存资金。财政拨款结余是行政单位滚存的财政拨款项目支出结余资金。而行政单位的基本支出应当结转下期使用,故没有结余资金。

为了核算财政拨款结余业务,行政单位应设置"财政拨款结余"科目。该科目期末贷方余额,反映行政单位滚存的财政拨款结余资金数额。该科目应当按照具体项目、《政府收支分类科目》中"支出功能分类"科目的项级科目等进行明细核算。

有公共财政预算拨款、政府性基金预算拨款等两种或两种以上财政拨款的行政单位,还应当按照财政拨款的种类分别进行明细核算。

该科目还可以根据管理需要按照财政拨款结余变动原因,设置"结余转账""年初余额调整""归集上缴""单位内部调剂""剩余结余"等明细科目,进行明细核算。

财政拨款结余的主要账务处理如下所述。

(一) 调整以前年度财政拨款结余

因发生差错更正、以前年度支出收回等原因,需要调整财政拨款结余的,按照实际调增财政拨款结余的金额,借记有关科目,贷记"财政拨款结余——年初余额调整"科目;按照实际调减财政拨款结余的金额,借记"财政拨款结余——年初余额调整"科目,贷记有关科目。

【例6-9】 某审计行政单位今年发现,上年在使用以前年度财政直接支付额度发生一项项目支出2 000元时,作了借记"经费支出"科目,贷记"财政拨款收入"科目的会计处理,而正确的会计处理应当是借记"经费支出"科目,贷记"财政应返还额度"科目。本次支付款项适用的"政府支出功能分类"科目为"一般公共服务支出——审计事务——信息化建设",相应项目在上年年末前已经建设完成。由此,该行政单位上年年末同时多记录财政拨款收入和财政应返还额度;上年年末结账时,财政拨款结余的数额多记录 2 000 元。该行政单位对上年发生的这一差错进行更正。其会计分录为:

  借:财政拨款结余(年初余额调整)——项目支出结余(信息化建设)   2 000
   贷:财政应返还额度   2 000

(二)上缴财政拨款结余

  按照规定上缴财政拨款结余时,按照实际核销的额度数额或上缴的资金数额,借记"财政拨款结余——归集上缴"科目及其明细科目,贷记"财政应返还额度""零余额账户用款额度""银行存款"等科目。

  【例 6-10】 某审计行政单位按照规定上缴财政拨款结余资金 500 元,相应数额的财政直接支付用款额度已经核销,适用的政府支出功能分类科目为"一般公共服务支出——审计事务——信息化建设"。其会计分录为:

  借:财政拨款结余(归集上缴)——项目支出结余(信息化建设)   500
   贷:财政应返还额度   500

  行政单位按照规定上缴财政拨款结余资金的原因,主要是项目任务已经完成,多余资金由财政统筹安排使用。

(三)单位内部调剂结余资金

  经财政部门批准将本单位完成项目结余资金调整用于基本支出或其他未完成项目支出时,按照批准调剂的金额,借记"财政拨款结余——单位内部调剂"科目及其明细科目,贷记"财政拨款结转——单位内部调剂"科目及其明细科目。

  【例 6-11】 某审计行政单位经财政部门批准,将专项审计业务完成项目结余资金 150 元调整用于审计管理,专项审计业务适用的政府支出功能分类科目为"一般公共服务支出——审计事务——审计业务"。其会计分录为:

  借:财政拨款结余(单位内部调剂)——项目支出结余(审计业务)   150
   贷:财政拨款结转(单位内部调剂)   150

(四)将完成项目的结转资金转入财政拨款结余

  年末,对财政拨款各项目执行情况进行分析,按照有关规定将符合财政拨款结余性质的项目余额转入"财政拨款结余"科目,借记"财政拨款结转——结余转账——项目支出结转"科目及其明细科目,贷记"财政拨款结余——结余转账——项目支出结余"科目及其明细科目。

  【例 6-12】 某审计行政单位年终完成财政拨款收支转账,在对各项目执行情况进行分析后,当年预算目标已经完成的项目及其相应的财政拨款结转余额情况为:项目支出结转(审计业务)200 元,项目支出结转(审计管理)100 元,项目支出结转(信息化建设)2 500 元。行政单位将这些符合财政拨款结余性质的项目余额转入财政拨款结余。其会计分录为:

借：财政拨款结转（结余转账）——项目支出结转（审计业务）　　　　　　　　200
　　　　　　　　　　　　　——项目支出结转（审计管理）　　　　　　　　100
　　　　　　　　　　　　　——项目支出结转（信息化建设）　　　　　　　2 500
　贷：财政拨款结余（结余转账）——项目支出结余（审计业务）　　　　　　　　200
　　　　　　　　　　　　　——项目支出结余（审计管理）　　　　　　　　100
　　　　　　　　　　　　　——项目支出结余（信息化建设）　　　　　　　2 500

（五）年末冲销有关明细科目余额

年末，将"财政拨款结余"科目所属"结余转账""年初余额调整""归集上缴""单位内部调剂"等明细科目余额转入"剩余结余"明细科目；转账后，"财政拨款结余"科目除"剩余结余"明细科目外，其他明细科目应无余额。

【例 6-13】 某审计行政单位年终财政拨款结余所属有关明细科目余额情况如表 6-5 所示。

表 6-5　财政拨款结余所属有关明细科目余额表

编制单位：某审计行政单位　　　　　　2016 年　　　　　　　　　　　单位：元

财政拨款结余所属明细科目	年初余额调整	结余转账	归集上缴	单位内部调剂
项目支出结余（审计业务）		200（贷方）		150（借方）
项目支出结余（审计管理）		100（贷方）		
项目支出结余（信息化建设）	2 000（借方）	2 500（贷方）	500（借方）	
合　计	2 000（借方）	2 800（贷方）	500（借方）	150（借方）

该行政单位将"财政拨款结余"科目所属"结余转账""单位内部调剂""归集上缴"等明细科目余额转入"剩余结余"明细科目。

（1）结转项目支出结余（审计业务）时，其会计分录为：

借：财政拨款结余（结余转账）——项目支出结余（审计业务）　　　　　　　　200
　贷：财政拨款结余（单位内部调剂）——项目支出结余（审计业务）　　　　　　150
　　　　　　　（剩余结余）——项目支出结余（审计业务）　　　　　　　　　　50

（2）结转项目支出结余（审计管理）时，其会计分录为：

借：财政拨款结余（结余转账）——项目支出结余（审计管理）　　　　　　　　100
　贷：财政拨款结余（剩余结余）——项目支出结余（审计管理）　　　　　　　　100

（3）结转项目支出结余（信息化建设）时，其会计分录为：

借：财政拨款结余（结余转账）——项目支出结余（信息化管理）　　　　　　　2 500
　贷：财政拨款结余（单位内部调剂）——项目支出结余（信息化管理）　　　　　2 000
　　　　　　（归集上缴）——项目支出结余（信息化管理）　　　　　　　　　　500

该行政单位财政拨款结余（剩余结余）科目年末余额计算表如表 6-6 所示。在表 6-6 中，"剩余结余"年初余额为假设数据。

表 6-6 财政拨款结余（剩余结余）科目年末余额计算表

编制单位：某审计行政单位　　　　　　2016 年　　　　　　　　　单位：元

财政拨款结余所属明细科目	"剩余结余"年初余额	年初余额调整	结余转账	归集上缴	单位内部调剂	"剩余结余"年末余额
项目支出结余（审计业务）	10		200		150	60
项目支出结余（审计管理）	15		100			115
项目支出结余（信息化建设）	20	2 000	2 500	500		20
合　　计	45	2 000	2 800	500	150	195

行政单位的财政拨款结余应当按照财政部门的要求安排使用，未经财政部门批准，不能随意安排使用财政拨款结余数额。

四、其他资金结转结余

其他资金结转结余是指行政单位除财政拨款收支以外的其他各项收支相抵后剩余的滚存资金。其他资金结转结余是指行政单位除财政拨款收支以外的各项收支相抵后剩余的滚存资金。与财政拨款结转、财政拨款结余相比，由于行政单位的其他收入和其他资金支出业务内容较少且金额较小，因此，行政单位其他资金结转结余的业务内容也比较少，涉及的金额比较小。

为了核算行政单位其他资金结转结余业务，应设置"其他资金结转结余"科目。该科目期末贷方余额，反映行政单位滚存的各项非财政拨款资金结转结余数额。该科目应当设置"项目结转"和"非项目结余"明细科目，分别对项目资金和非项目资金进行明细核算。对于项目结转，还应当按照具体项目进行明细核算。

该科目还可以根据管理需要按照其他资金结转结余变动原因，设置"收支转账""年初余额调整""结余调剂""剩余结转结余"等明细科目，进行明细核算。

其他资金结转结余的主要账务处理如下所述。

（一）调整以前年度其他资金结转结余

因发生差错更正、以前年度支出收回等原因，需要调整其他资金结转结余的，按照实际调增的金额，借记有关科目，贷记"其他资金结转结余——年初余额调整"科目及其相关明细。按照实际调减的金额，借记"其他资金结转结余——年初余额调整"科目及其相关明细科目，贷记有关科目。

（二）结转本年其他资金收入和支出

（1）年末，将其他收入中的项目资金收入本年发生额转入"其他资金结转结余"科目，借记"其他收入"科目及其明细科目，贷记"其他资金结转结余——项目结转——收支转账"科目及其明细科目；将其他收入中的非项目资金收入本年发生额转入"其他资金结转结余"科目，借记"其他收入"科目及其明细科目，贷记"其他资金结转结余——非项目结余——收支转账"科目。

(2) 年末,将其他资金支出中的项目支出本年发生额转入"其他资金结转结余"科目,借记"其他资金结转结余——项目结转——收支转账"科目及其明细科目,贷记"经费支出——其他资金支出——项目支出"科目及其明细科目、"拨出经费——项目支出"科目及其明细科目;将其他资金支出中的基本支出本年发生额转入"其他资金结转结余"科目,借记"其他资金结转结余——非项目结余——收支转账"科目,贷记"经费支出——其他资金支出——基本支出"科目、"拨出经费——基本支出"科目。

(三) 缴回或转出项目结余

完成上述收支转账后,对本年末各项目执行情况进行分析,区分年末已完成项目和尚未完成项目,在此基础上,对完成项目的剩余资金根据不同情况进行账务处理:

(1) 需要缴回原项目资金出资单位的,按照缴回的金额,借记"其他资金结转结余"科目(项目结转——结余调剂)及其明细科目,贷记"银行存款""其他应付款"等科目。

(2) 将项目剩余资金留归本单位用于其他非项目用途的,按照剩余的项目资金金额,借记"其他资金结转结余——项目结转——结余调剂"科目及其明细科目,贷记"其他资金结转结余——非项目结余——结余调剂"科目。

(四) 用非项目资金结余补充项目资金

按照实际补充项目资金的金额,借记"其他资金结转结余——非项目结余——结余调剂"科目,贷记"其他资金结转结余——项目结转——结余调剂"科目及其明细科目。

(五) 年末冲销有关明细科目余额

年末收支转账后,将"其他资金结转结余"科目所属"收支转账""年初余额调整""结余调剂"等明细科目余额转入"剩余结转结余"明细科目;转账后,"其他资金结转结余"科目除"剩余结转结余"明细科目外,其他明细科目应无余额。

【例 6-14】 某行政单位发生如下与其他资金结转结余有关的业务:

(1) 调整以前年度其他资金结转结余。该行政单位去年发生一笔无法偿付的其他应付款 200 元,经批准已经予以核销,相应的会计分录为借记"其他应付款"科目,贷记"其他收入"科目。但去年在核销时,金额错误地记为 20 元,即少记录 180 元(200—20)。这一错误导致去年其他资金结转结余少记录 180 元。该项资金属于该行政单位的非项目资金,即可以安排用于基本支出的资金。该行政单位于今年对这一错误进行更正。其会计分录为:

借:其他应付款 180
　　贷:其他资金结转结余——非项目结余(年初余额调整) 180

(2) 结转本年其他资金收入和支出。2016 年 12 月 31 日,该行政单位有关其他收入和其他资金支出的本年发生额情况如表 6-7 所示。

表 6-7 其他收入和其他资金支出的本年发生额情况表

编制单位:某行政单位　　　　　2016年度　　　　　　　　　单位:元

其他收入和其他资金支出		项目	非项目
其他收入	项目收入	2 400	
	非项目收入		1 500
经费支出	其他资金支出——项目支出	2 360	
	其他资金支出——基本支出(非项目支出)		1 480
当年收支结转结余		40	20

该行政单位将"其他收入"和"经费支出——其他资金支出"中的项目资金收支、非项目资金收支的本期发生额分别进行结转。

一是结转项目资金收入和支出时,其会计分录为:

借:其他收入——项目资金收入　　　　　　　　　　　　　　2 400
　　贷:其他资金结转结余——项目结转(收支转账)　　　　　2 400

同时,

借:其他资金结转结余——项目结转(收支转账)　　　　　　2 360
　　贷:经费支出——其他资金支出(项目支出)　　　　　　　2 360

二是结转非项目资金收入和支出时,其会计分录为:

借:其他收入——非项目资金收入　　　　　　　　　　　　　1 500
　　贷:其他资金结转结余——非项目结余(收支转账)　　　　1 500

同时,

借:其他资金结转结余——非项目结余(收支转账)　　　　　1 480
　　贷:经费支出——其他资金支出(基本支出)　　　　　　　1 480

三是缴回或转出项目结余。2016年12月31日,该行政单位对年末已执行完成项目和尚未完成项目进行分析,发现以下情况:

将已完成项目的剩余资金120元缴回原项目资金出资单位。其会计分录为:

借:其他资金结转结余——项目结转(结余调剂)　　　　　　120
　　贷:银行存款　　　　　　　　　　　　　　　　　　　　120

用非项目资金60元补充项目的资金。其会计分录为:

借:其他资金结转结余——非项目结余(结余调剂)　　　　　60
　　贷:其他资金结转结余——项目结余(结余调剂)　　　　　60

四是年末冲销有关明细科目余额。2016年12月31日,该行政单位将其他资金结转结余所属有关明细科目余额情况如表6-8所示。

表 6-8 其他资金结转结余所属有关明细科目余额情况表

编制单位：某行政单位　　　　　　　　2016年度　　　　　　　　　　　　单位：元

其他资金结转结余所属 有关明细科目	年初余额调整	收支转账	结余调剂
项目结转		40（贷方）	60（借）
非项目结余	180（贷方）	20（贷方）	80（借）
合　　计	180（贷方）	60（贷方）	140（借）

该行政单位将其他资金结转结余所属"收支转账""年初余额调整""结余调剂"等明细科目余额转入"剩余结转结余"明细科目。

一是结转项目结转明细科目余额，其会计分录为：

借：其他资金结转结余——项目结转（收支转账）　　　　　　40
　　　　　　　　　　——项目结转（剩余结转结余）　　　　20
　贷：其他资金结转结余——项目结转（结余调剂）　　　　　60

二是结转非项目结转明细科目余额，其会计分录为：

借：其他资金结转结余——非项目结余（年初余额调整）　　 180
　　　　　　　　　　——非项目结余（收支转账）　　　　　20
　贷：其他资金结转结余——非项目结余（剩余结转结余）　 120
　　　　　　　　　　——非项目结余（结余调剂）　　　　　80

该行政单位其他资金结转结余（剩余结转结余）科目年末余额计算表如表6-9所示。在表6-9中，"剩余结转结余"年初余额为假设数据。

表 6-9 其他资金结转结余（剩余结转结余）科目年末余额计算表

编制单位：某行政单位　　　　　　　　2016年　　　　　　　　　　　　　单位：元

其他资金结转结余 所属明细科目	"剩余结转结余" 年初余额	年初余额 调整	收支转账	结余调剂	"剩余结转结余" 年末余额
项目结转	30		40	－60	10
非项目结余	20	180	20	－80	140
合　　计	50	180	60	－140	150

第二节　资产基金

资产基金是指行政单位的非货币性资产在净资产中占用的金额。即行政单位的预付账款、存货、固定资产、在建工程、无形资产、政府储备物资、公共基础设施等非货币性资产在净资产中占用的金额。

为了核算资产基金业务，行政单位应设置"资产基金"总账科目。该科目应当设置

"预付款项""存货""固定资产""在建工程""无形资产""政府储备物资""公共基础设施"等明细科目,进行明细核算。该科目期末贷方余额,反映行政单位非货币性资产在净资产中占用的金额。

一、资产基金的增加

资产基金应当在发生预付账款,取得存货、固定资产、在建工程、无形资产、政府储备物资、公共基础设施时确认。

1. 发生预付账款

行政单位发生预付账款时,按照实际发生的金额,借记"预付账款"科目,贷记"资产基金"科目(预付款项);同时,按照实际支付的金额,借记"经费支出"科目,贷记"财政拨款收入""零余额账户用款额度""银行存款"等科目。

2. 取得存货、固定资产、在建工程、无形资产、政府储备物资、公共基础设施

行政单位取得存货、固定资产、在建工程、无形资产、政府储备物资、公共基础设施等资产时,按照取得资产的成本,借记"存货""固定资产""在建工程""无形资产""政府储备物资""公共基础设施"等科目,贷记"资产基金"科目(存货、固定资产、在建工程、无形资产、政府储备物资、公共基础设施);同时,按照实际发生的支出,借记"经费支出"科目,贷记"财政拨款收入""零余额账户用款额度""银行存款"等科目。

二、资产基金的减少

1. 收到预付账款购买的物资或服务

行政单位收到预付账款购买的物资或服务时,应当相应冲减资产基金。按照相应的预付账款金额,借记"资产基金"(预付款项),贷记"预付账款"科目。

2. 领用和发出存货、政府储备物资

行政单位领用和发出存货、政府储备物资时,应当相应冲减资产基金。领用和发出存货、政府储备物资时,按照领用和发出存货、政府储备物资的成本,借记"资产基金"科目(存货、政府储备物资),贷记"存货""政府储备物资"科目。

3. 计提固定资产折旧、公共基础设施折旧、无形资产摊销

行政单位计提固定资产折旧、公共基础设施折旧、无形资产摊销时,应当冲减资产基金。计提固定资产折旧、公共基础设施折旧、无形资产摊销时,按照计提的折旧、摊销金额,借记"资产基金"科目(固定资产、公共基础设施、无形资产),贷记"累计折旧""累计摊销"科目。

4. 无偿调出、对外捐赠存货、固定资产、无形资产、政府储备物资、公共基础设施

行政单位无偿调出、对外捐赠存货、固定资产、无形资产、政府储备物资、公共基础设施时,应当冲减该资产对应的资产基金。

无偿调出、对外捐赠存货、政府储备物资时,按照存货、政府储备物资的账面余额,借记"资产基金"科目及其明细科目,贷记"存货""政府储备物资"等科目。

无偿调出、对外捐赠固定资产、公共基础设施、无形资产时,按照相关固定资产、公

共基础设施、无形资产的账面价值,借记"资产基金"科目及其明细科目,按照已计提折旧、已计提摊销的金额,借记"累计折旧""累计摊销"科目,按照固定资产、公共基础设施、无形资产的账面余额,贷记"固定资产""公共基础设施""无形资产"科目。

具体举例请详见本书第二章行政单位资产的核算。

第三节 待偿债净资产

一、待偿债净资产的内容

待偿债净资产是指行政单位因发生应付账款和长期应付款而相应需在净资产中冲减的金额,代表着需要对结转结余资金抵减的净资产。

二、待偿债净资产的核算

为了待偿债净资产业务,行政单位应设置"待偿债净资产"科目。该科目期末借方余额,反映行政单位因尚未支付的应付账款和长期应付款而需相应冲减净资产的金额。

待偿债净资产的主要账务处理如下:

(1) 发生应付账款、长期应付款时,按照实际发生的金额,借记"待偿债净资产"科目,贷记"应付账款""长期应付款"等科目。

(2) 偿付应付账款、长期应付款时,按照实际偿付的金额,借记"应付账款""长期应付款"等科目,贷记"待偿债净资产"科目;同时,按照实际支付的金额,借记"经费支出"科目,贷记"财政拨款收入""零余额账户用款额度""银行存款"等科目。

(3) 因债权人原因,核销确定无法支付的应付账款、长期应付款时,按照报经批准核销的金额,借记"应付账款""长期应付款"科目,贷记"待偿债净资产"科目。

复习思考题

1. 什么是行政单位的净资产?具体包括哪些主要内容?
2. 什么是行政单位资产基金?如何核算?
3. 行政单位的结转按照不同资金性质和部门预算管理要求分别可以分成哪些种类?
4. 行政单位的结转怎样进行综合分类?
5. 行政单位的财政拨款结转、财政拨款结余以及其他资金结转结余应当如何核算?

练 习 题

一、判断题

1. 行政单位的资产基金是行政单位净资产中的基本份额,它通常随行政单位资产的增加而增加,随行政单位资产的减少而减少。（　）
2. 由于行政单位的固定资产计提折旧,因此,行政单位的资产基金在数额上不断减少。（　）
3. 公共财政预算拨款结余是指行政单位的财政拨款收入减去经费支出后的差额。（　）
4. 行政单位的结转按照部门预算管理的要求,可以区分为公共财政预算拨款结转、政府性基金预算拨款结转和其他资金结转结余三个种类。（　）
5. 行政单位的财政零余额账户用款额度结余构成公共财政预算拨款结余的一部分。（　）

二、单项选择题

1. 下列不属于行政单位会计核算的结转(余)种类的是(　)。
   A. 基本支出结转 B. 财政零余额账户用款额度结余
   C. 政府性基金预算拨款结转 D. 公共财政预算拨款结转
2. 行政单位的"基本支出结转"科目下需要设置的明细科目是(　)。
   A. "项目支出专项结余"和"项目支出净结余"
   B. "工资福利支出结余"和"商品和服务支出结余"
   C. "公共财政预算经费结余"和"其他资金结余"
   D. "人员经费结转"和"日常公用经费结转"
3. 下列行政单位结转(余)中最有可能需要缴回财政的是(　)。
   A. 人员经费结余 B. 项目支出结余
   C. 项目支出结转 D. 日常公用经费结余
4. 对于仅有公共财政预算拨款收入业务的行政单位,"财政拨款结转"总账下需要设置的一级明细账是(　)。
   A. "公共财政预算经费结余" B. "人员经费结转"
   C. "其他资金结转结余" D. "基本支出结转"
5. 下列项目中,不属于行政单位的净资产的是(　)。
   A. 财政拨款结转 B. 固定资产净值
   C. 资产基金 D. 财政拨款结余

三、业务处理题

1. 某行政单位2016年1月发生如下经济业务:
   (1) 通过单位零余额账户支付了购买办公设备的价款35 100元,同时用现金支付该一般设备的运输费80元。

(2) 办公楼建造完成,已办理完工手续,价款 6 000 000 元,交付使用。

(3) 上级主管单位决定无偿调出专用设备一台,原价 60 000 元,已提折旧 20 000 元。

(4) 经批准报废一辆交通工具,其账面价值 65 000 元,已提折旧 55 000 元,残值收入 5 200 元。

要求:根据以上资料编制会计分录。

2. 某税务行政单位 2016 年年初"财政拨款结转(剩余结转)"科目的余额为 1 120 元,相关明细科目的余额为:基本支出结转 300 元,项目支出结转(税务办案)0 元,项目支出结转(税务宣传)100 元,项目支出结转(信息化建设)720 元。

(1) 年终"财政拨款收入"科目和"经费支出——财政拨款支出"科目的本年发生额情况如表 6-10 所示。

表 6-10　财政拨款收入支出情况表

编制单位:某税务行政单位　　　　　　2016 年　　　　　　　　　单位:元

支出功能分类科目	财政拨款收入		经费支出——财政拨款支出	
一般公共服务支出	基本支出拨款	项目支出拨款	基本支出	项目支出
税收事务				
行政运行	164 000		163 000	
税务办案		376 000		375 200
税务宣传		328 000		329 200
信息化建设		250 000		250 400
合　计	164 000	954 000	163 000	954 800

年终完成财政拨款收支转账,在对各项目执行情况进行分析后,当年预算目标已经完成的项目及其相应的财政拨款结转余额情况为:项目支出结转(税务办案)800 元。行政单位将符合财政拨款结余性质的项目余额转入财政拨款结余。

(2) 年终财政拨款结转所属有关明细科目余额情况如表 6-11 所示。

表 6-11　财政拨款结转所属有关明细科目余额情况表

编制单位:某税务行政单位　　　　　　2016 年　　　　　　　　　单位:元

所属明细科目	年初余额调整	单位内部调剂	收支转账	结余转账
基本支出结转	400(借方)		1 000(贷方)	
项目支出结转(税务办案)			800(贷方)	800(借方)
项目支出结转(税务宣传)		1 160(贷方)	1 200(借方)	
项目支出结转(信息化建设)			400(贷方)	
合　计	400(贷方)	1 160(贷方)	200(贷方)	800(借方)

将"财政拨款结转"科目所属"收支转账""结余转账""年初余额调整""单位内部调

剂"等明细科目余额转入"剩余结转"明细科目。

要求：根据以上资料，为该行政单位编制有关年终结账的会计分录。同时，计算当年"财政拨款结转（剩余结转）"科目及其相关明细科目2016年度末的余额。

3. 某市行政单位2016年进行年终结账，有关资料如下：

(1) 年末有关其他收入和其他资金支出的本年发生额情况如表6-12所示。

表 6-12　其他收入和其他资金支出的本年发生额情况

编制单位：某行政单位　　　　　　　　2016年　　　　　　　　　　单位：元

其他收入和其他资金支出	项目	非项目
其他收入——项目收入	36 600	
其他收入——非项目收入		8 400
经费支出——其他资金支出——项目支出	36 480	
经费支出——其他资金支出——基本支出（非项目支出）		8 250
当年收支结转结余	120	150

将其他收入和其他资金支出的本年发生额转入其他资金结转结余。

(2) 年末，对各项目执行情况进行分析，对于已完成项目的剩余资金120元，按照原项目资金的使用规定要求，需要缴回原出资的单位。

(3) 年末，其他资金结转结余所属有关明细科目余额情况如表6-13所示。

表 6-13　其他资金结转结余所属有关明细科目余额情况表

编制单位：某行政单位　　　　　　　　2016年　　　　　　　　　　单位：元

其他资金结转结余所属明细科目	收支转账	结余调剂
项目结转	120（贷方）	120（借方）
非项目结转	150（贷方）	
合　　计	270（贷方）	120（贷方）

将"其他资金结转结余"科目所属"收支转账""结余调剂"等明细科目余额转入"剩余结转结余"明细科目。

要求：根据以上资料，为该行政单位编制有关的会计分录。

第七章 行政单位财务报表

财务报表是反映行政单位财务状况和预算执行结果等的书面文件,由会计报表及其附注构成。会计报表包括资产负债表、收入支出表、财政拨款收入支出表等。各级各类行政单位应当根据《行政单位会计制度》的规定编制并提供真实、完整的财务报表。

第一节 资产负债表

一、资产负债表及其作用

资产负债表是反映行政单位在某一特定日期财务状况的会计报表。行政单位资产负债表的作用主要表现在以下几个方面:

(1)可以提供某一特定日期资产总额及其构成情况的信息。例如,可以提供某一特定日期资产总额、流动资产总额、固定资产原价、固定资产累计折旧、固定资产账面价值、无形资产原价、无形资产累计摊销、无形资产账面价值等信息。

(2)可以提供某一特定日期负债总额及其构成情况的信息。例如,可以提供某一特定日期负债总额、流动负债总额、长期应付款数额等信息。

(3)可以提供某一特定日期净资产总额及其构成情况的信息。例如,可以提供某一特定日期净资产总额、财政拨款结转和结余的数额、其他资金结转结余数额、资产基金和待偿债净资产的数额等信息。

二、资产负债表的格式

按编报时间,行政单位的资产负债表分为月报和年报。资产负债表年报反映行政单位在12月31日的财务状况。根据"资产=负债+净资产"的平衡等式,该表分为左右两部分,左方是资产,右方为负债和净资产,左右两方总额平衡。其参考格式如表7-1所示。

表7-1 资产负债表(年报)

会行政01表

编制单位: 年 月 日 单位:元

资产	年初余额	期末余额	负债和净资产	年初余额	期末余额
流动资产:			流动负债:		
库存现金			应缴财政款		

(续表)

资产	年初余额	期末余额	负债和净资产	年初余额	期末余额
银行存款			应缴税费		
财政应返还额度			应付职工薪酬		
应收账款			应付账款		
预付账款			应付政府补贴款		
其他应收款			其他应付款		
存货			一年内到期的流动负债		
流动资产合计			流动负债合计		
固定资产			非流动负债：		
固定资产原价			长期应付款		
减：固定资产累计折旧			受托代理负债		
在建工程			非流动负债合计		
无形资产			负债合计		
无形资产原价			财政拨款结转		
减：累计摊销			财政拨款结余		
待处理财产损溢			其他资金结转结余		
政府储备物资			其中：项目结转		
公共基础设施			资产基金		
公共基础设施原价			待偿债净资产		
减：公共基础设施累计折旧			净资产合计		
公共基础设施在建工程					
受托代理资产					
资产总计			负债和净资产总计		

三、资产负债表的编制说明

（一）资产负债表年报的编制

本表"年初余额"栏内各项数字，应当根据上年年末资产负债表"期末余额"栏内数字填列。如果本年度资产负债表规定的各个项目的名称和内容同上年度不相一致，应对上年年末资产负债表各项目的名称和数字按照本年度的规定进行调整，填入本表"年初余额"栏内。本表"期末余额"栏各项目的内容和填列方法如下所述。

1. 资产类项目

（1）"库存现金"项目，反映行政单位期末库存现金的金额。本项目应当根据"库存现金"科目的期末余额填列;期末库存现金中有属于受托代理现金的,本项目应当根据"库存现金"科目的期末余额减去其中属于受托代理的现金金额后的余额填列。

(2)"银行存款"项目,反映行政单位期末银行存款的金额。本项目应当根据"银行存款"科目的期末余额填列;期末银行存款中有属于受托代理存款的,本项目应当根据"银行存款"科目的期末余额减去其中属于受托代理的存款金额后的余额填列。

(3)"财政应返还额度"项目,反映行政单位期末财政应返还额度的金额。本项目应当根据"财政应返还额度"科目的期末余额填列。

(4)"应收账款"项目,反映行政单位期末尚未收回的应收账款金额。本项目应当根据"应收账款"科目的期末余额填列。

(5)"预付账款"项目,反映行政单位预付给物资或者服务提供者款项的金额。本项目应当根据"预付账款"科目的期末余额填列。

(6)"其他应收款"项目,反映行政单位期末尚未收回的其他应收款余额。本项目应当根据"其他应收款"科目的期末余额填列。

(7)"存货"项目,反映行政单位期末为开展业务活动耗用而储存的存货的实际成本。本项目应当根据"存货"科目的期末余额填列。

(8)"固定资产"项目,反映行政单位期末各项固定资产的账面价值。本项目应当根据"固定资产"科目的期末余额减去"累计折旧"科目中"固定资产累计折旧"明细科目的期末余额后的金额填列。

"固定资产原价"项目,反映行政单位期末各项固定资产的原价。本项目应当根据"固定资产"科目的期末余额填列。

"固定资产累计折旧"项目,反映行政单位期末各项固定资产的累计折旧金额。本项目应当根据"累计折旧"科目中"固定资产累计折旧"明细科目的期末余额填列。

(9)"在建工程"项目,反映行政单位期末除公共基础设施在建工程以外的尚未完工交付使用的在建工程的实际成本。本项目应当根据"在建工程"科目中属于非公共基础设施在建工程的期末余额填列。

(10)"无形资产"项目,反映行政单位期末各项无形资产的账面价值。本项目应当根据"无形资产"科目的期末余额减去"累计摊销"科目的期末余额后的金额填列。

"无形资产原价"项目,反映行政单位期末各项无形资产的原价。本项目应当根据"无形资产"科目的期末余额填列。

"累计摊销"项目,反映行政单位期末各项无形资产的累计摊销金额。本项目应当根据"累计摊销"科目的期末余额填列。

(11)"待处理财产损溢"项目,反映行政单位期末待处理财产的价值及处理损溢。本项目应当根据"待处理财产损溢"科目的期末借方余额填列;如"待处理财产损溢"科目期末为贷方余额,则以"-"号填列。

(12)"政府储备物资"项目,反映行政单位期末储存管理的各种政府储备物资的实际成本。本项目应当根据"政府储备物资"科目的期末余额填列。

(13)"公共基础设施"项目,反映行政单位期末占有并直接管理的公共基础设施的账面价值。本项目应当根据"公共基础设施"科目的期末余额减去"累计折旧"科目中"公共基础设施累计折旧"明细科目的期末余额后的金额填列。

"公共基础设施原价"项目,反映行政单位期末占有并直接管理的公共基础设施的原价。本项目应当根据"公共基础设施"科目的期末余额填列。

"公共基础设施累计折旧"项目,反映行政单位期末占有并直接管理的公共基础设施的累计折旧金额。本项目应当根据"累计折旧"科目中"公共基础设施累计折旧"明细科目的期末余额填列。

(14)"公共基础设施在建工程"项目,反映行政单位期末尚未完工交付使用的公共基础设施在建工程的实际成本。本项目应当根据"在建工程"科目中属于公共基础设施在建工程的期末余额填列。

(15)"受托代理资产"项目,反映行政单位期末受托代理资产的价值。本项目应当根据"受托代理资产"科目的期末余额(扣除其中受托储存管理物资的金额)加上"库存现金""银行存款"科目中属于受托代理资产的现金余额和银行存款余额的合计数填列。

2. 负债类项目

(1)"应缴财政款"项目,反映行政单位期末按规定应当上缴财政的款项(应缴税费除外)。本项目应当根据"应缴财政款"科目的期末余额填列。

(2)"应缴税费"项目,反映行政单位期末应缴未缴的各种税费。本项目应当根据"应缴税费"科目的期末贷方余额填列;如"应缴税费"科目期末为借方余额,则以"—"号填列。

(3)"应付职工薪酬"项目,反映行政单位期末尚未支付给职工的各种薪酬。本项目应当根据"应付职工薪酬"科目的期末余额填列。

(4)"应付账款"项目,反映行政单位期末尚未支付的偿还期限在1年以内(含1年)的应付账款的金额。本项目应当根据"应付账款"科目的期末余额填列。

(5)"应付政府补贴款"项目,反映行政单位期末尚未支付的应付政府补贴款的金额。本项目应当根据"应付政府补贴款"科目的期末余额填列。

(6)"其他应付款"项目,反映行政单位期末尚未支付的其他各项应付及暂收款项的金额。本项目应当根据"其他应付款"科目的期末余额填列。

(7)"一年内到期的非流动负债"项目,反映行政单位期末承担的1年以内(含1年)到偿还期的非流动负债。本项目应当根据"长期应付款"等科目的期末余额分析填列。

(8)"长期应付款"项目,反映行政单位期末承担的偿还期限超过1年的应付款项。本项目应当根据"长期应付款"科目的期末余额减去其中1年以内(含1年)到偿还期的长期应付款金额后的余额填列。

(9)"受托代理负债"项目,反映行政单位期末受托代理负债的金额。本项目应当根据"受托代理负债"科目的期末余额(扣除其中受托储存管理物资对应的金额)填列。

3. 净资产类项目

(1)"财政拨款结转"项目,反映行政单位期末滚存的财政拨款结转资金。本项目应当根据"财政拨款结转"科目的期末余额填列。

（2）"财政拨款结余"项目，反映行政单位期末滚存的财政拨款结余资金。本项目应当根据"财政拨款结余"科目的期末余额填列。

（3）"其他资金结转结余"项目，反映行政单位期末滚存的除财政拨款以外的其他资金结转结余的金额。本项目应当根据"其他资金结转结余"科目的期末余额填列。

"项目结转"项目，反映行政单位期末滚存的非财政拨款未完成项目结转资金。本项目应当根据"其他资金结转结余"科目中"项目结转"明细科目的期末余额填列。

（4）"资产基金"项目，反映行政单位期末预付账款、存货、固定资产、在建工程、无形资产、政府储备物资、公共基础设施等非货币性资产在净资产中占用的金额。本项目应当根据"资产基金"科目的期末余额填列。

（5）"待偿债净资产"项目，反映行政单位期末因应付账款和长期应付款等负债而相应需在净资产中冲减的金额。本项目应当根据"待偿债净资产"科目的期末借方余额以"－"号填列。

（二）资产负债表月报的编制

行政单位按月编制资产负债表的，应当遵照以下规定编制：

（1）月度资产负债表应在资产部分"银行存款"项目下增加"零余额账户用款额度"项目。

（2）"零余额账户用款额度"项目，反映行政单位期末零余额账户用款额度的金额。本项目应当根据"零余额账户用款额度"科目的期末余额填列。

（3）"财政拨款结转"项目。本项目应当根据"财政拨款结转"科目的期末余额，加上"财政拨款收入"科目本年累计发生额，减去"经费支出——财政拨款支出"科目本年累计发生额后的余额填列。

（4）"其他资金结转结余"项目。本项目应当根据"其他资金结转结余"科目的期末余额，加上"其他收入"科目本年累计发生额，减去"经费支出——其他资金支出"科目本年累计发生额，再减去"拨出经费"科目本年累计发生额后的余额填列。

（5）"项目结转"项目。本项目应当根据"其他资金结转结余"科目中"项目结转"明细科目的期末余额，加上"其他收入"科目中项目收入的本年累计发生额，减去"经费支出——其他资金支出"科目中项目支出本年累计发生额，再减去"拨出经费"科目中项目支出本年累计发生额后的余额填列。

（6）月度资产负债表其他项目的填列方法与年度资产负债表的填列方法相同。

在行政单位的资产负债表中，资产栏目中的预付账款、存货、固定资产、在建工程、无形资产、政府储备物资、公共基础设施、公共基础设施在建工程，与净资产栏目中的资产基金，在金额上存在关联关系；负债栏目中的应付账款、长期应付款，与净资产栏目中的待偿债净资产，在金额上存在关联关系。

第二节 收入支出表

一、收入支出表的概念与作用

收入支出表是反映行政单位在某一会计期间全部预算收支执行结果的报表。将收入支出表中的数据与经批准的单位收支预算数据进行比较,可以全面了解和评价行政单位收支预算执行情况。

收入支出表的作用主要表现在以下几个方面:

(1) 可以提供某一会计期间收入总额及其构成情况的信息。例如,可以提供某一会计期间收入合计、财政拨款收入、基本支出拨款、项目支出拨款、其他资金收入等信息。

(2) 可以提供某一会计期间支出总额及其构成情况的信息。例如,可以提供某一会计期间支出合计、财政拨款支出、基本支出、项目支出、其他资金支出等信息。

(3) 可以提供某一会计期间收支差额的信息。例如,可以提供某一会计期间财政拨款收支差额、其他资金收支差额的信息。

(4) 可以提供某一会计期末各项资金结转结余的信息。例如,可以提供某一会计期末财政拨款结转、财政拨款结余、其他资金结转结余等信息。这一信息可以与资产负债表中净资产的相应信息形成对照。

二、收入支出表的格式

收入支出表应当按照收入、支出的构成和结转结余情况分类、分项列示。基本的计算公式为:年初各项资金结转结余±各项资金结转结余调整及变动±本年收支差额=年末各项资金结转结余。其格式如表7-2所示。

表7-2 收入支出表

会行政02表

编制单位: 年 月 单位:元

一、年初各项资金结转结余		
(一)年初财政拨款结转结余		
1. 财政拨款结转		
2. 财政拨款结余		
(二)年初其他资金结转结余		
二、各项资金结转结余调整及变动		
(一)财政拨款结转结余调整及变动		
(二)其他资金结转结余调整及变动		

（续表）

三、收入合计		
（一）财政拨款收入		
1. 基本支出拨款		
2. 项目支出拨款		
（二）其他资金收入		
1. 非项目收入		
2. 项目收入		
四、支出合计		
（一）财政拨款支出		
1. 基本支出		
2. 项目支出		
（二）其他资金支出		
1. 非项目支出		
2. 项目支出		
五、本期收支差额		
（一）财政拨款收支差额		
（二）其他资金收支差额		
六、年末各项资金结转结余		
（一）年末财政拨款结转结余		
1. 财政拨款结转		
2. 财政拨款结余		
（二）年末其他资金结转结余		

单位负责人：　　　　会计主管：　　　　复核：　　　　制表：

三、收入支出表的编制说明

本表"本月数"栏反映各项目的本月实际发生数。在编制年度收入支出表时，应当将本栏改为"上年数"栏，反映上年度各项目的实际发生数；如果本年度收入支出表规定的各个项目的名称和内容同上年度不一致，应对上年度收入支出表各项目的名称和数字按照本年度的规定进行调整，填入本年度收入支出表的"上年数"栏。本表"本年累计数"栏反映各项目自年初起至报告期末止的累计实际发生数。编制年度收入支出表时，应当将本栏改为"本年数"。

本表"本月数"栏各项目的内容和填列方法如下所述。

1. 年初各项资金结转结余

"年初各项资金结转结余"项目及其所属各明细项目,反映行政单位本年初所有资金结转结余的金额。各明细项目应当根据"财政拨款结转""财政拨款结余""其他资金结转结余"及其明细科目的年初余额填列。本项目及其所属各明细项目的数额,应当与上年度收入支出表中"年末各项资金结转结余"中各明细项目的数额相等。

2. 各项资金结转结余调整及变动

"各项资金结转结余调整及变动"项目及其所属各明细项目,反映行政单位因发生需要调整以前年度各项资金结转结余的事项,以及本年因调入、上缴或缴回等导致各项资金结转结余变动的金额。

(1)"财政拨款结转结余调整及变动"项目,根据"财政拨款结转""财政拨款结余"科目下的"年初余额调整""归集上缴""归集调入"明细科目的本期贷方发生额合计数减去本期借方发生额合计数的差额填列;如为负数,以"－"号填列。

(2)"其他资金结转结余调整及变动"项目,根据"其他资金结转结余"科目下的"年初余额调整""结余调剂"明细科目的本期贷方发生额合计数减去本期借方发生额合计数的差额填列;如为负数,以"－"号填列。

3. 收入合计

"收入合计"项目,反映行政单位本期取得的各项收入的金额。本项目应当根据"财政拨款收入"科目的本期发生额加上"其他收入"科目的本期发生额的合计数填列。

(1)"财政拨款收入"项目及其所属明细项目,反映行政单位本期从同级财政部门取得的各类财政拨款的金额。本项目应当根据"财政拨款收入"科目及其所属明细科目的本期发生额填列。

(2)"其他资金收入"项目及其所属明细项目,反映行政单位本期取得的各类非财政拨款的金额。本项目应当根据"其他收入"科目及其所属明细科目的本期发生额填列。

4. 支出合计

"支出合计"项目,反映行政单位本期发生的各项资金支出金额。本项目应当根据"经费支出"和"拨出经费"科目的本期发生额的合计数填列。

(1)"财政拨款支出"项目及其所属明细项目,反映行政单位本期发生的财政拨款支出金额。本项目应当根据"经费支出——财政拨款支出"科目及其所属明细科目的本期发生额填列。

(2)"其他资金支出"项目及其所属明细项目,反映行政单位本期使用各类非财政拨款资金发生的支出金额。本项目应当根据"经费支出——其他资金支出"和"拨出经费"科目及其所属明细科目的本期发生额的合计数填列。

5. 本期收支差额

"本期收支差额"项目及其所属各明细项目,反映行政单位本期发生的各项资金收入和支出相抵后的余额。

(1)"财政拨款收支差额"项目,反映行政单位本期发生的财政拨款资金收入和支出相抵后的余额。本项目应当根据本表中"财政拨款收入"项目金额减去"财政拨款支出"项目金额后的余额填列;如为负数,以"一"号填列。

(2)"其他资金收支差额"项目,反映行政单位本期发生的非财政拨款资金收入和支出相抵后的余额。本项目应当根据本表中"其他资金收入"项目金额减去"其他资金支出"项目金额后的余额填列;如为负数,以"一"号填列。

6. 年末各项资金结转结余

"年末各项资金结转结余"项目及其所属各明细项目,反映行政单位截至本年末的各项资金结转结余金额。各明细项目应当根据"财政拨款结转""财政拨款结余""其他资金结转结余"科目的年末余额填列。

上述"年初各项资金结转结余""年末各项资金结转结余"项目及其所属各明细项目,只在编制年度收入支出表时填列。

在行政单位收入支出表中,财政拨款收入减去财政拨款支出等于财政拨款收支差额,其他资金收入减去其他资金支出等于其他资金收支差额。基本支出拨款与基本支出、项目支出拨款与项目支出等均直接相互对应。另外,年度收入支出表中的年末各项资金结转结余相关项目,与年末资产负债表中净资产的相应项目相互对应。

第三节 财政拨款收入支出表

一、财政拨款收入支出表的概念与作用

财政拨款收入支出表是反映行政单位在某一会计期间财政拨款收入、支出、结转及结余情况的报表。财政拨款收入支出表中的数据与收入支出表中的数据存在内在联系。财政拨款收入支出表中的数据是对收入支出表中的相关数据的详细展开。

财政拨款收入支出表的作用主要表现在以下几个方面:

(1)可以详细提供某一会计期间收入、支出、结转和结余情况的信息。例如,可以详细提供某一会计期间公共财政预算资金收支以及结转结余信息、政府性基金预算资金收支以及结转结余信息,基本支出中的人员经费收支以及结转结余信息、日常公用经费收支以及结转结余信息,项目支出中的具体项目收支以及结转结余信息等。

(2)可以详细提供某一会计期间各项资金增减变动原因的信息。例如,可以提供某一会计期间公共财政预算资金由调整年初财政拨款结转结余、归集调入或上缴、单位内部调剂、本年财政拨款收入、本年财政拨款支出等而引起的增减变动数额。

按照规定,行政单位的财政拨款收入支出表应当至少按照年度编制。

二、财政拨款收入支出表的格式

行政单位财政拨款收入支出表需要详细反映各项财政资金由年初数额变化为年末数额的有关内容,其中包括年初数额的调整、本年归集调入或上缴、单位内部调剂、

本年财政拨款收入、本年财政拨款支出等内容。其格式如表7-3所示。

表7-3 财政拨款收入支出表

会行政03表

编制单位： 　　　　　　　年　度　　　　　　　　　　　单位：元

项目	年初财政拨款结转结余		调整年初结转结余	归集调入或上缴	单位内部调剂		本年财政拨款收入	本年财政拨款支出	年末财政拨款结转结余	
	结转	结余			结转	结余			结转	结余
一、公共财政资金										
(一) 基本支出										
1. 人员经费										
2. 日常公用经费										
(二) 项目支出										
1. ××项目										
2. ××项目										
……										
二、政府性基金预算资金										
(一) 基本支出										
1. 人员经费										
2. 日常公用经费										
(二) 项目支出										
1. ××项目										
2. ××项目										
……										
总计										

三、财政拨款收入支出表的编制说明

本表"项目"栏内各项目，应当根据行政单位取得的财政拨款种类分项设置；其中"项目支出"下，根据每个项目设置；行政单位取得除公共财政预算拨款和政府性基金预算拨款以外的其他财政拨款的，应当按照财政拨款种类增加相应的资金项目及其明细项目。

本表各栏及其对应项目的内容和填列方法如下：

(1) "年初财政拨款结转结余"栏中各项目，反映行政单位年初各项财政拨款结转和结余的金额。各项目应当根据"财政拨款结转"和"财政拨款结余"及其明细科目的年初余额填列。本栏目中各项目的数额，应当与上年度财政拨款收入支出表中"年末

财政拨款结转结余"栏中各项目的数额相等。

（2）"调整年初财政拨款结转结余"栏中各项目，反映行政单位对年初财政拨款结转结余的调整金额。各项目应当根据"财政拨款结转"和"财政拨款结余"科目中"年初余额调整"科目及其所属明细科目的本年发生额填列。如调整减少年初财政拨款结转结余，以"－"号填列。

（3）"归集调入或上缴"栏中各项目，反映行政单位本年取得主管部门归集调入的财政拨款结转结余资金和按规定实际上缴的财政拨款结转结余资金金额。各项目应当根据"财政拨款结转"和"财政拨款结余"科目中"归集上缴"和"归集调入"科目及其所属明细科目的本年发生额填列。对归集上缴的财政拨款结转结余资金，以"－"号填列。

（4）"单位内部调剂"栏中各项目，反映行政单位本年财政拨款结转结余资金在内部不同项目之间的调剂金额。各项目应当根据"财政拨款结转"和"财政拨款结余"科目中的"单位内部调剂"及其所属明细科目的本年发生额填列。对单位内部调剂减少的财政拨款结转结余项目，以"－"号填列。

（5）"本年财政拨款收入"栏中各项目，反映行政单位本年从同级财政部门取得的各类财政预算拨款金额。各项目应当根据"财政拨款收入"科目及其所属明细科目的本年发生额填列。

（6）"本年财政拨款支出"栏中各项目，反映行政单位本年发生的财政拨款支出金额。各项目应当根据"经费支出"科目及其所属明细科目的本年发生额填列。

（7）"年末财政拨款结转结余"栏中各项目，反映行政单位年末财政拨款结转结余的金额。各项目应当根据"财政拨款结转"和"财政拨款结余"科目及其所属明细科目的年末余额填列。

在行政单位财政拨款收入支出表中，基本支出中的人员经费和日常公用经费，项目支出中的各项目收入、支出以及结转结余都分别计算、相互独立。行政单位中的各项资金都实行专款专用，不能随意混淆使用。

第四节　会计报表附注

一、会计报表附注的概念

会计报表附注是指对在会计报表中列示项目的文字描述或明细资料，以及对未能在会计报表中列示项目的说明等。即附注目的主要是为了帮助理解会计报表的内容，以文字的形式对会计报表有关项目等所做的补充说明和详细解释。它是行政单位会计报表的有机组成部分。

二、行政单位会计报表附注的内容

行政单位会计报表附注应当至少披露下列内容：

(1) 遵循《行政单位会计制度》的声明。
(2) 单位整体财务状况、预算执行情况的说明。
(3) 会计报表中列示的重要项目的进一步说明,包括其主要构成、增减变动情况等。
(4) 重要资产处置、资产重大损失情况的说明。
(5) 以名义金额计量的资产名称、数量等情况,以及以名义金额计量理由的说明。
(6) 或有负债情况的说明,1年以上到期负债预计偿还时间和数量的说明。
(7) 以前年度结转结余调整情况的说明。
(8) 有助于理解和分析会计报表的其他需要说明事项。

复习思考题

1. 什么是行政单位的会计报表?它主要包括哪些种类?
2. 什么是行政单位资产负债表?采用什么平衡公式?应当如何编制?
3. 什么是行政单位收入支出表?应当如何编制?
4. 什么是行政单位财政拨款收入支出表?为什么要编制该表?
5. 行政单位的会计报表附注主要包括哪些内容?

练 习 题

一、判断题

1. 零余额账户用款额度项目只可能出现在资产负债表的年报中,不会出现在资产负债表的月报中。( )
2. 财政应返还额度项目只可能出现在资产负债表的月报中,在资产负债表的年报中不会出现。( )
3. 行政单位资产负债表采用的平衡等式为:资产=负债+所有者权益。( )
4. 行政单位资产负债表中的待偿债净资产为正数。( )
5. 行政单位资产负债表中不列示受托代理资产和受托代理负债。( )
6. 在行政单位收入支出表中,财政拨款收入减去财政拨款支出等于财政拨款收支差额,其他资金收入减去其他资金支出等于其他资金收支差额。( )
7. 在行政单位收入支出表中,基本支出拨款与基本支出、项目支出拨款与项目支出等均直接相互对应。( )

二、单项选择题

1. 行政单位的会计报表不包括( )。
   A. 资产负债表　　　　　　B. 收入支出表
   C. 收入费用表　　　　　　D. 财政拨款收入支出表
2. 行政单位的年度资产负债表中没有( )项目。

A. 财政应返还额度　　　　　　　B. 零余额账户用款额度
C. 应付职工薪酬　　　　　　　　D. 财政拨款结余

3. 在行政单位的收入支出表中,财政拨款收入减去财政拨款支出等于(　　)。
   A. 年末财政拨款结转　　　　　B. 年末财政拨款结余
   C. 本期财政拨款收支差额　　　D. 本期其他资金收支差额

4. 在收入支出表中,支出合计项目下的财政拨款支出项目应根据(　　)科目的本期发生额填列。
   A. "经费支出——其他资金支出"　　B. "经费支出——财政拨款支出"
   C. "财政拨款收入"　　　　　　　　D. "拨出经费"

5. 财政拨款收入支出表中的项目不会根据(　　)科目的本期发生额填列。
   A. "财政拨款结转"　　　　　　　B. "财政拨款结余"
   C. "财政拨款收入"　　　　　　　D. "其他收入"

6. 行政单位资产负债表、收入支出表、财政拨款收入支出表中共有的项目是(　　)。
   A. 资产基金　　　　　　　　　　B. 其他资金结转结余
   C. 单位内部调剂　　　　　　　　D. 财政拨款结转

三、业务处理题

1. 某行政单位 2016 年年末收支结账后有关资产、负债和净资产科目的余额如表 7-4 所示。

表 7-4　资产、负债和净资产科目余额表

编制单位:某行政单位　　　　2016 年 12 月 31 日　　　　　　　　　　单位:元

资　产	金额	负债和净资产	金额
库存现金	390(借)	应缴财政款	240(贷)
银行存款	780(借)	应缴税费	60(贷)
财政应返还额度	930(借)	应付职工薪酬	1 260(贷)
应收账款	240(借)	应付账款	510(贷)
预付账款	450(借)	应付政府补贴款	2 000(贷)
其他应收款	180(借)	其他应付款	270(贷)
存货	660(借)	长期应付款	2 700(贷)
固定资产	756 000(借)	受托代理负债	1 200(贷)
累计折旧(固定资产)	174 000(贷)	财政拨款结转	150(贷)
在建工程	40 500(借)	财政拨款结余	60(贷)
无形资产	119 400(借)	其他资金结转结余	30(贷)
累计摊销	15 900(贷)	其中:项目结转	10(贷)
政府储备物资	2 000(借)	资产基金	1 224 510(贷)

（续表）

资　产	金额	负债和净资产	金额
公共基础设施	558 000（借）	待偿债净资产	2 760（借）
累计折旧（公共基础设施）	60 600（贷）		
受托代理资产	1 200（借）		

要求：根据以上资料编制该行政单位2016年12月31日的资产负债表。

2. 某市行政单位2016年年末有关收入、支出和结转结余科目的年初余额和本年发生额情况如表7-5所示。

表7-5　有关科目的年初余额和本年发生额

单位：元

会　计　科　目	年初余额	本年发生额
财政拨款结转	270（贷）	210（贷）
财政拨款结余	90（贷）	90（借）
其他资金结转结余	60（贷）	
财政拨款收入——基本支出拨款		36 900（贷）
财政拨款收入——项目支出拨款		43 500（贷）
其他收入——非项目收入		2 000
其他收入——项目收入		4 800（贷）
经费支出——财政拨款支出——基本支出		368 970（借）
——财政拨款支出——项目支出		435 300（借）
——其他资金支出——非项目支出		1 990
——其他资金支出——项目支出		4 830（借）

要求：根据以上资料，为该行政单位编制2016年度的收入支出表。

下篇

事业单位会计

第八章 事业单位会计概述

顾名思义,事业单位会计是会计基本原理在事业单位的具体运用。在我国,事业单位会计指国有事业单位会计;非国有事业单位会计称为民间非营利组织会计。

第一节 事业单位及其会计的特点

一、事业单位的概念

在我国的事业单位会计中,所谓事业单位,是指由政府举办的各级各类向社会提供公益服务的组织。按照不同的行业,常见的事业单位主要有如下种类:中小学校(主要指各级人民政府举办的普通中小学、成人中学、成人初等学校等)、高等学校(主要指各级人民政府举办的全日制普通高等学校、成人高等学校等)、医院及基层医疗卫生机构(主要指各级各类公立医院和由政府举办的城市社区卫生服务中心、乡镇卫生院等)、文化事业单位(主要指各级人民政府举办的图书馆、文化馆、纪念馆以及由文化及其他部门主管的剧场、剧团等)、文物事业单位(主要指各级人民政府举办的公共博物馆、博物院等)、科学技术事业单位(主要指各级人民政府举办的科学院、研究院、研究所等)、体育事业单位(主要指各级人民政府举办的体育馆、游泳场、足球协会等)、广播电视事业单位(主要指各级人民政府举办的广播台、电视台等)。

在实务中,大多数事业单位有其主管行政单位,或者是相应主管行政单位的所属单位。例如,教育事业单位的主管行政单位通常是教育行政单位,文化事业单位的主管行政单位通常是文化行政单位,医疗卫生事业单位的主管行政单位通常是医疗卫生行政单位,广播电视事业单位的主管单位通常是广播电视行政单位,等等。尽管如此,事业单位具有独立的法人资格,对所从事的事业活动独立地承担法律责任。政府通过举办事业单位,可以更好地向社会公众提供公益服务。事业单位从事的社会公益活动是政府职能的延伸。从这一意义上讲,事业单位也是广义的政府组织。

目前,我国正在深化事业单位改革。总体目标是:到 2020 年,建立起功能明确、治理完善、运行高效、监管有力的管理体制和运行机制,形成基本服务优先、供给水平适度、布局结构合理、服务公平公正的中国特色公益服务体系。具体做法是:对从事公益服务的事业单位进行细分,根据职责任务、服务对象和资源配置方式等情况,将从事公益服务的事业单位细分为两类:承担义务教育、基础性研究、公共文化、公共卫生及基层的基本医疗服务等基本公益服务,不能或不宜由市场配置资源的,划分为公益一类;

承担高等教育、非营利医疗等公益服务,可部分由市场配置资源的,划分为公益二类。目前,各地正在结合实际,科学划分事业单位类别,分类推进事业单位改革。对于部分承担行政职能的事业单位,改革的目标是逐步将其行政职能划归行政单位或转为行政单位。对于从事生产经营活动的事业单位,改革的目标是逐步将其转为企业。今后,不再批准设立承担行政职能的事业单位和从事生产经营活动的事业单位。事业单位应当强化其公益属性,从而区别于行政单位和营利性企业。事业单位以成本或者低于成本的价格向社会公众提供公益性服务,所需资金部分来源于财政补助,部分来源于公益性服务收费。除此之外,事业单位一般都由政府举办,其开展业务活动所需资金纳入政府预算,由此,事业单位也区别于民间非营利组织或社会组织。与民间非营利组织相对比,事业单位有时也称为公立非营利组织。

事业单位预算的编制形式、预算管理办法以及预算的编报和审批程序与行政单位基本相同,不再赘述。

二、事业单位会计的概念与特点

事业单位会计是适用于各级各类事业单位财务活动的一门专业会计。事业单位会计核算的目标是向会计信息使用者(如政府及其有关部门、上级单位、债权人、事业单位自身和其他利益相关者)提供与事业单位财务状况、事业成果、预算执行等有关的会计信息,反映事业单位受托责任的履行情况,有助于会计信息使用者进行社会管理、作出经济决策。

事业单位会计的特点与行政单位基本相同。

(1) 事业单位会计的主体是各级各类事业单位,即事业单位应当对其自身发生的经济业务或者事项进行会计核算。

(2) 事业单位会计采用的会计核算方法需要与相应的预算编制方法一致,这样,预算数与会计核算的决算数才具有可比性,会计核算的结果才能反映预算执行情况。

(3) 如实反映事业单位的财务状况,加强对事业单位资产、负债和净资产的管理。

(4) 采用双分录的会计处理方法,即在为涉及预算执行情况变化的经济业务或事项编制相应的会计分录的同时,再为涉及财务状况变化的相同经济业务或事项编制相应的会计分录,实现事业单位会计的双重目标,即同时反映单位财务状况和预算执行情况。

此外,有些事业单位有经营收入和经营支出的核算内容,如公共博物馆经销旅游纪念品、自营咖啡馆等;有些事业单位有长期股权投资的核算内容,如事业单位投资入股企业;事业单位一般都有专用基金的核算内容,如职工福利基金等;事业单位一般都有事业基金的核算内容,可作为自主安排使用的资金蓄水池用于弥补未来收支差额;有些事业单位有上级补助收入、附属单位上缴收入、上缴上级支出、对附属单位补助支出等核算内容;还有些事业单位有长期借款的核算内容,等等。

上述所有这些会计核算特点,都与事业单位的业务活动或经济活动内容直接相关。事业单位会计既区别于行政单位会计,也区别于企业会计。事业单位会计的大多数核算方法与行政单位会计相似,有一部分核算方法与企业会计相似,还有一部分核算方法为特有会计核算方法。

第二节 事业单位会计制度与会计科目表

一、《事业单位会计准则》与《事业单位会计制度》

《事业单位会计准则》(下称准则)是事业单位进行会计核算工作必须遵守的基本要求,是制定事业单位会计制度的概念基础和框架,也是制定事业单位行业会计制度的依据与基础。该准则共分总则、会计信息质量要求、资产、负债、净资产、收入、支出或者费用、财务会计报告、附则9章,并分49项条款对有关问题进行规范。该准则适用于我国各级各类事业单位。该准则于2012年12月6日发布,自2013年1月1日起实施。

《事业单位会计制度》是我国事业单位会计核算工作的具体规范。《事业单位会计制度》共分为总说明、事业单位会计科目名称和编号、会计科目使用说明、财务报表格式、财务报表的编制说明等。《事业单位会计制度》发布于1997年,自1998年1月1日起实施。2012年财政部对其进行了修订,自2013年1月1日起施行。

须进一步说明的是,现行事业单位会计标准体系包括《事业单位会计准则》《事业单位会计制度》和事业单位行业会计制度(高等学校、中小学、医院、科学事业单位等单位的会计制度)。《事业单位会计准则》在事业单位会计标准体系中起统驭作用,《事业单位会计制度》和事业单位行业会计制度的制定必须遵循《事业单位会计准则》的规定。

一般来说,如果事业单位所处的行业存在国家统一的事业单位行业会计制度,则该事业单位适用特定的事业单位行业会计制度;没有国家统一规定的特定行业事业单位会计制度的事业单位,都适用《事业单位会计制度》。

二、事业单位会计信息质量特征

《事业单位会计准则》规定了事业单位会计信息的质量特征,具体包括如下六项:

(1) 可靠性。事业单位应当以实际发生的经济业务或者事项为依据进行会计核算,如实反映各项会计要素的情况和结果,保证会计信息真实可靠。

(2) 全面性。事业单位应当以将发生的各项经济业务或者事项统一纳入会计核算,确保会计信息能够全面反映事业单位的财务状况、事业成果、预算执行等情况。

(3) 及时性。事业单位对于已经发生的各项经济业务或者事项,应当及时进行会计核算,不得提前或者延后。

(4) 可比性。事业单位提供的会计信息应当具有可比性。

同一事业单位不同时期发生的相同或者相似的经济业务或事项,应当采用一致的会计政策,不得随意变更。如确有必要变更,应将变更的情况、原因和对单位财务收支情况及事业成果的影响在附注中予以说明。

同类事业单位中的不同单位发生的相同或者相似的经济业务或事项,应当采用统一的会计政策,确保同类单位会计信息口径一致,相互可比。

(5) 相关性。事业单位提供的会计信息应当与事业单位受托责任履行情况的反映、会计信息使用者的管理和决策需要相关,有助于会计信息使用者对事业单位过去、现在或者未来的情况作出评价或者预测。

(6) 明晰性。事业单位提供的会计信息应当清晰明了,便于会计信息使用者理解和使用。

三、事业单位会计科目表

按事业单位会计要素的类别,事业单位会计科目可分为资产、负债、净资产、收入和费用五类。各类事业单位统一适用的会计科目表如表8-1所示。

表 8-1 事业单位会计科目表

序号	科目编号	科目名称
一、资产类		
1	1001	库存现金
2	1002	银行存款
3	1011	零余额账户用款额度
4	1101	短期投资

5	1201
	120101
	120102
		财政应返还额度
		  财政直接支付
		  财政授权支付

6	1211	应收票据
7	1212	应收账款
8	1213	预付账款
9	1215	其他应收款
10	1301	存货
11	1401	长期投资
12	1501	固定资产
13	1502	累计折旧
14	1511	在建工程
15	1601	无形资产
16	1602	累计摊销
17	1701	待处置资产损溢

(续表)

序号	科目编号	科目名称
二、负债类		
18	2001	短期借款
10	2101	应缴税费
20	2102	应缴国库款
21	2103	应缴财政专户款
22	2201	应付职工薪酬
23	2301	应付票据
24	2302	应付账款
25	2303	预收账款
26	2305	其他应收款
27	2401	长期借款
28	2402	长期应收款
三、净资产类		
29	3001	事业基金
30	3101 310101 310102 310103 310104	非流动资产基金 　长期投资 　固定资产 　在建工程 　无形资产
31	3201	专用基金
32	3301 330101 330102	财政补助结转 　基本支出结转 　项目支出结转
33	3302	财政补助结余
34	3401	非财政补助结余
35	3402	事业结余
36	3403	经营结余
37	3404	非财政补助结余分配
四、收入类		
38	4001	财政补助收入
39	4101	事业收入
40	4201	上级补助收入
41	4301	附属单位上缴收入

(续表)

序号	科目编号	科目名称
42	4401	经营收入
43	4501	其他收入
五、费用类		
44	5001	事业支出
45	5101	上缴上级支出
46	5201	对附属单位补助支出
47	5301	经营支出
48	5401	其他支出

事业单位应当按照下列规定运用会计科目：

(1) 事业单位应当按《事业单位会计制度》规定设置和使用会计科目。在不影响会计处理和编报财务报表的前提下，可以根据实际情况自行增设、减少或合并某些明细科目。

(2) 本制度统一规定会计科目的编号，以便于填制会计凭证、登记账簿、查阅账目，实行会计信息化管理。事业单位不得打乱重编。

(3) 事业单位在填制会计凭证、登记会计账簿时，应当填列会计科目的名称，或者同时填列会计科目的名称和编号，不得只填列会计科目编号，而不填列会计科目的名称。

复习思考题

1. 什么是事业单位？具体包括哪些？
2. 什么是事业单位会计？其特点是什么？
3. 事业单位会计准则和会计制度主要包括哪些内容？
4. 事业单位会计核算规范体系是如何组成的？它们之间的关系是怎样的？
5. 事业单位通用会计科目分为哪几类？使用时应当遵循哪些要求？

练 习 题

一、判断题

1. 在事业单位会计核算规范体系中，《事业单位会计制度》居统驭地位。（　　）
2. 事业单位预算是指事业单位根据事业发展目标和计划编制的年度财务收支计划。（　　）
3. 国家对事业单位实行核定收支、定额或者定项补助、超支不补、结转和结余留用

的预算管理办法。（　　）
4. 由于大多数事业单位属于其主管预算单位或主管行政单位的附属单位,因此,事业单位在编报单位预算时,通常是向其主管预算单位编报,由其主管预算单位审核汇总后再连同汇总的部门预算向同级财政部门编报预算。（　　）
5. 为实现事业单位会计的双重目标,即同时反映单位财务状况和预算执行情况,事业单位会计对同时涉及财务状况变化和预算执行情况变化,并且两者的变化情况存在差异的经济业务或事项,采用双分录的会计处理方法。（　　）
6. 事业单位的资产、负债和所有者权益三个会计要素构筑单位财务状况。（　　）

二、单项选择题

1. 下列公办单位中,不属于事业单位的是(　　)。
   A. 高等学校　B. 公园　　　　C. 供电公司　　　D. 档案馆
2. 下列各项中,属于事业单位的是(　　)。
   A. 基金会　　B. 民办学校　　C. 营利性医院　　D. 气象台
3. 下列事业单位中,不属于医疗卫生事业单位的是(　　)。
   A. 疾病预防控制中心　　　　B. 公立儿童医院
   C. 医科大学　　　　　　　　D. 乡镇卫生院
4. 在下列事业单位行业会计制度中,(　　)确立了采用权责发生制的总体会计核算原则。
   A.《高等学校会计制度》　　　B.《医院会计制度》
   C.《中小学校会计制度》　　　D.《科学事业单位会计制度》
5. 行政单位没有、事业单位有的会计科目是(　　)。
   A."零余额账户用款额度"　　B."财政应返还额度"
   C."短期借款"　　　　　　　D."财政补助结转"
6. 按照现行《医院会计制度》的规定,医院对于(　　)一般采用收付实现制核算。
   A. 医疗收入
   B. 使用非财政补助资金发生的支出
   C. 财政补助收入和财政补助支出
   D. 使用非科教项目资金发生的支出

第九章 事业单位资产的核算

资产是指事业单位占有或者使用的能以货币计量的经济资源,包括各种财产、债权和其他权利。资产按照流动性划分,可以分为流动资产和非流动资产。流动资产是指预计在1年内(包括1年)变现或者耗用的资产。事业单位的流动资产包括货币资金、短期投资、应收及预付款项以及存货;非流动资产是指流动资产以外的资产,包括长期投资、固定资产、在建工程、无形资产等。事业单位的资产应当按照取得时的实际成本进行计量,除国家另有规定外,事业单位不得自行调整其账面价值。事业单位的资产在业务内容与核算方法上有些与行政单位类似,如库存现金、银行存款、零余额账户用款额度、财政应返还额度、固定资产、无形资产等,有些与行政单位不同,如短期投资、预付账款、存货、长期投资等。下面分别介绍。

第一节 货币资金

货币资金是以货币形态存在的资产。按存放的地点和用途不同,货币资金分为库存现金、银行存款和零余额账户用款额度。

一、库存现金

库存现金是存放在事业单位会计部门的货币资金,简称现金。现金是流动性最强的资产,主要用于事业单位的日常零星开支。事业单位办理各项现金收付业务,应严格遵守国家的现金管理规定,严密现金的收支手续,如实反映现金的收支和结存情况,保证现金的安全。

(一) 库存现金核算

为核算现金的收支及结存情况,事业单位应设置"库存现金"科目。事业单位收到现金时,借记"库存现金"科目,贷记"零余额账户用款额度""银行存款""事业收入""经营收入""其他收入"等有关科目;支出现金时,借记"事业支出""经营支出"等有关科目,贷记"库存现金"科目。该科目平时为借方余额,表示库存现金的结存数。

【例9-1】 某事业单位2016年7月份发生如下现金收入业务:

(1) 从单位零余额账户中提取现金800元。其会计分录为:

借:库存现金　　　　　　　　　　　　　　　　　　　　　　800
　　贷:零余额账户用款额度　　　　　　　　　　　　　　　　　　800

(2) 开展专业业务活动收到现金 500 元。其会计分录为:

借:库存现金　　　　　　　　　　　　　　　　　　　　　　　500
　　贷:事业收入　　　　　　　　　　　　　　　　　　　　　　500

(3) 单位行政部门购买办公用品 55 元。其会计分录为:

借:事业支出　　　　　　　　　　　　　　　　　　　　　　　55
　　贷:库存现金　　　　　　　　　　　　　　　　　　　　　　55

事业单位应设置现金日记账,由出纳员根据审核后的原始凭证或现金收款凭证、付款凭证,按照业务发生顺序逐笔序时登记。现金日记账一般采用收付余三栏式日记账。每日业务终了,计算当日现金收入合计数、支出合计数和结存数,并将结存数与现金实存数核对,做到账款相符。月末终了,现金日记账的余额应与库存现金总账的余额相符。

(二) 库存现金清查的核算

现金清查包括出纳人员每日的账款核对和清查小组定期或不定期的账款清查。现金清查的方法是实地盘点。清查小组盘点现金时,出纳人员应当在场,盘点后将实存数与账存数核对,并编制库存现金盘点报告表,列明实存、账存和余缺金额。如有余缺,应查明原因,并及时请领导审批。

出纳人员每日账款核对中发现现金溢余或短缺的,应当及时进行处理。发现现金溢余,属于应支付给有关人员或单位的部分,借记"库存现金"科目,贷记"其他应付款"科目;属于无法查明原因的部分,借记"库存现金"科目,贷记"其他收入"科目;发现现金短缺,属于应由责任人赔偿的部分,借记"其他应收款"科目,贷记"库存现金"科目;属于无法查明原因的部分,报经批准后,借记"其他支出"科目,贷记"库存现金"科目。

【例 9-2】 某事业单位 2016 年 7 月发生如下现金溢余或短缺业务:

(1) 29 日现金清查时,发现现金溢余 180 元,原因待查。其会计分录为:

借:库存现金　　　　　　　　　　　　　　　　　　　　　　　180
　　贷:其他应付款——待处理现金溢余　　　　　　　　　　　　180

(2) 经查上述溢余现金原因不明,经批准确认其他收入。其会计分录为:

借:其他应付款——待处理现金溢余　　　　　　　　　　　　　180
　　贷:其他收入——现金溢余　　　　　　　　　　　　　　　　180

二、银行存款

(一) 银行存款的概念

银行存款是指事业单位存放在开户银行的货币资金。实行财政国库单一账户制度的事业单位,银行存款的内容不包括财政预算拨款资金。银行存款账户为实存资金账户。事业单位需要事业资金时,直接通过其开户银行提取现金或转账向收款人支付。事业单位在银行开户后,应当严格遵守银行的各项规章制度,接受银行的监督和管理。

（二）银行存款的核算

为了核算银行存款业务，事业单位应设置"银行存款"总账科目。事业单位将款项存入银行或其他金融机构，根据银行存款收款凭证及有关单据，借记"银行存款"科目，贷记"库存现金""事业收入""经营收入"等有关科目。事业单位提取和支出银行存款时，根据银行存款付款凭证及有关单据，借记有关科目，贷记"银行存款"科目。该科目期末借方余额，反映事业单位实际存放在银行或其他金融机构的款项。

【例9-3】 某事业单位2016年7月发生如下银行存款收入业务：

（1）将款项500元存入银行。其会计分录为：

借：银行存款　　　　　　　　　　　　　　　　　　　　　　　　500
　　贷：库存现金　　　　　　　　　　　　　　　　　　　　　　500

（2）收到提供专业业务服务收入150元，存入银行。其会计分录为：

借：银行存款　　　　　　　　　　　　　　　　　　　　　　　　150
　　贷：事业收入　　　　　　　　　　　　　　　　　　　　　　150

（3）购买办公用品170元，银行已付讫。其会计分录为：

借：事业支出　　　　　　　　　　　　　　　　　　　　　　　　170
　　贷：银行存款　　　　　　　　　　　　　　　　　　　　　　170

事业单位应当按开户银行或其他金融机构、存款种类及币种等，分别设置"银行存款日记账"，由出纳人员根据收付款凭证，按照业务的发生顺序逐笔登记，每日终了应结出余额。"银行存款日记账"应定期与"银行对账单"核对，至少每月核对一次。月度终了，事业单位银行存款账面余额与银行对账单余额之间如有差额，必须逐笔查明原因并进行处理，按月编制"银行存款余额调节表"，调节相符。

三、零余额账户用款额度

（一）零余额账户用款额度的概念

零余额账户用款额度是指实行财政国库集中支付的事业单位根据财政部门批复的用款计划收到和支用的用款额度。实行财政国库集中支付的事业单位，财政部门为其在商业银行开设单位零余额账户。单位零余额账户用于财政部门授权支付。

事业单位的零余额账户用款额度，在概念上与行政单位的零余额账户用款额度相同。有关零余额账户用款额度的详细介绍请参见行政单位会计。

事业单位不需要为财政零余额账户设置专门的总账科目。财政零余额账户中的相关业务，由财政国库支付执行机构通过设置"财政零余额账户存款"总账科目进行核算。

（二）零余额账户用款额度的核算

为核算单位零余额账户用款额度的业务，事业单位应设置"零余额账户用款额度"总账科目。该科目借方登记收到的授权支付的到账额度，贷方登记支用的零余额用款额度;该科目平时为借方余额,表示事业单位尚未使用的财政授权支付用款额度。该科目年末应无余额。

1. 零余额账户用款额度的收支

在财政授权支付方式下,事业单位收到代理银行盖章的"授权支付到账通知书"时,根据通知书所列数额,借记"零余额账户用款额度"科目,贷记"财政补助收入"科目;按规定支用额度时,借记"事业支出""存货"等有关科目,贷记"零余额账户用款额度"科目;从零余额账户提取现金时,借记"库存现金"科目,贷记"零余额账户用款额度"科目。

2. 国库授权支付额度的退回

事业单位因购货退回等发生国库授权支付额度退回的,应根据款项支付时间的不同分别处理:属于以前年度支付的款项,按照退回金额:借记"零余额账户用款额度"科目,贷记"财政补助结转""财政补助结余""存货"等有关科目;属于本年度支付的款项,按照退回金额,借记"零余额账户用款额度"科目,贷记"事业支出""存货"等有关科目。

3. 零余额账户用款额度年末注销

年度终了,依据代理银行提供的对账单作注销额度的相关账务处理,借记"财政应返还额度——财政授权支付"科目,贷记"零余额账户用款额度"科目。事业单位本年度财政授权支付预算指标数大于零余额账户用款额度下达数的,根据未下达的用款额度,借记"财政应返还额度——财政授权支付"科目,贷记"财政补助收入"科目。

4. 零余额账户用款额度次年恢复

次年初,事业单位依据代理银行提供的额度恢复到账通知书作恢复额度的相关账务处理,借记"零余额账户用款额度"科目,贷记"财政应返还额度——财政授权支付"科目。事业单位收到财政部门批复的上年年末未下达的零余额账户用款额度时,借记"零余额账户用款额度"科目,贷记"财政应返还额度——财政授权支付"科目。

【例 9-4】某事业单位 2016 年 12 月发生如下业务:

(1) 1 日,收到代理银行盖章的"授权支付到账通知书",通知收到同级财政部门拨款 20 000 元。其会计分录为:

借:零余额账户用款额度　　　　　　　　　　　　　　　　　　20 000
　　贷:财政补助收入　　　　　　　　　　　　　　　　　　　　　　20 000

(2) 10 日,购买甲材料 300 千克,价值 10 000 元;乙材料 300 千克,价值 5 000 元。以上款项通过零余额账户用款额度付讫,不考虑相关税费(下同)。其会计分录为:

借:存货——甲材料　　　　　　　　　　　　　　　　　　　　10 000
　　　——乙材料　　　　　　　　　　　　　　　　　　　　　　 5 000
　　贷:零余额账户用款额度　　　　　　　　　　　　　　　　　　15 000

(3) 20 日,从零余额账户用款额度中提取现金 5 000 元用于日常开支。其会计分录为:

借:库存现金　　　　　　　　　　　　　　　　　　　　　　　　5 000
　　贷:零余额账户用款额度　　　　　　　　　　　　　　　　　　 5 000

(4) 25日,发现10日购入的甲材料有一半有瑕疵,退回瑕疵材料,购入价为5 000元。其会计分录为:

  借:零余额账户用款额度   5 000
   贷:存货——甲材料   5 000

其他举例请参见行政单位会计"零余额账户用款额度"的核算。

第二节 短 期 投 资

一、短期投资的概念

  一般来说,投资是指为谋求一定的经济利益,将某项资产让渡给其他单位而获得另一项资产的行为。按照投资性质不同,投资分为权益性投资和债权性投资;按照投资目的不同,投资分为短期投资和长期投资。其中,短期投资是指事业单位依法取得的,持有时间不超过1年(含1年)的投资。投资对象主要是国债。

  事业单位应当严格遵守国家法律、行政法规以及财政部门、主管部门关于对外投资的有关规定。事业单位不得使用财政拨款及其结余进行对外投资,不得从事股票、期货、基金、企业债券等投资,国家另有规定的除外。

二、短期投资的核算

(一) 取得与持有短期投资

  为了核算短期投资业务,事业单位应设置"短期投资"科目。事业单位在取得短期投资时,按照其实际成本(包括购买价款以及税金、手续费等相关税费)作为投资成本,借记"短期投资"科目,贷记"银行存款"科目;短期投资持有期间收到利息时,按实际收到的金额,借记"银行存款"科目,贷记"其他收入——投资收益"科目。

  【例9-5】 2016年1月1日,某事业单位购入2016年1月1日发行的国库券,面值10 000元,还本期为3年,年利率为6%,每半年支付一次利息,实际支付购入价格及税费为11 000元。购入时,其会计分录为:

  借:短期投资——债券投资   11 000
   贷:银行存款   11 000

2016年7月1日收到利息时,其会计分录为:

  借:银行存款   300
   贷:其他收入——投资收益(10 000×6%×6÷12)   300

(二) 出售或到期收回短期投资

  事业单位转让短期投资或到期收回短期国债本息,按照实际收到的金额,借记"银行存款(实际收到金额)"科目,按照出售短期投资或收回短期国债的成本,贷记"短期投资"科目,按照两者的差额,贷记或借记"其他收入——投资收益"科目。

【例 9-6】 承[例 9-5],某事业单位将持有 2016 年 1 月 1 日发行的国库券,于 2016 年 7 月 5 日转让,实际取得价款 11 020 元,款项存入银行。其会计分录为:

借:银行存款　　　　　　　　　　　　　　　　　　　　　11 020
　贷:短期投资——债券投资　　　　　　　　　　　　　　　　11 000
　　　其他收入——投资收益　　　　　　　　　　　　　　　　　　20

第三节　应收及预付款项

应收及预付款项是指事业单位在其业务活动中形成的债权,如财政应返还额度、应收票据、应收账款、预付账款、其他应收款等。财政应返还额度、应收票据、应收账款、预付账款产生于事业单位的运营活动,而其他应收款产生于事业单位的非运营活动。

一、财政应返还额度

(一)财政应返还额度的概念

财政应返还额度是指年度终了零余额账户中的预算指标数与事业单位从零余额账户中的实际支用数之间的差额,即事业单位当年尚未使用的预算额度。由于零余额账户包括财政零余额账户和单位零余额账户,因此,事业单位的财政应返还额度也包括财政零余额账户的财政应返还额度和单位零余额账户的财政应返还额度。

财政部门对事业单位的财政应返还额度采用先注销后恢复的管理办法。即年度终了,财政部门对事业单位的财政应返还额度先进行注销;次年年初,财政部门对事业单位的财政应返还额度再予以恢复,供事业单位继续使用。

事业单位的财政应返还额度,在概念上与行政单位的财政应返还额度相同。

(二)财政应返还额度的核算

为了核算应收财政返还额度的业务,事业单位应设置"财政应返还额度"科目,该科目应当设置"财政直接支付""财政授权支付"两个明细科目,进行明细核算。该科目是一个资产类科目,借方登记年终从零余额账户用款额度转入数,贷方登记次年转回的零余额账户用款额度数,期末余额在借方,反映事业单位应收财政返还的资金额度。

1. 财政直接支付方式下财政应返还额度

年度终了,事业单位根据本年度财政直接支付预算指标数与当年财政直接支付实际支出数的差额,借记"财政应返还额度"科目(财政直接支付),贷记"财政补助收入"科目。

下年度财政部门恢复财政直接支付额度时,事业单位不作会计处理;待事业单位以财政直接支付方式发生实际支出时,借记有关科目,贷记"财政应返还额度"科目(财政直接支付)。

2. 财政授权支付方式下财政应返还额度

年度终了,事业单位依据代理银行提供的对账单作注销额度的相关账务处理,借记"财政应返还额度"科目(财政授权支付),贷记"零余额账户用款额度"科目。事业单位本年度财政授权支付预算指标数大于零余额账户用款额度下达数的,根据未下达的用款额度,借记"财政应返还额度"科目(财政授权支付),贷记"财政补助收入"科目。

下年初,事业单位依据代理银行提供的额度恢复到账通知书作恢复额度的相关账务处理,借记"零余额账户用款额度"科目,贷记"财政应返还额度"科目(财政授权支付)。事业单位收到财政部门批复的上年年末未下达零余额账户用款额度的,借记"零余额账户用款额度"科目,贷记"财政应返还额度"科目(财政授权支付)。

事业单位财政应返还额度的业务内容与核算方法与行政单位类似,具体核算举例请参见行政单位会计"财政应返还额度"的核算。

二、应收票据

(一) 应收票据的含义与分类

应收票据是指事业单位因从事业务活动而收到的商业汇票。商业汇票是由出票人签发的、指定付款人在一定日期支付一定金额给收款人或持票人的票据。

商业汇票按其承兑人不同,分为商业承兑汇票和银行承兑汇票。商业承兑汇票是由付款人承兑的汇票,它可以由收款人签发,也可以由付款人签发,但必须由付款人承兑;银行承兑汇票是由收款人或承兑申请人签发,并由承兑申请人向银行申请,银行审查同意承兑的票据。

应收票据按是否计息划分,可分为带息票据和不带息票据。带息票据是指注明利率及付息日期的票据,带息票据可在票据到期时一次付息。不带息票据是指到期只按面额支付,无需支付利息的票据。不论票据是否带息,应收票据应于收到或开出并承兑时,以其票面金额入账。

(二) 应收票据的核算

事业单位应设置"应收票据"科目,核算因开展经营活动销售产品、提供有偿服务等收到的商业汇票(包括银行承兑汇票和商业承兑汇票),并应按开出、承兑商业汇票的单位等进行明细核算。期末余额在借方,反映事业单位持有的商业汇票票面金额。

1. 商业汇票取得与收回

因销售产品、提供服务等收到商业汇票时,按照商业票据的票面金额,借记"应收票据"科目;按照确认的收入金额,贷记"经营收入"等科目,按照应缴增值税金额,贷记"应缴税费——应缴增值税"科目。收回应收票据,按照实际收到的商业汇票票面金额,借记"银行存款"科目,贷记"应收票据"科目。

因付款人无力支付票款,收到银行退回的商业承兑汇票、委托收款凭证、未付票款通知书或拒付款证明等,按照商业汇票的票面金额,借记"应收账款"科目,贷记"应收票据"科目。

【例 9-7】 2016 年 7 月 1 日,甲事业单位所属非独立核算部门因开展经营活动销售一批产品给某单位,货已发出,发票上注明的产品价款为 1 000 元,增值税额为 170 元。收到乙公司交来的一张商业承兑汇票,期限 3 个月,面值为 1 170 元。

(1) 确认经营收入时,其会计分录为:

借:应收票据　　　　　　　　　　　　　　　　　　　　　　　1 170
　　贷:经营收入　　　　　　　　　　　　　　　　　　　　　　1 000
　　　　应缴税费——应缴增值税　　　　　　　　　　　　　　　170

(2) 票据在 3 个月后到期,收回款项 1 170 元,存入银行时,其会计分录为:

借:银行存款　　　　　　　　　　　　　　　　　　　　　　　1 170
　　贷:应收票据　　　　　　　　　　　　　　　　　　　　　　1 170

(3) 假定票据到期,乙公司无力支付票款,其会计分录为:

借:应收账款——乙公司　　　　　　　　　　　　　　　　　　1 170
　　贷:应收票据——乙公司　　　　　　　　　　　　　　　　　1 170

2. 应收票据贴现

事业单位持有的应收票据,在到期前可以用背书形式转让给银行。银行同意接受时,要预扣自贴现日至到期日的利息,将其余额即贴现净值支付给企业。这种利用票据向银行融资的做法,被称为应收票据贴现。

在贴现业务中,银行所预扣的利息,称贴现利息。银行计算贴现利息使用的利率,称贴现率。贴现单位从银行获得的票据到期额中扣除贴现利息后的货币资金称为贴现所得。贴现所得的计算公式如下:

贴现所得 = 票据到期价值 − 贴现利息

票据到期价值 = 面值 × (1 + 利率 × 票据期限)

贴现息 = 票据到期价值 × 银行贴现率 × 贴现期

贴现期 = 票据期限 − 票据已持有期限

按照中国人民银行《支付结算办法》的规定,贴现所得按票面金额扣除贴现日至汇票到期前一日的利息计算,承兑人在异地的,贴现期及贴现利息的计算应另加 3 天的划款时间。为便于计算,本书下面的举例未遵照该规定处理。

事业单位将持有的未到期的商业汇票向银行贴现,按照实际收到的金额(即票据到期值减去贴现利息后的净额),借记"银行存款"科目(实际收到金额),按照贴现息,借记"经营支出"等科目(贴现息),按照商业汇票的票面金额,贷记"应收票据"科目(票面金额)。

【例 9-8】 某事业单位因开展经营活动而持有乙公司交给该事业单位的一张 90 天到期的商业承兑无息汇票,面值为 2 340 元。该事业单位 60 天后持此票据到银行贴现,贴现率 12%。

(1) 该事业单位收到票据时,其会计分录为:

借：应收票据	2 340
贷：经营收入	2 000
应缴税费——应缴增值税(销项税额)	340

(2) 办理贴现时,其会计分录为：

$$贴现息 = 2\,340 \times 12\% \times (90 - 60) \div 360 = 23.4(元)$$
$$贴现净额 = 2\,340 - 23.4 = 2\,316.6(元)$$

借：银行存款	2 316.60
经营支出——贴现利息支出	23.40
贷：应收票据	2 340

3. 应收票据背书转让

事业单位可以将自己持有的商业汇票背书转让,将汇票的权利转让给他人。背书是指在商业汇票背面或者在粘单上记载有关事项并签章的票据行为。背书人背书转让汇票后,即承担保证其后手所持汇票承兑和付款的责任。

将持有的商业汇票背书转让以取得所需物资时,按照取得物品的成本,借记"存货""固定资产"等有关科目,按照商业汇票的票面金额,贷记"应收票据"科目,如有差额,借记或贷记"银行存款"等科目。

【例 9-9】 2016 年 7 月 1 日,甲事业单位将持有的乙公司票据(2016 年 5 月 1 日出票,面值 5 000 元,到期日为 2016 年 11 月 1 日)背书转让给丙公司以取得所需材料,该批材料的价款为 5 850 元。以转账支票补付材料差价款 850 元,以现金支付丙公司代垫材料运杂费 150 元。假定不考虑相关税费,其会计分录如下：

借：存货	6 000
贷：应收票据——乙公司	5 000
银行存款	850
库存现金	150

事业单位应收票据的业务内容和核算方法与企业应收票据类似,具体可进一步参考企业财务会计的相应内容。"应收票据"科目主要适用于事业单位的经营活动。

三、应收账款

应收账款是指事业单位因开展业务活动形成的应向客户收取的款项。应收账款一般与事业单位的主要业务活动直接相关。

(一) 应收账款发生与收回

事业单位设置"应收账款"科目,核算本单位因开展经营活动销售产品、提供有偿服务等而应收取的款项。该科目应当按照购货、接受劳务单位(或个人)进行明细核算。期末借方余额反映事业单位尚未收回的各种应收账款。

事业单位因销售产品、提供服务等发生应收账款时,按照应收未收金额,借记"应收账款"科目,按照确认的收入金额,贷记"经营收入"等科目,按照应缴的增值税,贷记

"应缴税费——应缴增值税"科目。按照实际收到的款项金额,借记"银行存款"科目,贷记"应收账款"科目。

【例9-10】 某事业单位发生如下业务:

(1) 向A公司销售一批某产品,货已按合同发出,价款为10 000元,增值税额为1 700元,货款尚未收到。其会计分录为:

借:应收账款　　　　　　　　　　　　　　　　　　　11 700
　贷:经营收入　　　　　　　　　　　　　　　　　　10 000
　　　应缴税费——应缴增值税(销项税额)　　　　　 1 700

(2) 为A公司代垫运杂费800元,已用银行存款支付。其会计分录为:

借:应收账款　　　　　　　　　　　　　　　　　　　　 800
　贷:银行存款　　　　　　　　　　　　　　　　　　　 800

(3) 收到A公司用支票支付前欠货款及代垫运杂费12 500元,已存入银行。其会计分录为:

借:银行存款　　　　　　　　　　　　　　　　　　　12 500
　贷:应收账款　　　　　　　　　　　　　　　　　　12 500

(二) 应收账款核销

逾期3年或以上、有确凿证据表明确实无法收回的应收账款,按规定报经批准后予以核销。核销的应收账款应在备查簿中保留登记。

应收账款核销的具体账务处理参见本章"第九节待处理财产损溢"。

事业单位应收账款形成与收回的业务内容和核算方法与企业应收账款的相应内容类似。事业单位应收账款核销的业务内容与核算方法与企业应收账款的相应内容不同,与行政单位相应内容也不完全一样。企业于会计期末对应收账款采用计提坏账准备的方法。行政单位没有经营活动,行政活动中形成的应收账款核销时,减少应缴财政款的数额;核销的应收账款在以后期间收回时,再增加应缴财政款的数额。

与应收票据的情况一样,由于事业单位的事业活动一般采用收付实现制基础进行会计核算,因此,"应收账款"科目主要适用于事业单位的经营活动。

四、预付账款

预付账款是按照购货、劳务合同预付给供应单位的款项。预付账款按实际发生的金额入账。

(一) 预付账款发生与结算

为了核算预付账款业务,事业单位设置"预付账款"总账科目。同时,按照供应单位(或个人)进行明细核算,并通过明细核算或辅助登记方式,登记预付账款的资金性质(区分财政补助资金、非财政专项资金和其他资金)。该科目期末借方余额,反映事业单位实际预付但尚未结算的款项。事业单位预付账款的主要账务处理如下:

(1) 按照购货、劳务合同规定预付货款时,按照实际预付的金额,借记"预付账款"

科目,贷记"零余额账户用款额度""财政补助收入""银行存款"等科目。

(2) 收到所购物资或劳务,按照购入物资或劳务的成本,借记"存货"或"事业支出"等有关科目,按照相应预付账款金额,贷记"预付账款"科目,按照补付的款项,贷记"零余额账户用款额度""财政补助收入""银行存款"等科目。

(3) 收到固定资产、无形资产时,按照确定的资产成本,借记"固定资产""无形资产"科目,贷记"非流动资产基金——固定资产(或无形资产)"科目,同时,按资产购置支出,借记"事业支出"或"经营支出"等科目,按照相应预付账款金额,贷记"预付账款"科目,按照补付的款项,贷记"零余额账户用款额度""财政补助收入""银行存款"等科目。

【例 9-11】 某事业单位发生如下业务:

(1) 订购某种货物,货款 10 000 元,按合同规定需预付价款的 40%作为定金。其会计分录为:

借:预付账款——财政补助资金　　　　　　　　　　　　4 000
　　贷:银行存款　　　　　　　　　　　　　　　　　　　　4 000

(2) 所订货物到货,发票账单同时到达,价款为 10 000 元,增值税额为 1 700 元,用银行存款补付货款为 7 700 元。其会计分录为:

借:存货　　　　　　　　　　　　　　　　　　　　　　10 000
　　应缴税费——应缴增值税(进项税额)　　　　　　　　 1 700
　　贷:预付账款——财政补助资金　　　　　　　　　　　11 700
借:预付账款——财政补助资金　　　　　　　　　　　　 7 700
　　贷:银行存款　　　　　　　　　　　　　　　　　　　 7 700

(二)预付账款核销

逾期 3 年或以上、有确凿证据表明因供货单位破产、撤销等原因已无望再收到所购物资,且确实无法收回的预付账款,按规定报经批准后予以核销。核销的预付账款应在备查簿中保留登记。

预付账款核销的具体账务处理参见本章"第九节待处理财产损溢"。

事业单位预付账款的核算方法与行政单位预付账款的核算方法不同。行政单位发生预付账款时即确认经费支出,同时确认与预付账款相对应的资产基金。事业单位核销预付账款的核算方法与核销应收账款的核算方法相同,但与行政单位核销预付账款的核算方法不同。行政单位核销预付账款时,冲减与预付账款相对应的资产基金。相比较而言,行政单位在核算具体业务时,更加多地使用收付实现制会计核算基础。

五、其他应收款

其他应收款是指事业单位除财政应返还额度、应收票据、应收账款、预付账款以外的其他各项应收及暂付款项。如职工预借的差旅费、拨付给内部有关部门的备用金、应向职工收取的各种垫付款项等。

（一）其他应收款发生与收回

为了核算其他应收款业务，事业单位应设置"其他应收款"科目。事业单位发生其他各种应收及暂付款项时，借记"其他应收款"科目，贷记"银行存款""库存现金"等科目。收回或转销其他各种应收及暂付款项时，借记"银行存款""库存现金"等科目，贷记"其他应收款"科目。

【例9-12】 某事业单位发生如下业务：

（1）职工王某借差旅费500元。其会计分录为：

借：其他应收款——王某　　　　　　　　　　　　　　　　　　500
　　贷：库存现金　　　　　　　　　　　　　　　　　　　　　　　500

（2）王某出差回来报账，差旅费480元，交回现金20元。其会计分录为：

借：库存现金　　　　　　　　　　　　　　　　　　　　　　　　20
　　事业支出　　　　　　　　　　　　　　　　　　　　　　　　480
　　贷：其他应收款——王某　　　　　　　　　　　　　　　　　500

（3）年初财务部门开出现金支票拨付后勤服务部门定额备用金2 000元。其会计分录为：

借：其他应收款——备用金　　　　　　　　　　　　　　　　2 000
　　贷：银行存款　　　　　　　　　　　　　　　　　　　　　2 000

（4）后勤服务部门报销办公用品支出1 600元，经财务部门审核后予以报销，并以现金补足备用金定额。其会计分录为：

借：事业支出　　　　　　　　　　　　　　　　　　　　　　1 600
　　贷：库存现金　　　　　　　　　　　　　　　　　　　　　1 600

（5）假定某日核销备用金，已发生的有关支出发票凭证金额为1 200元，剩余现金800元。其会计分录为：

借：事业支出　　　　　　　　　　　　　　　　　　　　　　1 200
　　库存现金　　　　　　　　　　　　　　　　　　　　　　　800
　　贷：其他应收款——备用金　　　　　　　　　　　　　　　2 000

（二）其他应收款核销

逾期3年或以上、有确凿证据表明确实无法收回的其他应收款，按规定报经批准后予以核销。核销的其他应收款应在备查簿中保留登记。

其他应收款核销的具体账务处理参见本章"第九节待处理财产损溢"。

第四节　存　货

事业单位在开展业务活动及其他活动中为耗用而储存的各种材料、燃料、包装物、低值易耗品及达不到固定资产标准的用具、装具、动植物等。事业单位随买随用的零星办公用品,可以在购进时直接列作支出,不作为存货管理。

一、存货核算使用的主要科目

为了核算存货业务,事业单位应设置"存货"总账科目。该科目借方登记验收入库的存货的实际成本;贷方登记发出、领用、对外销售、盘亏、毁损等各种原因而减少的存货成本;期末余额在借方,反映事业单位存货的实际成本。

事业单位还应当按照存货的种类、规格、保管地点等进行明细核算,并应当通过明细核算或辅助登记的方式,登记取得存货成本的资金来源(区分财政补助资金、非财政专项资金和其他资金)。

发生自行加工存货业务的事业单位,应当在该科目下设置"生产成本"明细科目,归集核算自行加工存货所发生的实际成本(包括耗用的直接材料费用、发生的直接人工费用和分配的间接费用)。

二、存货的计价

存货在取得时,应当按照其实际成本入账。

(1) 购入的存货,其成本包括购买价款、相关税费、运输费、装卸费、保险费以及其他使得存货达到目前场所和状态所发生的其他支出。事业单位按照税法规定属于增值税一般纳税人的,其购进非自用(如用于生产对外销售的产品)材料所支付的增值税款不计入材料成本。

(2) 自行加工的存货,其成本包括耗用的直接材料费用、发生的直接人工费用和按照一定方法分配的与存货加工有关的间接费用。

(3) 接受捐赠、无偿调入的存货,其成本按照有关凭据注明的金额加上相关税费、运输费等确定;没有相关凭据的,其成本比照同类或类似存货的市场价格加上相关税费、运输费等确定;没有相关凭据、同类或类似存货的市场价格也无法可靠取得的,该存货按照名义价格(即人民币1元,下同)入账。

(4) 盘盈的存货,按照同类或类似存货的实际成本或市场价格确定入账价值;同类或类似存货的实际成本、市场价格均无法可靠取得的,按照名义金额入账。

三、存货的核算

(一) 取得存货

1. 外购存货

事业单位购入的存货验收入库,按确定的成本,借记"存货"科目,贷记"银行存款""应付账款""财政补助收入""零余额账户用款额度"等科目。

属于增值税一般纳税人的事业单位购入非自用材料的,按确定的成本(不含增值税进项税额),借记"存货"科目,按增值税专用发票上注明的增值税额,借记"应缴税费——应缴增值税(进项税额)"科目,按实际支付或应付的金额,贷记"银行存款""应付账款"等科目。

【例 9-13】 某事业单位(小规模纳税人)购入自用甲货物 100 千克,单价 10 元,增值税额为 170 元,价税合计 1 170 元,款项由财政直接支付,材料已验收入库。其会计分录为:

借:存货——甲货物　　　　　　　　　　　　　　　　　　　　　1 170
　　贷:财政补助收入　　　　　　　　　　　　　　　　　　　　　　1 170

【例 9-14】 某事业单位(一般纳税人)购入非自用丙货物 500 千克,单价 10 元,增值税额为 850 元,由银行存款付讫,材料已验收入库。其会计分录为:

借:存货——丙货物　　　　　　　　　　　　　　　　　　　　　5 000
　　应缴税费——应缴增值税(进项税额)　　　　　　　　　　　　　850
　　贷:银行存款　　　　　　　　　　　　　　　　　　　　　　　　5 850

2. 自行加工存货

事业单位自行加工存货验收入库后,按照所发生的实际成本,借记"存货"科目(相关明细科目),贷记"存货"科目(生产成本)。

自行加工的存货在加工过程中发生各种费用时,借记"存货"科目(生产成本),贷记"存货"(领用材料相关的明细科目)、"应付职工薪酬""银行存款"等科目。

【例 9-15】 某事业单位为生产甲产品,领用 A 货物,成本为 1 000 元;领用 B 货物,成本为 500 元;支付工人工资 3 000 元。其会计分录为:

借:存货——生产成本　　　　　　　　　　　　　　　　　　　　4 500
　　贷:存货——A 货物　　　　　　　　　　　　　　　　　　　　1 000
　　　　　——B 货物　　　　　　　　　　　　　　　　　　　　　500
　　　　应付职工薪酬　　　　　　　　　　　　　　　　　　　　　3 000

甲产品完工后验收入库。其会计分录为:

借:存货——甲产品　　　　　　　　　　　　　　　　　　　　　4 500
　　贷:存货——生产成本　　　　　　　　　　　　　　　　　　　4 500

3. 接受捐赠、无偿调入的存货

接受捐赠、无偿调入的存货验收入库,按照确定的成本,借记"存货"科目,按照发生的相关税费、运输费等,贷记"银行存款"等科目,按照其差额,贷记"其他收入"科目。

在按名义金额入账的情况下,按照名义金额,借记"存货"科目,贷记"其他收入"科目;按照发生的相关税费、运输费等,借记"其他支出"科目,贷记"银行存款"等科目。

【例 9-16】 某事业单位接受捐赠材料一批,价值 1 000 元;另用银行存款支付运费 100 元。材料已验收入库。其会计分录为:

借:存货　　　　　　　　　　　　　　　　　　　　　　　　　　1 100
　　贷:其他收入　　　　　　　　　　　　　　　　　　　　　　　1 000
　　　　银行存款　　　　　　　　　　　　　　　　　　　　　　　100

(二) 发出存货

1. 发出存货的计价

存货发出时,应当根据实际情况采用个别计价法或先进先出法或加权平均法确定发出存货的实际成本。计价方法一经确定,不得随意变更。低值易耗品的成本于领用时一次摊销。

(1) 个别计价法是指对存货逐一辨认,分别按各自购入或取得时的成本计价,以确定发出和结存存货的实际成本的方法。

(2) 先进先出法是假定先购进的存货先发出,并根据这一假定的成本流转顺序,对发出存货和期末存货进行计价的方法。采用这种计价方法,收入存货时要逐笔登记购入的每一笔存货的数量、单价和金额。发出时,按先进先出的原则确定单价,逐笔登记存货发出和结存金额。

【例 9-17】 某事业单位,期初库存 A 材料 400 千克,单价 80 元,金额 32 000 元,成本资料如表 9-1 所示,用先进先出法计算本月发出材料的实际成本。

表 9-1 材料明细账

品名:A 材料　　　　　　计量单位:千克　　　　　　金额单位:元

2016 年		摘要	收入		发出		结余		
月	日		数量	单价	数量	单价	数量	单价	金额
7	2	月初余额					400	80	32 000
	9	领用			200				
	10	购入	500	82					
	21	领用			400				
	25	购入	700	90					
	28	领用			800				
	31	月计	1 200		1 400		200		

第一次发出 A 材料的实际成本 = 200×80 = 16 000(元)
第二次发出 A 材料的实际成本 = 200×80+200×82 = 32 400(元)
第三次发出 A 材料的实际成本 = 300×82+500×90 = 69 600(元)
本月发出 A 材料的实际成本 = 16 000+32 400+69 600 = 118 000(元)

(3) 加权平均法是以本月(期)初累计的库存存货总金额与本月(期)收入的存货总金额之和,除以月初库存存货总数量与本月(期)收入总数量之和,求得存货加权平均单位成本,以此作为计价标准计算当月发出存货的成本和期末结存存货成本的一种方法。其计算公式如下:

$$存货加权平均单位成本 = \frac{期初结存存货成本+本期购进存货成本}{期初结存存货数量+本期购进存货数量}$$

期末结存存货成本 = 加权平均单位成本×期末存货数量

本期发出存货的成本 = 期初存货实际成本+本期购进存货实际成本-期末存货实际成本

【例 9-18】 根据[例 9-17]的已知资料,用加权平均法计算发出材料实际成本如下:

加权平均单位成本 = 32 000 + 500 × 82 + 700 × 90 400 + 500 + 700 = 85(元/千克)

本期发出 A 材料的实际成本 = (200 + 400 + 800) × 85 = 11 900(元)

期末结存 A 材料的实际成本 = 200 × 85 = 17 000(元)

采用这种方法,可以在每月月末或旬末根据存货明细分类账有关数字计算出加权平均单位成本后,求出发出和结存存货的金额。因此,计价工作一般要在月末或旬末进行。

2. 发出存货的账务处理

(1) 开展业务活动等领用、发出存货,按领用、发出存货的实际成本,借记"事业支出""经营支出"等科目,贷记"存货"科目。

【例 9-19】 事业单位将甲产品出售,结转实际成本 4 500 元。其会计分录为:

借:经营支出　　　　　　　　　　　　　　　　　　　　　　　　4 500
　　贷:存货——甲产品　　　　　　　　　　　　　　　　　　　　　4 500

(2) 对外捐赠、无偿调出存货,转入待处置资产时,按照存货的账面余额,借记"待处置资产损溢"科目,贷记"存货"科目。

属于增值税一般纳税人的事业单位对外捐赠、无偿调出购进的非自用材料,转入待处置资产时,按照存货的账面余额与相关增值税进项税额转出金额的合计金额,借记"待处置资产损溢"科目,按存货的账面余额,贷记"存货"科目,按转出的增值税进项税额,贷记"应缴税费——应缴增值税(进项税额转出)"科目。

【例 9-20】 某事业单位(增值税一般纳税人)4 月 1 日确定向希望小学捐赠一批外购非自用材料,购入价 1 000 元(不含增值税,进项税额 170 元)。

(1) 4 月 1 日,将存货转入待处置资产时,其会计分录为:

借:待处置资产损溢　　　　　　　　　　　　　　　　　　　　　1 170
　　贷:存货　　　　　　　　　　　　　　　　　　　　　　　　　1 000
　　　　应缴税费——应缴增值税(进项税额转出)　　　　　　　　　170

(2) 4 月 5 日,将非自用材料交付给希望小学时,其会计分录为:

借:其他支出　　　　　　　　　　　　　　　　　　　　　　　　1 170
　　贷:待处置资产损溢　　　　　　　　　　　　　　　　　　　　1 170

(三) 存货的清查盘点

事业单位的存货应当定期进行清查盘点,每年至少盘点一次。对于发生的存货盘盈、盘亏或者报废、毁损,应当及时查明原因,按规定报经批准后进行账务处理。

1. 盘盈存货

盘盈的存货,按照确定的入账价值,借记"存货"科目,贷记"其他收入"科目。

【例 9-21】 某事业单位在财产清查中盘盈存货 5 件,实际单位成本 100 元,经查,属于存货收发计量方面的错误。其会计分录为：

借：存货　　　　　　　　　　　　　　　　　　　　　　　　　　500
　　贷：其他收入　　　　　　　　　　　　　　　　　　　　　　　500

2. 盘亏或者毁损、报废的存货

盘亏或者毁损、报废的存货，转入待处置资产时，按照待处置存货的账面余额，借记"待处置资产损溢"科目，贷记"存货"科目。

属于增值税一般纳税人的事业单位购进的非自用材料发生盘亏或者毁损、报废的，转入待处置资产时，按照存货的账面余额与相关增值税进项税额转出金额的合计金额，借记"待处置资产损溢"科目，按存货的账面余额，贷记"存货"科目，按转出的增值税进项税额，贷记"应缴税费——应缴增值税（进项税额转出）"科目。

报经批准予以处置时，按照"待处置资产损溢"科目的相应金额，借记"其他支出"科目，贷记"待处置资产损溢"科目。

【例 9-22】　某事业单位（增值税一般纳税人）年终盘点时，发现非自用甲材料盘亏 200 千克，单价 5 元，共计 1 000 元。其会计分录为：

借：待处置资产损溢——处置资产价值　　　　　　　　　　　　1 170
　　贷：存货——甲材料　　　　　　　　　　　　　　　　　　　1 000
　　　　应缴税费——应缴增值税（进项税额转出）　　　　　　　170

报经批准予以处置后，其会计分录为：

借：其他支出　　　　　　　　　　　　　　　　　　　　　　　1 170
　　贷：待处置资产损溢——处置资产价值　　　　　　　　　　　1 170

关于盘亏或者毁损、报废的存货的详细核算请参见本章"第九节待处理财产损溢"。

第五节　长期投资

一、长期投资的概念与种类

长期投资是指事业单位依法取得的，持有时间超过 1 年（不含 1 年）的各种股权和债权性质的投资。按长期投资性质不同，长期投资可分为长期股权投资和长期债权投资。

长期股权投资是指事业单位通过投资拥有被投资单位的股权并成为被投资单位的股东，按所持股份比例享有权益并承担责任的投资。根据现行《事业单位财务规则》的规定，事业单位不得使用财政拨款及其结余进行对外投资，不得从事股票、期货、基金、企业债券等投资，国家另有规定的除外。可见，事业单位的长期股权投资一般是指直接投资。

长期债权投资是指事业单位购入的在 1 年内（不含 1 年）不能变现或不准备随时

变现的国债等债权性质的投资。长期债权投资只能按约定的利率收取利息,到期收回本金。债权投资可以转让,但在债权债务双方约定的期限内一般不能要求债务单位提前偿还本金。

事业单位应严格遵守国家法律、行政法规以及财政部门、主管部门有关事业单位对外投资的规定。

二、长期股权投资的核算

为了核算长期投资业务,事业单位应设置"长期投资"总账科目。该科目应设置"长期股权投资""长期债权投资"两个二级明细科目,并在二级科目下按被投资单位和债权投资的种类等进行明细核算。期末借方余额反映事业单位持有的长期投资成本。

(一) 取得长期股权投资

1. 以货币资金取得的长期股权投资

以货币资金取得的长期股权投资,按照实际支付的全部价款(包括购买价款以及税费、手续费等相关税费)作为投资成本,借记"长期投资——长期股权投资"科目,贷记"银行存款"科目;同时,按照投资成本金额,借记"事业基金"科目,贷记"非流动资产基金——长期投资"科目。

【例9-23】 2016年7月,甲事业单位以非财政货币资金200 000元对A单位进行长期股权投资,取得A单位20%的股份。其会计分录为:

借:长期投资——长期股权投资——A单位　　　　　　　　　　200 000
　　贷:银行存款　　　　　　　　　　　　　　　　　　　　　　200 000

同时,

借:事业基金　　　　　　　　　　　　　　　　　　　　　　　200 000
　　贷:非流动资产基金——长期投资　　　　　　　　　　　　　200 000

2. 以固定资产取得的长期股权投资

以固定资产取得的长期股权投资,按照评估价值加上相关税费作为投资成本,借记"长期投资——长期股权投资"科目,贷记"非流动资产基金——长期投资"科目,按发生的相关税费,借记"其他支出"科目,贷记"银行存款""应缴税费"等科目;同时,按照投出固定资产对应的非流动资产基金,借记"非流动资产基金——固定资产"科目,按照投出固定资产已计提折旧,借记"累计折旧"科目,按投出固定资产的账面金额,贷记"固定资产"科目。

【例9-24】 某事业单位向B公司投入一项1年前购入的固定资产,账面原值100 000元,计划使用年限为10年,按年限平均法计提折旧,双方协议作价90 000元。不考虑相关税费。其会计分录为:

借:长期投资——长期股权投资——B公司　　　　　　　　　　90 000
　　贷:非流动资产基金——长期投资　　　　　　　　　　　　　90 000

同时，

借：非流动资产基金——固定资产	90 000
累计折旧	10 000
贷：固定资产	100 000

3. 以无形资产取得的长期股权投资

以已入账无形资产取得的长期股权投资，按照评估价值加上相关税费作为投资成本，借记"长期投资——长期股权投资"科目，贷记"非流动资产基金——长期投资"科目，按发生的相关税费，借记"其他支出"科目，贷记"银行存款""应缴税费"等科目；同时，按照投出无形资产对应的非流动资产基金，借记"非流动资产基金——无形资产"科目，按照投出无形资产已计提摊销，借记"累计摊销"科目，按投出无形资产的账面金额，贷记"无形资产"科目。

以未入账无形资产取得的长期股权投资，按照评估价值加上相关税费作为投资成本，借记"长期投资——长期股权投资"科目，贷记"非流动资产基金——长期投资"科目，按发生的相关税费，借记"其他支出"科目，贷记"银行存款""应缴税费"等科目。

【例 9-25】某事业单位以土地使用权对 M 公司进行投资。该土地使用权的账面原值为 300 000 元，使用年限为 50 年，已使用 10 年，经双方协议场地使用权作价 400 000 元。不考虑相关税费，办理法律手续并将场地交给 M 公司时，其会计分录为：

借：长期投资——长期股权投资——M 公司	400 000
贷：非流动资产基金——长期投资	400 000

同时，

借：非流动资产基金——无形资产	240 000
累计摊销	60 000
贷：无形资产	300 000

（二）持有长期股权投资期间收到的利润

长期股权投资持有期间，收到利润等投资收益时，按照实际收到的金额，借记"银行存款"等科目，贷记"其他收入——投资收益"科目。

【例 9-26】承[例 9-23]，2016 年 A 单位经营获利，决定向投资者分配利润，甲事业单位收到利润 5 000 元，存入银行。其会计分录为：

借：银行存款	5 000
贷：其他收入——投资收益	5 000

（三）转让、核销长期股权投资

报经批准转让长期股权投资，或者因被投资单位破产清算等原因，有确凿证据表明长期股权投资发生损失，按规定报经批准后予以核销，将长期股权投资转入待处理财产损溢时，其具体账务处理请参见本章"第九节待处理财产损溢"。

三、长期债权投资的核算

(一) 取得长期债权投资

在取得长期债权投资时,按照其实际成本作为投资成本。以货币资金购入的长期债权投资,按照实际支付的全部价款(包括购买价款以及税金、手续费等相关税费)作为投资成本,借记"长期投资——长期债权投资"科目,贷记"银行存款"等科目;同时,按照投资成本金额,借记"事业基金"科目,贷记"非流动资产基金——长期投资"科目。

(二) 长期债权投资持有期获取利息

长期债权投资持有期间收到利息时,按照实际收到的金额,借记"银行存款"等科目,贷记"其他收入——投资收益"科目。

(三) 对外转让或到期收回长期债权投资

对外转让或到期收回长期债权投资本息,按照实际收到的金额,借记"银行存款"等科目,按照收回长期投资的成本,贷记"长期投资——长期债权投资"科目,按照其差额,贷记或借记"其他收入——投资收益"科目;同时,按照收回长期投资对应的非流动资产基金,借记"非流动资产基金——长期投资"科目,贷记"事业基金"科目。

【例 9-27】 某事业单位 2014 年 1 月 1 日支出 30 000 元购入 E 公司发行的 3 年期公司债券,年利率为 2%,每年付息一次。价款已通过银行付讫。其会计分录为:

借:长期投资——长期债权投资 30 000
　　贷:银行存款 30 000

同时,

借:事业基金 30 000
　　贷:非流动资产基金——长期投资 30 000

2014 年 12 月 31 日收到利息时,其会计分录为:

借:银行存款 600
　　贷:其他收入——投资收益 600

2016 年 12 月 31 日收到当年利息和本金时,其会计分录为:

借:银行存款 30 600
　　贷:长期投资——长期债权投资 30 000
　　　　其他收入——投资收益 600

同时,

借:非流动资产基金——长期投资 30 000
　　贷:事业基金 30 000

第六节 固定资产

一、固定资产概念和分类

固定资产是指事业单位持有的使用期限在1年以上（不含1年）、单位价值在规定标准以上（单位价值在1 000元以上，其中专用设备单位价值在1 500元以上），并在使用过程中基本保持原有物质形态的资产。单位价值虽未达到规定标准，但使用期限超过1年（不含1年）的大批同类物资，作为固定资产核算和管理。事业单位的固定资产一般分为以下几类：

（1）房屋和建筑物，是指事业单位拥有占有权或者使用权的房屋、建筑物及其附属设施。其中，房屋包括办公用房、业务用房、库房、职工宿舍、职工食堂、锅炉房等；建筑物包括围墙、水塔等；附属设施包括房屋、建筑物内的电梯、通讯线路、输电线路、水气管道等。

（2）专用设备，是指事业单位根据业务工作的实际需要购置的各种具有专门性能和专门用途的设备，如学校的教学仪器、科研单位的科研仪器、医院的医疗器械等。

（3）通用设备，是指事业单位拥有占有权或者使用权的各类交通工具，如小汽车等各种车辆，各种办公用设备，如办公用的电脑、复印机等。

（4）文物和陈列品，是指博物馆、展览馆、纪念馆等文化事业单位的各种文物或陈列品，如古物、字画、纪念品等。

（5）图书、档案，是指专业图书馆、文化馆贮藏的书籍，以及事业单位贮藏的统一管理使用的业务用书，如单位图书馆（室）、阅览室的图书等。

（6）家具、用具、装具及动植物，是指事业单位办公用的家具及在业务活动中使用的工具、包装物等，以及属于非流动资产的动植物，包括经济林、薪炭林、产畜和役畜等。持有该项资产是以产出农产品、提供劳务或出租等为目的。

二、固定资产的计价

事业单位的固定资产在取得时应当按照实际成本计价。在实际成本不能取得的情况下，应当按照评估价值计价。

（1）外购固定资产的成本包括：实际支付的购买价款、相关税费、使固定资产达到交付使用状态前所发生的可归属于该项资产的运输费、装卸费、安装费和专业人员服务费等。若以一笔款项购入多项没有单独标价的固定资产，按照各项固定资产同类或类似资产市场价格的比例对总成本进行分配，分别确定各项固定资产的入账成本。

（2）事业单位自行建造固定资产，其成本包括建造该项资产至交付使用状态前所发生的全部必要支出。

（3）以融资租赁租入的固定资产，其成本按照租赁协议或者合同确定的租赁价款、相关税费以及固定资产交付使用前所发生的可归属于该项资产的运输费、途中保险费、安装调试费等确定。

(4) 接受捐赠、无偿调入的固定资产,其成本按照有关凭据注明的金额加上相关税费、运输费等确定;没有相关凭据的,其成本比照同类或类似固定资产的市场价格加上相关税费、运输费等确定;没有相关凭据、同类或类似固定资产的市场价格也无法可靠取得的,该固定资产按照名义金额入账。

(5) 盘盈的固定资产,按照同类或类似固定资产的市场价格确定入账价值;同类或类似固定资产的市场价格无法可靠取得的,按照名义金额入账。

对于应用软件,如果其构成相关硬件不可缺少的组成部分,应当将该软件价值包括在所属硬件价值中,一并作为固定资产进行核算;如果其不构成相关硬件不可缺少的组成部分,应当将该软件作为无形资产核算。

三、固定资产的核算

为了核算固定资产业务,事业单位应设置"固定资产"总账科目。该科目借方登记增加的固定资产原价,贷方登记减少的固定资产原价,期末余额在借方,反映事业单位现有固定资产的原价。同时还应设置固定资产登记簿和固定资产卡片,按照固定资产类别、项目和使用部门等进行明细核算。事业单位以经营租赁租入的固定资产,应当另设备查簿进行登记,不作为固定资产核算。出租、出借的固定资产,也应当设置备查簿进行登记。

(一) 固定资产的取得

1. 外购固定资产

(1) 购入不需要安装的固定资产。事业单位购入不需安装的固定资产,按照确定的固定资产成本,借记"固定资产"科目,贷记"非流动资产基金——固定资产"科目;同时,按实际支付金额,借记"事业支出""经营支出""专用基金——修购基金"等科目,贷记"财政补助收入""零余额账户用款额度""银行存款"等科目。

【例9-28】 某事业单位用修购基金购入一台不需要安装的精密仪器,价款14 000元,以银行存款支付。其会计分录为:

借:固定资产 14 000
  贷:非流动资产基金——固定资产 14 000

同时,

借:专用基金——修购基金 14 000
  贷:银行存款 14 000

(2) 购入需要安装的固定资产。事业单位购入需要安装的固定资产,先通过"在建工程"科目核算(有关账务处理参见"在建工程"科目)。安装完工交付使用时再转入该科目。即:借记"固定资产"科目,贷记"非流动资产基金——固定资产"科目;同时,借记"非流动资产基金——在建工程"科目,贷记"在建工程"科目。

(3) 购入固定资产扣留质量保证金。购入固定资产扣留质量保证金的,在取得固定资产时,按照确定的固定资产成本,借记"固定资产"科目(不需安装)或"在建工程"科目(需安装),贷记"非流动资产基金——固定资产(或在建工程)"科目。同时取得固定资产全款发票的,应当同时按照构成资产成本的全部支出金额,借记"事业支出""经营支出""专用基金——修购基金"等科目,按照实际支付的金额,贷记"财政补助收入""零余额账户用款额度""银行存款"等科目,按照扣留的质量保证金,贷记"其他应付款"[扣留期在1年以内(含1年)]或"长期应付款"(扣留期超过1年)科目;取得的发票不包括质量保证金的,应当同时按照不包括质量保证金的支出金额,借记"事业支出""经营支出""专用基金——修购基金"等科目,贷记"财政补助收入""零余额账户用款额度""银行存款"等科目。质保期满支付质量保证金时,借记"其他应付款""长期应付款"科目,或借记"事业支出""经营支出""专用基金——修购基金"等科目,贷记"财政补助收入""零余额账户用款额度""银行存款"等科目。

【例9-29】 某事业单位购买一台设备用于专业业务,价款200 000元,扣留质量保证金2年,金额30 000元。同时取得固定资产全款发票,上述价款均通过财政直接支付方式进行支付,不考虑相关税费。其会计分录为:

借:固定资产　　　　　　　　　　　　　　　　　　　200 000
　　贷:非流动资产基金——固定资产　　　　　　　　　　　200 000

同时,

借:事业支出　　　　　　　　　　　　　　　　　　　200 000
　　贷:财政补助收入　　　　　　　　　　　　　　　　　170 000
　　　　长期应付款　　　　　　　　　　　　　　　　　　30 000

质保期满支付质量保证金时:

借:长期应付款　　　　　　　　　　　　　　　　　　30 000
　　贷:财政补助收入　　　　　　　　　　　　　　　　　 30 000

2. 自行建造固定资产

工程完工交付使用时,按自行建造过程中发生的实际支出,借记"固定资产"科目,贷记"非流动资产基金——固定资产"科目;同时,借记"非流动资产基金——在建工程"科目,贷记"在建工程"科目。已达到交付使用状态但尚未办理竣工决算手续的固定资产,按照估计价值入账,待确定实际成本后再进行调整。

具体举例请参见本章"第七节在建工程"。

3. 融资租入固定资产

融资租入的固定资产,按照确定的成本,借记"固定资产"科目(不需安装)或"在建工程"科目(需安装),按照租赁协议或者合同确定的租赁价款,贷记"长期应付款"科目,按两者的差额,贷记"非流动资产基金——固定资产(或在建工程)"科目。同时,按照实际支付的相关税费、运输费、途中保险费、安装调试费等,借记"事业支出""经营支出"等科目,贷记"财政补助收入""零余额账户用款额度""银行存款"等科目。

定期支付租金时,按照支付的租金金额,借记"事业支出""经营支出"等科目,贷记

"财政补助收入""零余额账户用款额度""银行存款"等科目;同时,借记"长期应付款"科目,贷记"非流动资产基金——固定资产"科目。

【例 9-30】 某事业单位 2016 年 2 月 6 日以融资租赁方式租入一台机器设备,租赁合同中的付款总额为 23 000 元,融资租赁期为 10 年,合同签订过程中未发生其他支出,款项尚未支付。其会计分录为:

借:固定资产　　　　　　　　　　　　　　　　　　　　　　　　23 000
　　贷:长期应付款　　　　　　　　　　　　　　　　　　　　　　23 000

2 月 20 日,以银行存款支付租金 2 300 元。其会计分录为:

借:事业支出　　　　　　　　　　　　　　　　　　　　　　　　　2 300
　　贷:银行存款　　　　　　　　　　　　　　　　　　　　　　　　2 300

同时,

借:长期应付款　　　　　　　　　　　　　　　　　　　　　　　　2 300
　　贷:非流动资产基金——固定资产　　　　　　　　　　　　　　　2 300

跨年度分期付款购入固定资产的账务处理,参照融资租入固定资产。

4. 接受捐赠固定资产

接受捐赠、无偿调入的固定资产,按照确定的固定资产成本,借记"固定资产"(不需安装)或"在建工程"科目(需安装),贷记"非流动资产基金——固定资产(或在建工程)"科目;发生的相关税费、运输费等,借记"其他支出"科目,贷记"银行存款"等科目。

【例 9-31】 2016 年 1 月 10 日,某事业单位接受捐赠不需安装的全新专用设备一台,根据其发票等单据确定价值为 50 000 元,同时以银行存款支付设备的运杂费 1 000 元。

(1) 2016 年 1 月 10 日接受设备时,其会计分录为:

借:固定资产　　　　　　　　　　　　　　　　　　　　　　　　50 000
　　贷:非流动资产基金——固定资产　　　　　　　　　　　　　　50 000

(2) 以银行存款付讫该设备发生的运杂费时,其会计分录为:

借:其他支出　　　　　　　　　　　　　　　　　　　　　　　　　1 000
　　贷:银行存款　　　　　　　　　　　　　　　　　　　　　　　　1 000

同时,

借:固定资产　　　　　　　　　　　　　　　　　　　　　　　　　1 000
　　贷:非流动资产基金——固定资产　　　　　　　　　　　　　　　1 000

(二) 固定资产的折旧

1. 折旧概述

折旧是在固定资产的使用寿命内,按照确定的方法对应计折旧额进行系统分摊。事业单位固定资产的应计折旧额为其成本,计提固定资产折旧不考虑预计净残值。事业单位一般应当按月计提固定资产折旧。当月增加的固定资产,当月不计提折旧,从下月起计提折旧;当月减少的固定资产,当月仍计提折旧,从下月起不计提折旧。固定资产提足折旧后,不论能否继续使用,均不再计提折旧;提前报废的固定资产,也不再补提折旧。所谓提足折旧,是指已经提足该项固定资产的应计折旧额。

事业单位应当对下列各项资产以外的其他资产计提折旧:文物和陈列物;动植物;图书、档案;以名义金额计量的固定资产。

2. 固定资产的折旧方法

事业单位固定资产折旧一般采用年限平均法和工作量法。

(1) 年限平均法又称直线法,是指将固定资产的应计折旧额均衡地分摊到固定资产预计使用寿命内的一种方法。采用这种方法计算的每期折旧额相等。其计算公式如下:

$$年折旧率 = 1 \div 预计使用寿命(年) \times 100\%$$
$$月折旧率 = 年折旧率 \div 12$$
$$月折旧额 = 固定资产原值 \times 月折旧率$$

【例9-32】 某事业单位购入一设备,成本为100 000元,预计可使用10年。该设备的月折旧率和折旧额的计算如下:

$$年折旧率 = 1 \div 10 = 10\%$$
$$月折旧率 = 10\% \div 12 = 8.33\%$$
$$月折旧额 = 100\ 000 \times 8.33\% = 8\ 330(元)$$

(2) 工作量法,是根据实际工作量计算每期应提折旧额的一种方法。其计算公式为:

$$单位工作量折旧额 = 固定资产原值 \div 预计总工作量$$
$$某项固定资产月折旧额 = 该项固定资产当月工作量 \times 单位工作量折旧额$$

【例9-33】 某事业单位购入的1辆运货汽车,成本为600 000元,预计总行驶里程为500 000千米,本月行驶4 000千米。该辆汽车的月折旧额计算如下:

$$单位里程折旧额 = 600\ 000 \div 500\ 000 = 1.2(元/千米)$$
$$本月折旧额 = 4\ 000 \times 1.2 = 4\ 800(元)$$

3. 固定资产折旧的会计处理

事业单位应设置"累计折旧"科目,核算事业单位固定资产的累计折旧。该科目应当按照所对应固定资产的类别、项目等进行明细核算。该科目期末余额在贷方,反映事业单位计提的固定资产折旧累计数。

事业单位按月计提固定资产折旧时,按照实际计提金额,借记"非流动资产基金——固定资产"科目,贷记"累计折旧"科目。

【例9-34】 某事业单位2016年1月固定资产计提折旧情况如下:机器设备计提折旧2 300元,运输汽车计提折旧3 400元。其会计分录为:

借：非流动资产基金——固定资产（机器设备） 2 300
　　　　　　　　——固定资产（运输汽车） 3 400
　　贷：累计折旧 5 700

（三）固定资产的改建和维护

1. 固定资产的改建

为增加固定资产使用效能或延长其使用年限而发生的改建、扩建或修缮等后续支出，应当计入固定资产成本，通过"在建工程"科目核算，完工交付使用时转入该科目。具体账务处理如下：

在原有固定资产基础上进行改建、扩建、修缮后的固定资产，其成本按照原固定资产账面价值（"固定资产"科目账面余额减去"累计折旧"科目账面余额后的净值）加上改建、扩建、修缮发生的支出，再扣除固定资产拆除部分的账面价值后的金额确定。

将固定资产转入改建、扩建、修缮时，按固定资产的账面价值，借记"在建工程"科目，贷记"非流动资产基金——在建工程"科目；同时，按固定资产对应的非流动资产基金，借记"非流动资产基金——在建工程"科目；按固定资产已计提折旧，借记"累计折旧"科目，按固定资产的账面价值，贷记"固定资产"科目。

工程交付使用时，借记"固定资产"科目，贷记"非流动资产基金——在建工程"科目；同时，借记"非流动资产基金——在建工程"科目，贷记"在建工程"科目。

具体举例参见本章"第七节在建工程"。

2. 固定资产的维护

为维护固定资产的正常使用而发生的日常修理等后续支出，应当计入当期支出而不计入固定资产成本，借记"事业支出""经营支出"等科目，贷记"财政补助收入""零余额账户用款额度""银行存款"等科目。

【例9-35】2016年1月8日，某事业单位用零余额账户支付房屋维修费21 500元。其会计分录为：

借：事业支出 21 500
　　贷：零余额账户用款额度 21 500

（四）以固定资产对外投资

以固定资产对外投资，按照评估价值加上相关税费作为投资成本，借记"长期投资"科目，贷记"非流动资产基金——长期投资"科目，按发生的相关税费，借记"其他支出"科目，贷记"银行存款""应缴税费"等科目；同时，按照投出固定资产对应的非流动资产基金，借记"非流动资产基金——固定资产"科目，按照投出固定资产已计提折旧，借记"累计折旧"科目，按投出固定资产的账面金额，贷记"固定资产"科目。

具体举例详见本章"第五节长期投资"。

（五）固定资产的清查

事业单位的固定资产应当定期进行清查盘点，每年至少盘点一次。对于发生的固定资产盘盈、盘亏或者报废、毁损,应当及时查明原因,按规定报经批准后进行账务处理。

(1)盘盈的固定资产,按照确定的入账价值,借记"固定资产"科目,贷记"非流动资产基金——固定资产"科目。

【例9-36】 某事业单位年终进行财产盘点,盘盈设备一台,重置价值为4 500元,其会计分录为:

借:固定资产　　　　　　　　　　　　　　　　　　　　　　　　　4 500
　　贷:非流动资产基金——固定资产　　　　　　　　　　　　　　4 500

(2)盘亏或者毁损、报废的固定资产,转入待处置资产时,其具体账务处理详见本章"第九节待处理财产损溢"。

(六)固定资产处置

事业单位出售、出让、转让、对外捐赠、无偿调出固定资产等资产处置的核算详见本章"第九节待处理财产损溢"。

第七节　在 建 工 程

一、在建工程的概念与内容

在建工程是指已经发生必要支出,但尚未完工交付使用的各种建筑(包括新建、改建、扩建、修缮等)和设备安装工程。事业单位无论是新建、改建、扩建,还是进行技术改造、设备更新等,在建工程所发生的各种建筑和安装支出均属于资本性支出,所形成的资产为固定资产。

二、在建工程(非基本建设项目)的核算

为了核算在建工程的实际成本,事业单位应设置"在建工程"科目。该科目应按照工程性质和具体工程项目等进行明细核算。该科目期末借方余额,反映事业单位尚未完工的在建工程发生的实际成本。

事业单位的基本建设投资应当按照国家有关规定单独建账、单独核算,同时按照本制度的规定至少按月并入该科目及其他相关科目反映。事业单位应当在该科目下设置"基建工程"明细科目,核算由基建账套并入的在建工程成本。有关基建并账的具体账务处理另行规定。

(一)建筑工程

(1)将固定资产转入改建、扩建或修缮等时,按照固定资产的账面价值,借记"在建工程"科目,贷记"非流动资产基金——在建工程"科目;同时,按照固定资产对应的非流动资产基金,借记"非流动资产基金——固定资产"科目,按照已计提的折旧,借记"累计折旧"科目,按照固定资产的账面余额,贷记"固定资产"科目。

(2) 根据工程价款结算账单与施工企业结算工程价款时,按照实际支付的工程价款,借记"在建工程"科目,贷记"非流动资产基金——在建工程"科目;同时,借记"事业支出"等科目,贷记"财政补助收入""零余额账户用款额度""银行存款"等科目。

(3) 事业单位为建筑工程借入的专门借款的利息,属于建设期间发生的,计入在建工程成本,借记"在建工程"科目,贷记"非流动资产基金——在建工程"科目;同时,借记"其他支出"科目,贷记"银行存款"科目。

(4) 工程完工交付使用时,按照建筑工程所发生的实际成本,借记"固定资产"科目,贷记"非流动资产基金——固定资产"科目;同时,借记"非流动资产基金——在建工程"科目,贷记"在建工程"科目。

【例 9-37】 某事业单位 2016 年 1 月 1 日为改建办公楼向银行借入 1 年期专门借款 200 000 元,年利率 10%,改建工程同月开始实施。预计改建办公楼的时间为 1 年,工程价款为 200 000 元,工程完工后付款。办公楼的相关资料如下:账面余额 10 000 000 元,使用寿命为 50 年,已使用 20 年,按年限平均法计提折旧。

(1) 借入专门借款时,其会计分录为:

借:银行存款　　　　　　　　　　　　　　　　　　　200 000
　　贷:短期借款　　　　　　　　　　　　　　　　　　　200 000

(2) 将办公楼转入在建工程,其会计分录为:

借:在建工程　　　　　　　　　　　　　　　　　　6 000 000
　　贷:非流动资产基金——在建工程　　　　　　　　6 000 000

同时,

借:非流动资产基金——固定资产　　　　　　　　　6 000 000
　　累计折旧　　　　　　　　　　　　　　　　　　4 000 000
　　贷:固定资产　　　　　　　　　　　　　　　　10 000 000

(3) 2016 年年末,以银行存款偿还专门借款本息时,其会计分录为:

借:在建工程　　　　　　　　　　　　　　　　　　　20 000
　　贷:非流动资产基金——在建工程　　　　　　　　　20 000

同时,

借:其他支出　　　　　　　　　　　　　　　　　　　20 000
　　短期借款　　　　　　　　　　　　　　　　　　　200 000
　　贷:银行存款　　　　　　　　　　　　　　　　　　220 000

(4) 2016 年年末,改建完工交付使用后,其会计分录为:

借:固定资产——办公楼　　　　　　　　　　　　　6 220 000
　　贷:非流动资产基金——固定资产　　　　　　　　6 220 000

同时,

借：非流动资产基金——在建工程　　　　　　　　　　　　　　6 220 000
　　贷：在建工程　　　　　　　　　　　　　　　　　　　　　　6 220 000

（二）设备安装

事业单位购入需要安装的设备，在安装过程中发生的实际安装费应计入固定资产原值。设备安装工程可以采用自营安装方式，也可以采用出包安装方式。采用自营安装方式，安装费包括安装工程耗用的材料、人工以及其他支出；采用出包安装方式，安装费为向承租单位支付的安装价款。不论采用何种安装方式，设备的全部安装工程成本（包括买价、包装费、运杂费和安装费）均应通过"在建工程"科目核算。

（1）购入需要安装的设备，按照确定的成本，借记"在建工程"科目，贷记"非流动资产基金——在建工程"科目；同时，按照实际支付的金额，借记"事业支出""经营支出"等科目，贷记"财政补助收入""零余额账户用款额度""银行存款"等科目。

融资租入需要安装的设备，按照确定的成本，借记"在建工程"科目，按照租赁协议或者合同确定的租赁价款，贷记"长期应付款"科目，按照其差额，贷记"非流动资产基金——在建工程"科目。同时，按照实际支付的相关税费、运输费、途中保险费等，借记"事业支出""经营支出"等科目，贷记"财政补助收入""零余额账户用款额度""银行存款"等科目。

（2）发生安装费用，借记"在建工程"科目，贷记"非流动基金——在建工程"科目；同时，借记"事业支出""经营支出"等科目，贷记"财政补助收入""零余额账户用款额度""银行存款"等科目。

（3）设备安装完工交付使用时，借记"固定资产"科目，贷记"非流动资产基金——固定资产"科目；同时，借记"非流动资产基金——在建工程"科目，贷记"在建工程"科目。

【例9-38】 某事业单位2016年1月购进一台需要安装的设备，价值30 000元，安装费用3 000元，上述款项均通过银行存款付讫，不考虑相关税费。

（1）安装设备时，其会计分录为：

借：在建工程　　　　　　　　　　　　　　　　　　　　　　　30 000
　　贷：非流动资产基金——在建工程　　　　　　　　　　　　　30 000

同时，

借：事业支出　　　　　　　　　　　　　　　　　　　　　　　30 000
　　贷：银行存款　　　　　　　　　　　　　　　　　　　　　　30 000

（2）支付安装费时，其会计分录为：

借：在建工程　　　　　　　　　　　　　　　　　　　　　　　　3 000
　　贷：非流动资产基金——在建工程　　　　　　　　　　　　　　3 000

同时，

借：事业支出　　　　　　　　　　　　　　　　　　　　　　　　3 000
　　贷：银行存款　　　　　　　　　　　　　　　　　　　　　　　3 000

(3) 设备交付使用时,其会计分录为:

借:固定资产 33 000
  贷:非流动资产基金——固定资产 33 000

同时,

借:非流动资产基金——在建工程 33 000
  贷:在建工程 33 000

第八节 无形资产

一、无形资产的概念和种类

无形资产是指事业单位持有的没有实物形态的可辨认非货币性资产,包括专利权、商标权、土地使用权、非专利技术、著作权等。具体讲:

(1) 专利权,是指政府对事业单位在某一产品的造型、配方、结构、制造工艺或程序的发明上给予其制造使用和出售等方面的专门权利。事业单位不应将其所拥有的一切专利权都予以本金化,作为无形资产核算。只有对那些能够给事业单位带来较大经济价值的,并且事业单位为此作了支出的专利,才能作为无形资产进行核算。专利权如果是购买的,其记账成本除买价外,还应包括支付给有关部门的相关费用;如果是自行开发的,它的成本应包括创造该项专利的试验费用、申请专利登记费用以及聘请律师费用等。

(2) 商标权,是指专门在某类指定的商品或产品上使用特定的名称或图案的权利。商标经过注册登记,就获得了法律上的保护。单位自创的商标,其注册登记费用不大,不一定作为无形资产来核算。受让商标,一次性支出费用较大的,可以将其本金化,作为无形资产入账核算。其记账价值包括买价、支付的手续费以及其他因受让商标权而发生的费用等。

(3) 土地使用权,是指事业单位依法取得的国有土地在一定期间内享有开发、利用、经营等活动的权利。事业单位拥有的并未入账的土地使用权,不能作为无形资产核算;花了较大的代价取得的土地使用权,应予以本金化,将取得时所发生的一切支出,作为土地使用权成本,记入"无形资产"科目。这里有两种情况:一是事业单位向土地管理部门申请土地使用权时,支付的出让金要作为无形资产入账;二是单位原先通过行政划拨获得土地使用权,没有入账的,在将土地使用权有偿转让、出租、抵押、作价入股和投资时,按规定要补缴土地出让金,补缴的出让金,要作为无形资产入账。

(4) 非专利技术,是指运用先进的、未公开的、未申请专利的,可以带来经济效益的技术或者资料,又称"专有技术""技术秘密""技术诀窍"。事业单位的非专利技术一般是指在组织事业收入或经营收入过程中取得的有关生产、经营和管理方面未获得专利权的知识、经验和技巧。非专利技术不受《专利法》的保护,但却是一种事实上的专利权,它可以进行转让和投资。

(5) 著作权又称版权,是指文学、艺术和科学作品等的著作人依法对其作品所拥有的专门权利。著作权一般包括发表权、署名权、修改权、保护作品完整权、使用权和获得报酬权。著作权受国家法律保护。

事业单位购入的不构成相关硬件不可缺少组成部分的应用软件,作为无形资产核算。

二、无形资产的计价

取得无形资产时,应按照其实际成本进行初始计量,即以取得无形资产并使之达到预定用途而发生的全部支出作为无形资产的成本。从不同来源取得的无形资产,其成本构成不尽相同。

(1) 外购的无形资产,其成本包括实际支付的购买价款、相关税费以及可归属于该项资产达到预定用途所发生的其他支出。

(2) 自行开发并按法律程序申请取得的无形资产,其成本为按照依法取得时发生的注册费、聘请律师费等费用。

(3) 事业单位接受捐赠、无偿调入的无形资产,其成本按照有关凭据注明的金额加上相关税费等确定;没有相关凭据的,其成本比照同类或类似无形资产的市场价格加上相关税费等确定;没有相关凭据、同类或类似无形资产的市场价格也无法可靠取得的,该资产按照名义金额入账。

三、无形资产的核算

事业单位应设置"无形资产"科目,用来核算无形资产的价值。期末借方余额反映事业单位无形资产的原价。该科目应按无形资产的类别、项目等设置明细科目,进行明细核算。

(一) 取得无形资产

1. 外购无形资产

事业单位购入的无形资产,按照确定的无形资产成本,借记"无形资产"科目,贷记"非流动资产基金——无形资产"科目,同时,按照实际支付的金额,借记"事业支出"等科目,贷记"财政补助收入""零余额账户用款额度""银行存款"等科目。

【例9-39】某事业单位购入一项专利权,价款 100 000 元,另支付手续费 2 000 元。款项以银行存款支付。其会计分录为:

借:无形资产——专利权 102 000
　　贷:非流动资产基金——无形资产 102 000
借:事业支出 102 000
　　贷:银行存款 102 000

事业单位委托软件公司开发软件视同外购无形资产进行处理。支付软件开发费时，按照实际支付的金额，借记"事业支出"等科目，贷记"财政补助收入""零余额账户用款额度""银行存款"等科目。软件开发完成交付使用时，按照软件开发费总额，借记"无形资产"科目，贷记"非流动资产基金——无形资产"科目。

2. 自行开发无形资产

自行开发并按法律程序申请取得的无形资产，按照依法取得时发生的注册费、聘请律师费等费用，借记"无形资产"科目，贷记"非流动资产基金——无形资产"科目，同时，借记"事业支出"等科目，贷记"财政补助收入""零余额账户用款额度""银行存款"等科目。

事业单位依法取得无形资产前所发生的研究开发支出，应于发生时直接计入当期支出，借记"事业支出"等科目，贷记"银行存款"等科目。

【例9-40】 某事业单位自行开发研制某项专门技术，研制期间发生的相关支出：实验检验费8 000元，研究人员工资12 000元，消耗材料费6 000元。该专门技术取得国家专利，申请专利时发生注册费、聘请律师费等费用18 000元，以零余额账户支付。

(1) 支付研制期间的相关费用，其会计分录为：

借：事业支出　　　　　　　　　　　　　　　　　　　26 000
　　贷：零余额账户用款额度　　　　　　　　　　　　　 8 000
　　　　应付职工薪酬　　　　　　　　　　　　　　　　12 000
　　　　存货——专业材料　　　　　　　　　　　　　　 6 000

(2) 确认无形资产时，其会计分录为：

借：无形资产——专利权　　　　　　　　　　　　　　18 000
　　贷：非流动资产基金——无形资产　　　　　　　　　18 000

同时，

借：事业支出　　　　　　　　　　　　　　　　　　　18 000
　　贷：零余额账户用款额度　　　　　　　　　　　　　18 000

3. 接受捐赠、无偿调入无形资产

接受捐赠、无偿调入的无形资产，按照确定的无形资产成本，借记"无形资产"科目，贷记"非流动资产基金——无形资产"科目；按照发生的相关税费等，借记"其他支出"科目，贷记"银行存款"等科目。

(二) 无形资产的摊销

摊销是指在无形资产使用寿命内，按照确定的方法对应摊销金额进行系统分摊。事业单位无形资产的应计摊销额为其成本。因发生后续支出而增加无形资产成本的，应按照重新确定的无形资产的成本，重新计算摊销额。

1. 无形资产摊销的方法与摊销年限

事业单位应当采用年限平均法对无形资产进行摊销。年限平均法是指将无形资产的应计摊销额均衡地分摊到无形资产预计使用年限内的一种方法。其计算公式如下：

$$每月摊销额 = 无形资产应计摊销额 \div 预计摊销年限 \div 12$$

事业单位按如下原则确定无形资产的摊销年限：法律规定了有效年限的，按照法律规定的有效年限作为摊销年限；法律没有规定有效年限的，按照相关合同或单位申请书中的受益年限作为摊销年限；法律没有规定受益年限、相关合同或单位申请书也没有规定受益年限的，按照不少于10年的期限摊销。

【例9-41】 某事业单位2016年1月从某科研机构购入一项专利权，取得成本为60 000元，该专利权期限为5年，不考虑相关税费，该专利权的月摊销额计算如下：

$$无形资产的月摊销额 = 60\ 000 \div 5 \div 12 = 1\ 000（元）$$

2. 无形资产摊销的会计处理

事业单位通过"累计摊销"科目对无形资产（以名义金额计量的无形资产除外）摊销进行核算，该科目贷方登记计提的无形资产的摊销额，借方登记因无形资产减少而转销的摊销额。该科目期末余额在贷方，反映事业单位已计提的无形资产摊销累计数。该科目应按对应无形资产的类别、项目等进行明细核算。

事业单位应当自无形资产取得当月起，按月计提无形资产摊销，按照应计提摊销金额，借记"非流动资产基金——无形资产"科目，贷记"累计摊销"科目。

【例9-42】 某事业单位本月摊销[例9-41]中购入的无形资产，月摊销额为1 000元。其会计分录为：

借：非流动资产基金——无形资产　　　　　　　　　　　　1 000
　　贷：累计摊销　　　　　　　　　　　　　　　　　　　　1 000

（三）无形资产再开发与维护

1. 无形资产再开发

为增加无形资产的使用效能而发生的后续支出，如对软件进行升级改造或扩展其功能等所发生的支出，应当计入无形资产的成本，借记"无形资产"科目，贷记"非流动资产基金——无形资产"科目；同时，借记"事业支出"等科目，贷记"财政补助收入""零余额账户用款额度""银行存款"等科目。

【例9-43】 某事业单位对财务管理软件进行升级改造，发生支出8 000元，以银行存款付讫。其会计分录为：

借：无形资产　　　　　　　　　　　　　　　　　　　　　8 000
　　贷：非流动资产基金——无形资产　　　　　　　　　　　8 000

同时：

借：事业支出　　　　　　　　　　　　　　　　　　　　　8 000
　　贷：银行存款　　　　　　　　　　　　　　　　　　　　8 000

2. 无形资产维护

为维护无形资产的正常使用而发生的后续支出，如对软件进行漏洞修补、技术维护等所发生的支出，应当计入当期支出但不计入无形资产的成本。事业单位发生此类支出时，借记"事业支出（或经营支出）"等科目，贷记"财政补助收入""零余额账户用款额度""银行存款"等科目。

【例9-44】 2016年1月10日，甲事业单位对其业务活动使用的软件系统进行技术维护，用零余额账户用款额度支付软件公司技术服务费20 000元。其会计分录为：

借：事业支出　　　　　　　　　　　　　　　　　　　　　20 000
　　贷：零余额账户用款额度　　　　　　　　　　　　　　　　20 000

（四）以无形资产进行对外投资

以已入账无形资产对外投资，按照评估价值加上相关税费作为投资成本，借记"长期投资"科目，贷记"非流动资产基金——长期投资"科目，按发生的相关税费，借记"其他支出"科目，贷记"银行存款""应缴税费"等科目；同时，按照投出无形资产对应的非流动资产基金，借记"非流动资产基金——无形资产"科目，按照投出无形资产已计提摊销，借记"累计摊销"科目，按投出无形资产的账面金额，贷记"无形资产"科目。

具体举例请参见本章"第五节长期投资"。

（五）无形资产处置

转让、无偿调出、对外捐赠的无形资产，或因预期不能为事业单位带来服务潜力或经济利益的，应当按规定报经批准后核销无形资产，转入待处置资产时，其具体核算请详见本章"第九节待处理财产损溢"。

第九节　待处理财产损溢

事业单位资产处理包括资产的出售、出让、转让、对外捐赠、无偿调出、盘亏、报废、毁损以及货币性资产损失核销等。

一、事业单位资产处理应设置的会计科目

事业单位应设置"待处置资产损溢"科目，用于核算事业单位待处置资产的价值及处置损溢。该科目是一个资产类科目，该科目借方登记转入处置资产的净值及在清理过程中发生的处置费用，贷方登记处置过程中发生的收入。期末如为借方余额，反映尚未处置完毕的各种资产价值及净损失；期末如为贷方余额，反映尚未处置完毕的各种资产净溢余。该科目应当按照待处置资产项目进行明细核算；对于在处置过程中取得相关收入、发生相关费用的处置项目，还应设置"处置资产价值""处置净收入"明细科目，进行明细核算。年度终了报经批准处理后，该科目一般应无余额。

事业单位处理资产一般应当先记入该科目，按规定报经批准后及时进行账务处理。年度终了结账前一般应处理完毕。

二、事业单位资产处理的核算

（一）核销应收及预付款项、长期股权投资和无形资产

(1) 按规定报经批准予以核销的应收及预付款项、长期股权投资、无形资产转入待

处理资产时,借记"待处置资产损溢"科目(核销无形资产的,还应借记"累计摊销"科目),贷记"应收账款""预付账款""其他应收款""长期投资""无形资产"等科目。

(2)报经批准予以核销时,借记"其他支出"(应收及预付款项核销)或"非流动资产基金——长期投资(或无形资产)"科目(长期投资、无形资产核销),贷记"待处置资产损溢"科目。

【例9-45】 2015年12月31日,甲事业单位专利权的账面余额为100 000元,采用年限平均法摊销,摊销期10年,该专利无残值。该专利已使用7年,不能再提供服务,经批准后予以报废。

(1)将该无形资产转入待处置资产时,其会计分录为:

报废时的累积摊销额=(100 000÷10)×7=70 000(元)

借:待处置资产损溢——处置资产价值	30 000	
累计摊销	70 000	
贷:无形资产——专利权		100 000

(2)经批准转销无形资产时,其会计分录为:

借:非流动资产基金——无形资产	30 000	
贷:待处置资产损溢——处置资产价值		30 000

(二)盘亏或者毁损、报废存货和固定资产

(1)盘亏或者毁损、报废存货和固定资产,转入待处置资产时,借记"待处置资产损溢——处理资产价值"科目(处理固定资产的,还应借记"累计折旧"科目),贷记"存货""固定资产"等科目。

(2)报经批准予以处理时,借记"其他支出"(处理存货)或"非流动资产基金——固定资产"科目(处理固定资产),贷记"待处置资产损溢——处理资产价值"科目。

(3)处理毁损、报废存货、固定资产过程中收到残值变价收入、保险理赔和过失人赔偿等,借记"库存现金""银行存款"等科目,贷记"待处置资产损溢——处理净收入"科目。

(4)处理毁损、报废存货、固定资产过程中发生相关费用,借记"待处置资产损溢——处理净收入"科目,贷记"库存现金""银行存款"等科目。

(5)处理完毕,按照处理收入扣除相关处理费用后的净收入,借记"待处置资产损溢——处理净收入"科目,贷记"应缴国库款"等科目。

【例9-46】 某事业单位年终财产清查情况如下:

(1)盘亏专用设备一台,该设备账面原值3 000元,已计提折旧2 000元,经批准核销。

将盘亏设备转入待处置资产时,其会计分录为:

借:待处置资产损溢——处置资产价值	1 000	
累计折旧	2 000	
贷:固定资产		3 000

实际处置该设备时,其会计分录为:

借:非流动资产基金——固定资产　　　　　　　　　　　　　　　　1 000
　　贷:待处置资产损溢——处置资产价值　　　　　　　　　　　　　　1 000

(2) 盘亏甲材料5千克,成本50元,经批准核销。

将盘亏材料转入待处置资产时,其会计分录为:

借:待处置资产损溢——处置资产价值　　　　　　　　　　　　　　　50
　　贷:存货——甲材料　　　　　　　　　　　　　　　　　　　　　　50

实际批准核销时,其会计分录为:

借:其他支出　　　　　　　　　　　　　　　　　　　　　　　　　　50
　　贷:待处置资产损溢——处置资产价值　　　　　　　　　　　　　　50

【例9-47】　2015年7月10日,甲事业单位报废一项固定资产,该固定资产的原值200 000元,已计提折旧100 000元,处置价款为41 200元,用银行存款支付清理费用5 000元。按有关规定该固定资产出售的净收入应上缴国库。

(1) 将固定资产转入待处置资产时,其会计分录为:

借:待处置资产损溢——处置资产价值　　　　　　　　　　　　　 50 000
　　累计折旧　　　　　　　　　　　　　　　　　　　　　　　　 150 000
　　贷:固定资产　　　　　　　　　　　　　　　　　　　　　　　200 000

(2) 实际处置该固定资产时,其会计分录为:

借:非流动资产基金——固定资产　　　　　　　　　　　　　　　 50 000
　　贷:待处置资产损溢——处置资产价值　　　　　　　　　　　　 50 000

(3) 收到处置固定资产的价款时,其会计分录为:

借:银行存款　　　　　　　　　　　　　　　　　　　　　　　　 41 200
　　贷:待处置资产损溢——处置净收入　　　　　　　　　　　　　 41 200

(4) 计算应缴税费时,其会计分录为:

事业单位出售旧固定资产,按税法规定按3%的比率减按2%征收应缴增值税。

$$应税销售额 = 41\ 200 \div (1 + 3\%) = 40\ 000(元)$$
$$应缴增值税 = 40\ 000 \times 2\% = 800(元)$$
$$应缴纳的城市维护建设税 = 800 \times 7\% = 56(元)$$
$$应缴纳的教育费附加 = 800 \times 3\% = 24(元)$$

借:待处置资产损溢——处理净收入　　　　　　　　　　　　　　　 880
　　贷:应缴税费——增值税　　　　　　　　　　　　　　　　　　　 800
　　　　　　——城市维护建设税　　　　　　　　　　　　　　　　　 56
　　　　　　——教育费附加　　　　　　　　　　　　　　　　　　　 24

(5) 支付清理费用时,其会计分录为:

借：待处置资产损溢——处置净收入　　　　　　　　　　　　　　5 000
　　贷：银行存款　　　　　　　　　　　　　　　　　　　　　　　5 000

(6) 确认处置固定资产的净收入时,其会计分录为:

$$处置净收入 = 41\ 600 - 880 - 5\ 000 = 35\ 720(元)$$

借：待处置资产损溢——处置净收入　　　　　　　　　　　　　　35 720
　　贷：应缴国库款——处置国有资产收入　　　　　　　　　　　　35 720

(7) 将处置净收入上缴国库时,其会计分录为:

借：应缴国库款——处置国有资产收入　　　　　　　　　　　　　35 720
　　贷：银行存款　　　　　　　　　　　　　　　　　　　　　　　35 720

(三) 对外捐赠、无偿调出存货、固定资产和无形资产

(1) 对外捐赠、无偿调出存货、固定资产、无形资产转入待处置资产时,借记"待处置资产损溢"科目(捐赠、调出固定资产、无形资产的,还应借记"累计折旧""累计摊销"科目),贷记"存货""固定资产""无形资产"等科目。

(2) 实际捐出、调出时,借记"其他支出"(捐出、调出存货)或"非流动资产基金——固定资产(或无形资产)"科目(捐出、调出固定资产、无形资产),贷记"待处置资产损溢"科目。

【例 9-48】 某事业单位拟向希望小学捐赠一项 1 年前购入的固定资产,账面原值 100 000 元,计划使用年限为 10 年,按年限平均法计提折旧,已计提折旧 10 000 元,账面价值为 90 000 元。不考虑相关税费,其会计分录为:

借：待处置资产损溢　　　　　　　　　　　　　　　　　　　　　90 000
　　累计折旧　　　　　　　　　　　　　　　　　　　　　　　　10 000
　　贷：固定资产　　　　　　　　　　　　　　　　　　　　　　　100 000

实际捐出该固定资产时,其会计分录为:

借：非流动资产基金——固定资产　　　　　　　　　　　　　　　90 000
　　贷：待处置资产损溢　　　　　　　　　　　　　　　　　　　　90 000

(四) 转让(出售)长期股权投资、固定资产和无形资产

(1) 转让(出售)长期股权投资、固定资产、无形资产转入待处理资产时,借记"待处置资产损溢——处理资产价值"科目(转让固定资产、无形资产的,还应借记"累计折旧""累计摊销"科目),贷记"长期投资""固定资产""无形资产"等科目。

(2) 实际转让时,借记"非流动资产基金——长期投资(或固定资产、无形资产)"科目,贷记"待处置资产损溢——处理资产价值"科目。

(3) 转让过程中取得价款、发生相关税费,以及转让价款扣除相关税费后的净收入的账务处理,按照国家有关规定,比照上述"(二)盘亏或者毁损、报废存货和固定资产"进行处理。

【例 9-49】 某事业单位 2015 年 7 月 1 日拟将对 M 公司的长期股权投资转让给

A 公司,该长期股权投资账面价值为 40 000 元,转让价款 50 000 元,存入银行。7 月 10 日办理完法律手续并将该长期股权投资转让给 A 公司(不考虑相关税费),确认处置净收入并上缴财政。其会计分录为:

7月1日:

借:待处置资产损溢——处置资产价值　　　　　　　　　　　　40 000
　　贷:长期投资——长期股权投资　　　　　　　　　　　　　　40 000

借:银行存款　　　　　　　　　　　　　　　　　　　　　　　　50 000
　　贷:待处置资产损溢——处置净收入　　　　　　　　　　　　50 000

7月10日:

借:非流动资产基金——长期投资　　　　　　　　　　　　　　40 000
　　贷:待处置资产损溢——处置资产价值　　　　　　　　　　　40 000

借:待处置资产损溢——处置净收入　　　　　　　　　　　　　50 000
　　贷:应缴财政款——处置国有资产收入　　　　　　　　　　　50 000

借:应缴财政款——处置国有资产收入　　　　　　　　　　　　50 000
　　贷:银行存款　　　　　　　　　　　　　　　　　　　　　　50 000

复习思考题

1. 事业单位的资产包括哪些内容?
2. 事业单位的单位零余额账户是否是一个实存资金账户?单位零余额账户用款额度是否是事业单位的一项流动资产?
3. 在财政零余额账户中的用款额度是否作为事业单位的一项流动资产进行核算?
4. 什么是事业单位的财政应返还额度?
5. 事业单位的应收及预付款项包括哪些内容?各自应当如何核算?
6. 事业单位的存货应当如何计价?
7. 什么是长期投资?事业单位的长期投资可分为哪些种类?应当如何核算?
8. 什么是固定资产?取得时应当如何计价?如何核算?
9. 什么是无形资产?应当如何核算?

练习题

一、判断题

1. 单位零余额账户是一个实存资金科目,即账户中存放着财政预算资金。(　　)
2. 事业单位的"财政应返还额度"总账科目应当设置"财政直接支付""财政授权支付"两个明细科目进行明细核算。(　　)

3. 财政部门对事业单位年终尚未使用或尚未收到的财政直接支付用款额度和财政授权支付用款额度,采用年终注销、次年可以直接继续使用的管理办法。( )

4. 应收账款是指事业单位因开展事业活动销售产品、提供有偿服务等而应收取的款项。( )

5. 事业单位应当通过明细核算或辅助登记方式,登记预付账款的资金性质,资金性质区分财政补助资金和非财政专项资金两种。( )

6. 事业单位应当通过明细核算或辅助登记方式,登记取得存货成本的资金来源,资金来源区分财政补助资金、非财政专项资金和其他资金。( )

二、单项选择题

1. 事业单位收到现金,借记"库存现金"科目,对应贷记的不可能是( )科目。
   A."财政零余额账户存款"　　　　B."银行存款"
   C."事业收入"　　　　　　　　　D."零余额账户用款额度"

2. 事业单位年终确认财政应返还额度时,借记"财政应返还额度"科目,贷记的科目可以是( )科目。
   A."财政补助收入"　　　　　　　B."银行存款"
   C."事业收入"　　　　　　　　　D."库存现金"

3. 下列项目中,不属于事业单位固定资产的是( )。
   A. 办公设备　　　　　　　　　　B. 图书
   C. 办公用品　　　　　　　　　　D. 文物和陈列品

4. 下列项目中,不属于事业单位长期投资核算内容的是( )。
   A. 国库券投资　　　　　　　　　B. 债权性投资
   C. 对附属单位补助支出　　　　　D. 权益性投资

5. 事业单位的( )业务与行政单位相应业务的会计核算方法不一样。
   A. 库存现金　　　　　　　　　　B. 银行存款
   C. 零余额账户用款额度　　　　　D. 存货

6. 事业单位和行政单位共有的资产业务内容是( )。
   A. 财政应返还额度　　　　　　　B. 短期投资
   C. 长期投资　　　　　　　　　　D. 公共基础设施

7. 事业单位发生预付账款时,按照实际预付的金额,借记( )科目,贷记"零余额账户用款额度""财政补助收入""银行存款"等科目。
   A."资产基金"　　　　　　　　　B."事业基金"
   C."预付账款"　　　　　　　　　D."事业支出"

三、业务处理题

某事业单位2015年发生如下经济业务:
(1) 从单位零余额账户中提取现金950元,以备日常使用。
(2) 在开展专业业务活动中收到银行存款5 750元。

(3) 单位零余额账户收到财政授权支付用款额度 8 500 元。

(4) 通过单位零余额账户购入一批办公用品,计价 3 500 元,已验收入库。

(5) 通过财政零余额账户购入一台办公设备 2 700 元,设备已投入使用。

(6) 以一项无形资产对外投资。该项无形资产的账面价值为 8 000 元,已摊销 2 000 元,评估价值为 7 000 元。

(7) 事业活动业务部门从仓库领用办公用品一批,按先进先出法计价 500 元。

(8) 向某公司订购货品一批,预付款项 1 035 元,款项通过单位零余额账户支付。

(9) 年终对材料进行盘点,发现事业活动用甲材料盘亏 3 件,每件计价 30 元,共计 90 元。经查,盘亏的 3 件甲材料中,2 件属于正常损耗,经批准作为其他支出处理;另一件属于管理人员王某失职,经批准,要求有关管理人员作出赔偿。

(10) 年终,本年度财政授权支付实际发生数为 140 500 元,当年财政授权支付用款额度为 140 900 元,财政部门已经下达到单位零余额账户的财政授权支付用款额度为 140 700 元。事业单位存在尚未使用的财政授权支付用款额度 200 元(140 700－140 500),存在尚未收到的财政授权支付用款额度 200 元(140 900－140 700)。

要求:根据以上资料,为该事业单位编制有关的会计分录。

第十章 事业单位负债的核算

负债是事业单位承担的能以货币计量,需要以资产或者劳务偿还的债务。按照流动性,负债可分为流动负债和非流动负债。

流动负债是指预计在1年内(包括1年)偿还的债务,包括短期借款、应缴款项、应付职工薪酬、应付及预收款项等;非流动负债是指流动负债以外的负债,包括长期借款、长期应付款等。

第一节 短 期 借 款

一、短期借款的概念与管理要求

短期借款是事业单位借入的期限在1年内(含1年)的各种借款。短期借款主要是用于弥补事业单位临时性运营周期或季节性等因素而出现的资金不足,而向银行等金融机构借入的短期资金。

事业单位借入短期借款时,应遵循如下管理要求:①符合政策。即按照国家的有关政策使用短期借款,不能盗用名义,用于违背国家政策的事项。②有借款计划。即借入短期借款事先应编制计划,按批准的计划组织借款。③有还款能力。即在申请借入短期借款时,就应认真落实偿还借款的资金来源,不能盲目举借无还款能力的借款。④有经济效益。即在申请借款时,必须考虑借入短期借款的经济效益,不能举借无经济效益的借款。⑤遵守信用。举借款项必须按照合同的规定及时偿还本息,不可拖欠违约。

二、短期借款的核算

事业单位应设置"短期借款"科目,用于核算短期借款的增减变动及结存情况。该科目贷方反映短期借款的本金;借方反映偿还的短期借款本金;期末贷方余额反映尚未偿还的短期借款本金。该科目应按照贷款单位和贷款种类设置明细账。

借入短期借款的核算涉及借入资金、支付利息和到期归还本息三个方面。事业单位借入各种短期借款时,按照实际借入的金额,借记"银行存款"科目,贷记"短期借款"科目;支付短期借款利息时,借记"其他支出"科目,贷记"银行存款"科目;到期归还短期借款时,借记"短期借款"科目,贷记"银行存款"科目。

【例10-1】 2016年1月1日,甲事业单位从中国工商银行借款200 000元,期限4个月,年利率为6%,每季度付息一次。借款用于事业单位事业支出。

(1) 1月1日借款时,其会计分录为:

借:银行存款　　　　　　　　　　　　　　　　　　　200 000
　贷:短期借款　　　　　　　　　　　　　　　　　　　　　200 000

(2) 3月31日支付利息时,其会计分录为:

应付利息＝200 000×6％×3÷12＝3 000(元)

借:其他支出——利息支出　　　　　　　　　　　　　　3 000
　贷:银行存款　　　　　　　　　　　　　　　　　　　　　3 000

(3) 5月1日归还短期借款本金,并支付1个月的利息1 000元(200 000×6％×1÷12)时,其会计分录为:

借:短期借款　　　　　　　　　　　　　　　　　　　200 000
　其他支出——利息支出　　　　　　　　　　　　　　　1 000
　贷:银行存款　　　　　　　　　　　　　　　　　　　　　201 000

事业单位开户并承兑的银行承兑汇票到期而无力支付票款时,应将应付票据的账面余额转作短期借款,按照银行承兑汇票的票面金额,借记"应付票据"科目,贷记"短期借款"科目。

第二节　应缴款项

应缴款项是指事业单位按照有关规定应缴未缴的各种款项,包括应缴税费、应缴国库款和应缴财政专户款。这些应缴的收入或税费在缴纳前构成了事业单位的流动负债。事业单位应当严格按照国家有关规定及时、足额上缴各种款项,不得无故拖欠、提留和坐支。

一、应缴税费

应缴税费是指事业单位按照税法等规定计算应缴纳的各种税费,包括增值税、营业税、城市维护建设税、教育费附加、车船税、房产税、城镇土地使用税、企业所得税等。

为了核算应缴纳的各种税费,事业单位应设置"应缴税费"总账科目。该科目贷方登记应缴纳的各种税费,借方登记实际缴纳的税费,期末余额一般在贷方,反映事业单位尚未缴纳的税费,期末余额如在借方,反映多缴或未抵扣的税费。该科目应当按照应缴纳的税费种类进行明细核算。

应当注意的是,事业单位代扣代缴的个人所得税,也通过该科目核算。事业单位应缴纳的印花税不需要预提应缴税费,直接通过支出等有关科目核算,不在该科目核算。

为了核算属于增值税一般纳税人的事业单位应缴增值税的发生、抵扣、缴纳、退税及转出等情况,应在"应缴税费"科目下设置"应缴增值税"明细科目,并在"应缴增值税"明细账中设置"进项税额""已交税金""销项税额""进项税额转出"等专栏。

（一）增值税的核算

增值税是指对在我国境内销售货物、进口货物，或提供加工、修理修配劳务的增值额征收的一种流转税。税法将增值税的纳税人按其经营规模及会计核算水平划分为一般纳税人和小规模纳税人。

1. 增值税一般纳税人的核算

增值税一般纳税人的应纳增值税额为当期销项税额减去进项税额后的余额，其计算公式为：应纳增值税额＝当期销项税额－当期进项税额。其中：销项税额是指增值税一般纳税人销售商品或提供应税劳务时，按照销售额乘以规定的税率并向购买方收取的增值税额；进项税额是指增值税一般纳税人购进货物或接受应税劳务时，所支付或负担的、准许从销项税额中抵扣的增值税额。根据我国税法的规定，准许从销项税额中抵扣的进项税额通常包括：从销售方取得的增值税专用发票上注明的增值税额；从海关取得的完税凭证上注明的增值税额。

（1）销项税额的核算。属于增值税一般纳税人的事业单位销售应税产品或提供应税服务，按包含增值税的价款总额，借记"银行存款""应收账款""应收票据"等科目，按扣除增值税销项税额后的价款金额，贷记"经营收入"等科目，按增值税专用发票上注明的增值税额，贷记"应缴税费"科目（应缴增值税——销项税额）。

【例10-2】 某事业单位非独立核算部门为增值税一般纳税人，其适用的税率为17％。2016年2月8日销售应税产品一批，价款10 000元，增值税额1 700元，提货单和增值税专用发票移交给买方，款尚未收到。其会计分录为：

借：应收账款　　　　　　　　　　　　　　　　　　　　　　　　11 700
　贷：经营收入　　　　　　　　　　　　　　　　　　　　　　　　10 000
　　　应缴税费——应缴增值税（销项税额）　　　　　　　　　　　 1 700

（2）进项税额的核算。属于增值税一般纳税人的事业单位购入非自用材料，按确定的成本（不含增值税进项税额），借记"存货"科目，按增值税专用发票上注明的增值税额，借记"应缴税费——应缴增值税（进项税额）"科目，按实际支付或应付的金额，贷记"银行存款""应付账款"等科目。

【例10-3】 承［例10-2］，2016年7月12日，该事业单位非独立核算部门，购入非自用材料一批，增值税专用发票上注明货款5 000元，增值税额850元，材料已验收入库，款未付。其会计分录为：

借：存货　　　　　　　　　　　　　　　　　　　　　　　　　　 5 000
　　应缴税费——应缴增值税（进项税额）　　　　　　　　　　　　　 850
　贷：应付账款　　　　　　　　　　　　　　　　　　　　　　　　 5 850

购进的非自用材料发生盘亏、毁损、报废、对外捐赠、无偿调出等税法规定不得从增值税销项税额中抵扣进项税额的，将所购进的非自用材料转入待处置资产时，其具体账务处理请参见第九章"第四节存货"及"第九节待处理财产损溢"。

（3）事业单位实际缴纳增值税的核算。属于增值税一般纳税人的事业单位实际缴纳增值税时,借记"应缴税费——应缴增值税(已交税金)"科目,贷记"银行存款"科目。

【例 10-4】 承[例 10-2]和[例 10-3],该事业单位 2016 年 2 月份应缴纳的增值税的计算如下:

$$应纳增值税额 = 1\,700 - 850 = 850(元)$$

根据计算结果,该事业单位实际缴纳增值税时,其会计分录为:

借:应缴税费——应缴增值税(已交税金)   850
  贷:银行存款   850

2. 小规模纳税人事业单位增值税的核算

增值税小规模纳税人实行简易办法计算应纳增值税额。计算公式如下:

$$应纳增值税额 = 销售额 \times 征收率(3\%)$$

属于小规模纳税人的事业单位,购进货物时,将支付的增值税记入材料的采购成本;销售货物时,一般情况下,只开普通发票,按不含税价格的 3% 计算应交增值税。采用销售额和应纳税金合并定价的,按照"销售额=含税金额÷(1+3%)"公式还原为不含税销售额,再计算应纳增值税额。

小规模纳税人购进货物时,无论是否取得增值税专用发票,其支付的增值税额应计入购入货物的成本,不得由销项税额抵扣。

属于增值税小规模纳税人的事业单位销售应税产品或提供应税服务时,按实际收到或应收的价款,借记"银行存款""应收账款""应收票据"等科目,按实际收到或应收价款扣除增值税额后的金额,贷记"经营收入"等科目,按应缴增值税金额,贷记"应缴税费"科目(应缴增值税)。

【例 10-5】 某事业单位非独立核算部门系增值税小规模纳税人。2016 年 2 月,购入非自用材料取得增值税专用发票中注明的货款为 3 000 元,增值税额为 510 元,款项以银行存款支付,材料已验收入库。该事业单位本月销售应税产品的含税价格为 5 944 元,款项已存入银行。

(1) 购进材料时,其会计分录为:

借:存货   3 510
  贷:银行存款   3 510

(2) 销售产品时,其会计分录为:

$$不含税价格 = 5\,944 \div (1 + 3\%) = 4\,800(元)$$
$$应纳增值税额 = 4\,800 \times 3\% = 144(元)$$

借:银行存款   5 944
  贷:经营收入   4 800
    应缴税费——应缴增值税   144

(3) 实际缴纳增值税时,其会计分录为:

借：应缴税费——应缴增值税　　　　　　　　　　　　　　　　144
　　贷：银行存款　　　　　　　　　　　　　　　　　　　　　　　144

这里需要明确的是事业单位的增值税业务主要涉及经营活动,但经营活动在事业单位中很少,且在公益事业单位没有。

(二) 营业税、城市维护建设税、教育费附加的核算

发生营业税、城市维护建设税、教育费附加纳税义务的,按税法规定计算的应缴税费金额,借记"待处置资产损溢——处置净收入"科目(出售不动产应缴的税费)或有关支出科目,贷记"应缴税费"科目。实际缴纳时,借记"应缴税费"科目,贷记"银行存款"科目。

【例 10-6】 某事业单位 2016 年 2 月经批准出售一项不动产,取得出售价款 1 000 000 元,款项已存入银行。适用营业税税率为 5%。假定按税额 7% 和 3% 分别征收城市维护建设税和教育费附加。

(1) 取得出售价款时,其会计分录为:

应缴营业税 = 1 000 000 × 5% = 50 000(元)
应缴城市维护建设税 = 50 000 × 7% = 3 500(元)
应缴教育费附加 = 50 000 × 3% = 1 500(元)
应缴国库款 = 1 000 000 − (50 000 + 3 500 + 1 500) = 945 000(元)

借：银行存款　　　　　　　　　　　　　　　　　　　　　1 000 000
　　贷：应缴税费——应缴营业税　　　　　　　　　　　　　　50 000
　　　　　　　　——应缴城市维护建设税　　　　　　　　　　 3 500
　　　　　　　　——应缴教育费附加　　　　　　　　　　　　 1 500
　　　　应缴国库款　　　　　　　　　　　　　　　　　　　　945 000

(2) 上缴税金及附加费和处置净收入款项时,其会计分录为:

借：应缴税费——应缴营业税　　　　　　　　　　　　　　　50 000
　　　　　　——应缴城市维护建设税　　　　　　　　　　　　 3 500
　　　　　　——应缴教育费附加　　　　　　　　　　　　　　 1 500
　　应缴国库款　　　　　　　　　　　　　　　　　　　　　945 000
　　贷：银行存款　　　　　　　　　　　　　　　　　　　　1 000 000

事业单位出售不动产应当按税法规定缴纳营业税,并按照税法规定缴纳城市维护建设税和教育费附加。

(三) 房产税、城镇土地使用税、车船税的核算

发生房产税、城镇土地使用税、车船税纳税义务的,按税法规定计算的应缴税金数额,借记有关科目,贷记"应缴税费"科目;实际缴纳时,借记"应缴税费"科目,贷记"银行存款"科目。

【例 10-7】 假定某事业单位 2016 年全年应缴纳的税费为:房产税 5 200 元,城镇土地使用税 8 000 元,车船税 9 800 元。

(1) 月末计算应负担的税金时,其会计分录为:

借:经营支出　　　　　　　　　　　　　　　　　　　　　　23 000
　贷:应缴税费——应缴房产税　　　　　　　　　　　　　　　5 200
　　　　　　——应缴城镇土地使用税　　　　　　　　　　　8 000
　　　　　　——应缴车船税　　　　　　　　　　　　　　　9 800

(2) 缴纳税金及附加费时,其会计分录为:

借:应缴税费——应缴房产税　　　　　　　　　　　　　　　5 200
　　　　　——应缴城镇土地使用税　　　　　　　　　　　　8 000
　　　　　——应缴车船税　　　　　　　　　　　　　　　　9 800
　贷:银行存款　　　　　　　　　　　　　　　　　　　　　23 000

这里需要说明的是,事业单位属于公益组织,根据国家税法的规定可以享受一些税收优惠。如对公立学校、图书馆、博物馆、文化馆、美术馆、科技馆、体育馆等提供的相关服务免征营业税、自产自用的产品免征增值税、自用的房产免征房产税。

(四) 代扣代缴个人所得税的核算

代扣代缴个人所得税的,按税法规定计算应代扣代缴的个人所得税金额,借记"应付职工薪酬"科目,贷记"应缴税费"科目;实际缴纳时,借记"应缴税费"科目,贷记"银行存款"科目。具体核算举例参见本章"第三节应付职工薪酬"。

(五) 企业所得税的核算

事业单位的企业所得税业务也主要涉及经营活动。事业单位发生企业所得税纳税义务的,按税法规定计算的应缴税金数额,借记"非财政补助结余分配"科目,贷记"应缴税费"科目;实际缴纳时,借记"应缴税费"科目,贷记"银行存款"科目。具体举例参见"非财政补助结余分配"的核算。

(六) 其他纳税义务的核算

发生其他纳税义务的,按照应缴纳的税费金额,借记有关科目,贷记"应缴税费"科目;实际缴纳时,借记"应缴税费"科目,贷记"银行存款"等科目。

二、应缴国库款

(一) 应缴国库款的内容与管理要求

应缴国库款是指事业单位按规定应缴入国库的款项(应缴税费除外)。事业单位代收的纳入预算管理的基金、行政性收费收入、罚没收入、无主财物变价收入、其他按预算管理规定应上缴国库的款项。我国预算资金实行收缴分离的管理办法,即预算资金实行国库统一收付。预算资金直接缴入国库,财政专户管理的资金直接缴入财政专户。但有时,事业单位(如实行集中缴库的单位)预算资金收取和上缴之间存在时间差,因此产生了应缴国库负债义务或责任。应缴国库款的管理要求如下:

(1) 依法收取。事业单位的各种应缴国库款项,应当严格按照国家法律法规的规定收取,不能随意收取,也不可超越有关规定随意免收。

(2) 及时、足额上缴财政国库。事业单位收取的各种应缴国库款项应当按照财政部门规定的缴款方式和缴款期限,及时、足额上缴财政国库。也就是说,事业单位对于收取的应缴预算的各种款项,不得隐瞒不缴,也不得以任何借口缓缴、截留、挪用或自行坐支或转作预算外资金。每月月末,事业单位的应缴国库款项均应清理结缴。每年年终,事业单位的应缴国库款应全部结清上缴财政国库。

(二) 应缴国库款的核算

为了核算按规定应缴入国库的各种收入,事业单位应设置"应缴国库款"科目。事业单位取得应缴国库的各项收入时,借记"银行存款"等科目,贷记"应缴国库款"科目;上缴时,借记"应缴国库款"科目,贷记"银行存款"等科目。该科目期末余额在贷方,反映应缴未缴数。该科目应按应缴国库的各款项类别进行明细核算。

【例10-8】 某事业单位发生如下业务:

(1) 收到行政性收费收入现金2 000元,其会计分录为:

借:库存现金　　　　　　　　　　　　　　　　　　　2 000
　　贷:应缴国库款——行政性收费收入　　　　　　　　　2 000

(2) 收到罚没收入存入银行5 000元,其会计分录为:

借:银行存款　　　　　　　　　　　　　　　　　　　5 000
　　贷:应缴国库款——罚没收入　　　　　　　　　　　　5 000

(3) 收到无主财物的变价收入10 000元存入银行,其会计分录为:

借:银行存款　　　　　　　　　　　　　　　　　　　10 000
　　贷:应缴国库款——无主财物的变价收入　　　　　　　10 000

(4) 将应缴国库款17 000元缴入国库,其会计分录为:

借:应缴国库款——行政性收费收入　　　　　　　　　　2 000
　　　　　　——罚没收入　　　　　　　　　　　　　　5 000
　　　　　　——无主财物的变价收入　　　　　　　　　10 000
　　贷:银行存款　　　　　　　　　　　　　　　　　　17 000

事业单位处置资产取得的应上缴国库的处置净收入的账务处理,参见第九章"第九节待处理财产损溢"。

三、应缴财政专户款

应缴财政专户款是指事业单位按规定应缴入财政专户的款项。例如:高中及以上学费、住宿费;高校委托培养费;学校收费;教育考试考务费;函大、电大、夜大及短训班培训费。

为了核算按规定应缴入财政专户的款项,事业单位应设置"应缴财政专户款"总账科目。事业单位取得应缴财政专户的款项时,借记有关科目,贷记"应缴财政专户款"科目。上缴款项时,借记"应缴财政专户款"科目,贷记"银行存款"等科目。平时,该科目期末余额在贷方,反映应缴未缴数;年度终了,该科目一般应无余额。该科目应当按照应缴财政专户的各款项类别进行明细核算。

【例 10-9】 某事业单位发生如下业务:

(1) 收到一项应上缴财政专户的事业收入 10 000 元,款项已存入银行。其会计分录为:

借:银行存款　　　　　　　　　　　　　　　　　　　　　　　　　10 000
　　贷:应缴财政专户款　　　　　　　　　　　　　　　　　　　　　　10 000

(2) 通过开户银行按规定将前述事业收入 10 000 元上缴财政专户时,其会计分录为:

借:缴财政专户款　　　　　　　　　　　　　　　　　　　　　　　　10 000
　　贷:银行存款　　　　　　　　　　　　　　　　　　　　　　　　　10 000

(3) 收到从财政专户返还一部分事业收入 5 000 元,款项已存入银行。其会计分录为:

借:银行存款　　　　　　　　　　　　　　　　　　　　　　　　　　5 000
　　贷:事业收入　　　　　　　　　　　　　　　　　　　　　　　　　5 000

第三节　应付职工薪酬

一、职工薪酬的概念

职工薪酬是指事业单位为获得职工提供的服务而给予的各种形式的报酬以及其他相关支出,包括基本工资、绩效工资、国家统一规定的津贴补贴、社会保险费、住房公积金等。

二、应付职工薪酬的核算

为了核算按有关规定应付给职工及为职工支付的各种薪酬,事业单位应设置"应付职工薪酬"总账科目。该科目应当根据国家有关规定,按照"工资(离退休费)""地方(部门)津贴补贴""其他个人收入"以及"社会保险费""住房公积金"等进行明细核算。该科目借方反映已付给职工的薪酬数;贷方反映计提的职工薪酬数;期末余额在贷方,反映事业单位应付未付的职工薪酬。年度终了,该科目一般应无余额。

事业单位计算当期应付职工薪酬时,借记"事业支出""经营支出"等科目,贷记"应付职工薪酬"科目;支付职工薪酬时,借记"应付职工薪酬"科目,贷记"财政补助收入""零余额账户用款额度""银行存款"科目。

事业单位按税法规定代扣代缴个人所得税,借记"应付职工薪酬"科目,贷记"应缴税费——应缴个人所得税"科目。

事业单位按照国家有关规定缴纳职工社会保险费和住房公积金时,借记"应付职工薪酬"科目,贷记"财政补助收入""零余额账户用款额度""银行存款"等科目。

事业单位从应付职工薪酬中支付其他款项时,借记"应付职工薪酬"科目,贷记"财政补助收入""零余额账户用款额度""银行存款"等科目。

【例 10-10】 某事业单位 2016 年 1 月份计提职工工资 200 000 元,住房公积金 10 000 元,社会保险费 30 000 元,代扣代缴个人所得税 15 000 元。上述款项均通过财政部门拨款以直接支付方式付讫。

(1) 计提应付职工薪酬时,其会计分录为:

借:事业支出 240 000
　　贷:应付职工薪酬——工资 200 000
　　　　　　　　　　——住房公积金 10 000
　　　　　　　　　　——社会保险费 30 000

(2) 代扣职工社会保险费与住房公积金,其会计分录为:

借:应付职工薪酬——工资 40 000
　　贷:应付职工薪酬——住房公积金 10 000
　　　　　　　　　　——社会保险费 30 000

(3) 代扣代缴个人所得税时,其会计分录为:

借:应付职工薪酬——工资 15 000
　　贷:应缴税费——应缴个人所得税 15 000

(4) 以财政直接支付方式支付职工薪酬、社会保险费及住房公积金时,其会计分录为:

借:应付职工薪酬——工资 145 000
　　　　　　　　　——住房公积金 20 000
　　　　　　　　　——社会保险费 30 000
　　应缴税费——应缴个人所得税 15 000
　　贷:财政补助收入 210 000

第四节　应付及预收款项

应付及预收款项主要是指事业单位因所购物资或服务等而应付给供货单位的货款或因以后提供物资或劳务而预先收取的款项,主要包括应付票据、应付账款、预收账款和其他应付款等。

一、应付票据

应付票据是指事业单位对外发生债务时所开出、承兑的商业汇票,包括银行承兑汇票和商业承兑汇票。有关商业汇票的具体规定详见第九章第三节中"应收票据"内容。

为了核算应付票据业务,事业单位应设置"应付票据"总账科目。该科目的期末贷方余额,反映事业单位开出、承兑的尚未到期的商业汇票票面金额。应付票据的具体账务处理如下:

(1) 事业单位开出、承兑商业汇票时,借记"存货"等科目,贷记"应付票据"科目;以承兑汇票抵付应付账款时,借记"应付账款"等科目,贷记"应付票据"科目。

(2) 支付银行承兑汇票的手续费,借记"经营支出""事业支出"科目,贷记"银行存款"科目。

(3) 商业汇票到期时,应当分别以下情况处理:收到银行支付到期应付票据的付款通知时,借记"应付票据"科目,贷记"银行存款"科目。

银行承兑汇票到期,若事业单位无力付款,由银行代为付款并作为逾期借款处理,借记"应付票据"科目,贷记"短期借款"科目。

商业承兑汇票到期,本单位无力支付票款的,按照汇票票面金额,借记"应付票据"科目,贷记"应付账款"科目。

【例10-11】 某事业单位为开展事业活动采用银行承兑汇票结算方式购入一批货物,根据发票账单,购入货物的价款为11 700元,材料已验收入库。单位开出2个月到期的银行承兑汇票,并支付银行承兑手续费60元。

(1) 开出承兑的银行承兑汇票时,其会计分录为:

借:存货　　　　　　　　　　　　　　　　　　　　　　　　　　　11 700
　　贷:应付票据——银行承兑汇票　　　　　　　　　　　　　　　　11 700

(2) 支付银行承兑手续费时,其会计分录为:

借:事业支出　　　　　　　　　　　　　　　　　　　　　　　　　60
　　贷:银行存款　　　　　　　　　　　　　　　　　　　　　　　　60

(3) 票据到期还款时,其会计分录为:

借:应付票据——银行承兑汇票　　　　　　　　　　　　　　　　　11 700
　　贷:银行存款　　　　　　　　　　　　　　　　　　　　　　　　11 700

(4) 若票据到期不能如期支付票款时,其会计分录为:

借:应付票据——银行承兑汇票　　　　　　　　　　　　　　　　　11 700
　　贷:短期借款　　　　　　　　　　　　　　　　　　　　　　　　11 700

【例10-12】 某事业单位为开展非独立核算的经营活动用商业承兑汇票结算方式购入货物一批,成本为20 000元,应缴增值税额3 400元。单位开出期限为6个月带息商业承兑汇票一张,年利率为6%,货物已验收入库。

(1) 购入货物时,其会计分录为:

借:存货　　　　　　　　　　　　　　　　　　　　　　　　　　　20 000
　　应缴税费——应缴增值税(进项税额)　　　　　　　　　　　　　3 400
　　贷:应付票据——商业承兑汇票　　　　　　　　　　　　　　　　23 400

(2) 票据到期偿还时,其会计分录为:

$$应付利息 = 23\,400 \times 6\% \times 6 \div 12 = 702(元)$$

借:经营支出	702
应付票据——商业承兑汇票	23 400
贷:银行存款	24 102

(3) 若到期不能如期支付票款时,其会计分录为:

借:经营支出	702
应付票据——商业承兑汇票	23 400
贷:应付账款	24 102

事业单位应当设置应付票据备查簿,详细登记每一应付票据的种类、号数、出票日期、到期日、票面金额、交易合同号、收款人姓名或单位名称,以及付款日期和金额等资料。应付票据到期结清票款后,应当在备查簿内逐笔注销。

二、应付账款

应付账款是指事业单位因购买材料、物资等而发生的应付给供应单位的款项。它是买卖双方在购销活动中由于取得物资与支付货款在时间上不一致而产生的负债。

为了核算应付账款业务,事业单位应设置"应付账款"总账科目。该科目平时为贷方余额,表示尚未偿付的应付账款数额。该科目应按应付账款的债权人设置明细账。事业单位应付账款的账务处理如下:

(1) 购入材料、物资等已验收入库,但货款尚未支付时,按照应付未付的金额,借记"存货"等科目,贷记"应付账款"科目。

(2) 单位偿付应付账款时,借记"应付账款"科目,贷记"银行存款"等科目。

(3) 单位开出、承兑商业汇票抵冲应付账款时,借记"应付账款"科目,贷记"应付票据"科目。

(4) 无法偿付或债权人豁免偿还的应付账款,借记"应付账款"科目,贷记"其他收入"科目。

【例10-13】 某事业单位为开展事业活动发生如下经济业务:

(1) 向甲公司赊购一批货物,价款5 000元,增值税额850元,货物已验收入库。其会计分录为:

借:存货	5 850
贷:应付账款——甲公司	5 850

(2) 通过单位零余额账户偿付甲公司应付账款5 850元。其会计分录为:

借:应付账款——甲公司	5 850
贷:零余额账户用款额度	5 850

【例10-14】 某事业单位2016年1月为开展经营活动发生如下经济业务:

(1) 1月19日购入货物一批,增值税专用发票上注明价款3 000元,增值税额为510元。货物已验收入库,货款未付。其会计分录为:

借:存货   3 000
　　应缴税费——应缴增值税(进项税额)   510
　　贷:应付账款   3 510

(2) 1月25日,该事业单位支付1月19日的应付款。其会计分录为:

借:应付账款   3 510
　　贷:银行存款   3 510

三、预收账款

预收账款是指事业单位按照合同规定向购货单位预收的款项。预收账款需要事业单位在一定时间内以交付货物来予以偿付。收到的款项,构成事业单位一项负债,如预收货款、租金等。在事业单位按照合同如期交货以后,预收账款才转为收入,债务才得以解除。

为了核算预收账款业务,事业单位应设置"预收账款"总账科目。该科目平时为贷方余额,表示尚未结算的预收账款的数额。该科目应按预收账款的债权单位(或个人)进行明细核算。事业单位预收账款的账务处理如下:

(1) 从付款方预收款项时,借记"银行存款"等科目,贷记"预收账款"科目。

(2) 确认有关收入时,借记"预收账款"科目,贷记"经营收入"等科目,按照付款单位补付或退回付款方的金额,借记或贷记"银行存款"等科目。

(3) 无法偿付或债权人豁免偿还的预收账款,借记"预收账款"科目,贷记"其他收入"科目。

【例10-15】 某事业单位按合同规定从付款单位预收款项7 500元。按合同规定应确认的收入为15 000元,预计3个月内实现。

(1) 收到预收的款项时,其会计分录为:

借:银行存款   7 500
　　贷:预收账款   7 500

(2) 3个月后产品发出确认收入时,其会计分录为:

借:预收账款   15 000
　　贷:经营收入   15 000

(3) 订货单位补付货款时,其会计分录为:

借:银行存款   7 500
　　贷:预收账款   7 500

四、其他应付款

其他应付款是指事业单位除了应缴税费、应缴国库款、应缴财政专户款、应付职工薪酬、应付票据、应付账款和预收账款等以外的其他各项偿还期限在1年内(含1年)的应付及暂收其他单位或个人的款项,如存入保证金等。

为了核算其他应付款业务,事业单位应设置"其他应付款"科目。该科目平时为贷方余额,表示尚未结算的其他应付款的数额。该科目应按其他应付款的债权单位(或个人)进行明细核算。

事业单位发生的其他各项应付、暂收款项,借记"银行存款""事业支出""经营支出"等科目,贷记"其他应付款"科目;支付时,借记"其他应付款"科目,贷记"银行存款"等科目。无法偿付或债权人豁免偿还的其他应付款项,借记"其他应付款"科目,贷记"其他收入"科目。

【例10-16】 某事业单位对外出租房屋,收取丙单位押金50 000元,存入银行。

(1)收到押金时,其会计分录为:

借:银行存款　　　　　　　　　　　　　　　　　　　5 000
　　贷:其他应付款——存入保证金(丙单位)　　　　　　50 000

(2)退回押金时,其会计分录为:

借:其他应付款——存入保证金(丙单位)　　　　　　50 000
　　贷:银行存款　　　　　　　　　　　　　　　　　　50 000

第五节 非流动负债

非流动负债是指流动负债以外的负债。事业单位的非流动负债包括长期借款、长期应付款等。

一、长期借款

长期借款是指事业单位从银行或其他金融机构借入的偿还期限在1年以上(不含1年)的各项借款。如从各专业银行、商业银行取得的贷款,或者向财务公司、投资公司等金融企业借入的款项。事业单位长期借款的目的是以事业单位的各种事业服务活动为依托,满足事业单位长期资产投资的资金的需要。除净资产外,长期借款是事业单位长期资金的重要来源。

为了核算长期借款业务,事业单位应设置"长期借款"总账科目。该科目贷方反映长期借款借入的本金金额;借方反映已偿还的长期借款本金金额;期末贷方余额反映尚未偿还的长期借款本金。该科目应当按照贷款单位和贷款种类进行明细核算。对于基建项目借款,还应按具体项目进行明细核算。

1. 借入长期借款

事业单位借入各项长期借款时,按照实际借入的金额,借记"银行存款"科目,贷记"长期借款"科目。

第十章 事业单位负债的核算

2. 长期借款利息

（1）专门借款利息的核算。为购建固定资产支付的专门借款利息，分别以下情况处理：

属于工程项目建设期间支付的，计入工程成本，按照支付的利息，借记"在建工程"科目，贷记"非流动资产基金——在建工程"科目；同时，借记"其他支出"科目，贷记"银行存款"科目。具体的账务处理参见"在建工程"科目。

属于工程项目完工交付使用后支付的，计入当期支出但不计入工程成本，按照支付的利息，借记"其他支出"科目，贷记"银行存款"科目。

（2）支付长期借款利息的核算。其他长期借款利息，按照支付的利息金额，借记"其他支出"科目，贷记"银行存款"科目。

3. 归还长期借款

归还长期借款时，借记"长期借款"科目，贷记"银行存款"科目。

【例10-17】 某事业单位2016年1月1日从银行借入1年零4个月的借款50 000元，年利率为12%，到期一次还本付息。借款用于事业单位事业支出。

（1）借入款项时，其会计分录为：

借：银行存款　　　　　　　　　　　　　　　　　　　　　50 000
　　贷：长期借款　　　　　　　　　　　　　　　　　　　　50 000

（2）归还长期借款本金，并支付1年零4个月的利息8 000元（50 000×12% + 50 000×12%×4÷12）。其会计分录为：

借：长期借款　　　　　　　　　　　　　　　　　　　　　50 000
　　其他支出——利息支出　　　　　　　　　　　　　　　　8 000
　　贷：银行存款　　　　　　　　　　　　　　　　　　　　58 000

事业单位的短期借款和长期借款的核算方法基本相同，即"短期借款"和"长期借款"科目都反映借款本金，利息支出都采用收付实现制基础确认。

二、长期应付款

长期应付款是指事业单位发生的偿还期限超过1年（不含1年）的应付款项。如以融资租赁租入固定资产的租赁费、跨年度分期付款购入固定资产的价款。

为了核算长期应付款业务，事业单位应设置"长期应付款"总账科目。该科目期末贷方余额，反映事业单位尚未支付的长期应付款。该科目应当按照长期应付款的类别以及债权单位（或个人）进行明细核算。事业单位长期应付款业务的账务处理如下：

（1）发生长期应付款时，借记"固定资产""在建工程"等科目，贷记"长期应付款""非流动资产基金"等科目。

（2）支付长期应付款时，借记"事业支出""经营支出"等科目，贷记"银行存款"等科目；同时，借记"长期应付款"科目，贷记"非流动资产基金"科目。

（3）无法偿付或债权人豁免偿还的长期应付款，借记"长期应付款"科目，贷记"其他收入"科目。

【例 10-18】 某事业单位 2013 年购入一台机器设备 300 000 元,跨年度分期付款,3 年付清,每年年末支付 100 000 元。

(1) 购入设备时,其会计分录为:

借:固定资产　　　　　　　　　　　　　　　　　　　300 000
　　贷:长期应付款　　　　　　　　　　　　　　　　　　300 000

(2) 2013 年 12 月 31 日、2014 年 12 月 31 日,按规定支付货款时,其会计分录为:

借:事业支出　　　　　　　　　　　　　　　　　　　100 000
　　贷:银行存款　　　　　　　　　　　　　　　　　　　100 000

同时,

借:长期应付款　　　　　　　　　　　　　　　　　　100 000
　　贷:非流动资产基金——固定资产　　　　　　　　　　100 000

事业单位应付账款、长期应付款的核算方法与行政单位不同。行政单位通过设置"待偿债净资产"科目反映因发生应付账款、长期应付款而相应需要在净资产中冲减的金额,事业单位则不然。

复习思考题

1. 事业单位的负债包括哪些内容?
2. 什么是短期借款?应当如何核算?
3. 什么是事业单位的应缴税费?具体包括哪些内容?应当如何核算?
4. 什么是事业单位的应缴国库款?应当如何核算?
5. 什么是事业单位的应缴财政专户款?应当如何核算?
6. 事业单位的"应付职工薪酬"如何核算?应设置哪些明细科目?具体分别核算什么内容?
7. 事业单位的应付及预收款项包括哪些内容?各自应当如何核算?

练 习 题

一、判断题

1. 事业单位的短期借款,主要用于特殊性或临时性的资金需求。　　　　(　　)
2. 与行政单位不同,事业单位不存在应缴预算款和应缴财政专户款的核算内容。
   　　　　　　　　　　　　　　　　　　　　　　　　　　　　　　　　(　　)
3. 与行政单位相同,事业单位也不存在应缴税费的核算内容。　　　　　(　　)
4. 事业单位按照国家统一规定应发放给在职人员的艰苦边远地区津贴、特殊岗位

津贴补贴属于"应付地方(部门)津贴补贴"科目的核算内容。（　）

二、单项选择题

1. 事业单位计算出应缴纳的税费时，应当贷记的是（　）科目。
   A."应缴税费"　　　　　　　　B."应缴国库款"
   C."其他应付款"　　　　　　　D."应缴财政专户款"

2. 事业单位在计算或分配应付工资及应付津贴补贴或应付职工薪酬时，贷记的不会是（　）科目。
   A."应付其他个人收入"　　　　B."其他应付款"
   C."应付地方(部门)津贴补贴"　D."应付工资(离退休费)"

3. 下列项目中，不属于事业单位的负债的是（　）。
   A. 应付票据　　B. 预收账款　　C. 应付债券　　D. 应付账款

4. 医院向住院病人预收的医疗费用应当记入（　）科目。
   A."应付账款"　　　　　　　　B."其他应付款"
   C."应付票据"　　　　　　　　D."预收账款"

三、业务处理题

某事业单位2016年发生如下经济业务：

(1) 因事业发展的需要向某金融机构借入款项18 000元，款项存入开户银行。

(2) 向某公司购入一批日常办公用品，计价5 100元，款项尚未支付。办公用品已验收入库。

(3) 在开展事业活动中预收某单位款项2 250元，款项已存入开户银行。

(4) 向某金融机构借入的用于事业发展的款项到期，以银行存款偿还本金18 000元，并支付借款利息1 200元。

(5) 通过单位零余额账户向某公司偿付应付账款5 100元。

(6) 收到一项应缴财政预算的事业性收费1 230元，款项存入开户银行。

(7) 将收到的应缴预算款1 365元通过开户银行上缴财政国库。

(8) 按照国家统一规定，计算出应向在职人员发放的基本工资和津贴补贴23 900元。

(9) 通过财政零余额账户发放基本工资和津贴补贴23 900元。

(10) 已经完成预收款项合同中规定的部分事业活动业务内容，将预收款项2 250元中的2 000元确认为事业收入。

要求：根据以上资料，为该事业单位编制有关的会计分录。

第十一章 事业单位收入的核算

收入是指事业单位开展业务及其他活动依法取得的非偿还资金,包括财政补助收入、事业收入、上级补助收入、附属单位上缴收入、经营收入和其他收入等。事业单位的收入一般应当在收到款项时予以确认,并按照实际收到的金额进行计量。采用权责发生制确认的收入,应当在提供服务或者发出存货,同时收讫价款或者取得索取价款的凭据时予以确认,并按照实际收到的金额或者有关凭据注明的金额进行计量。

第一节 事业单位收入概述

一、收入的含义

收入是指事业单位开展业务及其他活动依法取得的非偿还资金。收入有广义和狭义两种理解。在事业单位的所有收入中,有来自政府拨款的财政补助收入,有提供专业服务(如教育、文化、医疗、科技等)取得的事业收入,有来自除专业业务活动及其辅助活动之外,开展非独立核算经营活动取得的经营性收入,如产品销售收入或劳务收入,还有来自与事业单位运营活动无直接关系的其他收入,如押金收入、捐赠收入等。广义的收入是指所有使事业单位净资产增加的部分。很明显,上述政府拨款、专业业务活动、经营活动以及与事业活动或经营活动无直接关系的收入都属于收入范畴。狭义的收入仅指来自事业单位专业业务活动及其辅助活动的事业收入。可见,《事业单位会计准则》中的收入是指广义的收入。

二、收入的分类

事业单位类型复杂、收入项目多、形式多样。为了便于收入的管理与核算,事业单位必须对收入进行科学分类。

按来源划分,事业单位的收入分为财政补助收入、事业收入、上级补助收入、附属单位上缴收入、经营收入和其他收入等。

按取得方式划分,事业单位收入分为补助收入、业务活动收入和其他活动收入。

(1)补助收入,是政府财政部门、上级主管部门、其他政府机构给予事业单位的补助,包括财政补助收入和上级补助收入,不包括社会其他机构对事业单位的捐赠。补助收入是一项非交换交易收入,事业单位取得此项收入时不需要向对方支付现金、提供商品或服务,而是以向社会提供公益性服务或其他成果为回报。

(2) 业务活动收入,是事业单位通过向社会提供商品、服务等而按规定收取的商品价款或服务费用,包括事业收入和经营收入。业务活动收入是一项交换交易收入,是事业单位按成本补偿或等价交换的原则取得的收入。事业单位的专业业务活动具有公益属性,但为了补偿其耗费可以按国家规定的价格收取一定数额的费用。事业单位可以开展经营活动,提供的商品或服务可以按市场价格收费,以弥补事业经费的不足。

(3) 其他活动收入,是除补助收入、业务活动收入以外的收入,包括附属单位上缴收入和其他收入。事业单位除从事专业业务活动、经营业务活动外,还存在一些非日常性的活动,取得一定数额的收入。例如,事业单位收到附属单位上缴的款项、接受社会捐赠、资产出租收入等。

按资金性质划分,事业单位的收入分为财政性资金收入、非财政性资金收入;按限定性要求,分为基本支出补助和项目支出补助、专项资金收入和非专项资金收入。

第二节 财政补助收入

一、财政补助收入的概念和管理要求

财政补助收入是指事业单位按照核定的部门预算,直接从同级财政部门取得的各类财政拨款,包括基本支出补助和项目支出补助。它来源于政府财政预算,是政府对发展各项事业的投入,是事业单位开展专业业务活动及其辅助活动的经常性资金来源。

其中,同级财政部门是指事业单位的预算管理部门,事业单位的单位预算需要经过同级财政部门批准后才能开始执行。在实务中,大多数事业单位为二级或者二级以下的预算单位,其单位预算首先需要上报其主管预算单位或者一级预算单位,并经其主管预算单位或者一级预算单位审核汇总后,再向同级财政部门申报取得财政预算经费。也有些事业单位属于一级预算单位。一级预算单位的单位预算直接向同级财政部门申报。无论是一级预算单位还是二级或者二级以下预算单位,只要存在部门预算隶属关系,相应的财政部门都为事业单位的同级财政部门。各类财政拨款是指所有财政预算经费拨款,包括公共财政预算经费拨款和政府性基金预算经费拨款等。事业单位的财政补助收入在概念上等同于行政单位的财政拨款收入。

目前,我国的事业单位按照预算管理方式仍然可以区分为全额拨款事业单位和差额拨款事业单位。其中,全额拨款事业单位在资金来源渠道上主要是财政拨款,如公益一类事业单位。该类事业单位在资金来源渠道上与行政单位相似。差额拨款事业单位在资金来源渠道上需要同时依靠财政拨款和事业收入,如公益二类事业单位。该类事业单位可以取得的财政拨款的数额,取决于其业务活动的特点以及通过开展专业业务活动可以从市场上取得的事业收入的数额。目前,事业单位的行政事业性收费需经政府部门批准,由政府部门实行统一管理。

事业单位的财政补助收入相当于行政单位的财政拨款收入。两者的管理要求相同,具体详见第四章第一节内容。

按照财政部门财政资金的支付方式,事业单位财政补助收入的取得方式相应也有财政直接支付、财政授权支付和其他方式三种,由于三种财政资金支付方式的业务流程不尽相同,因此事业单位财政补助收入的确认也存在一些差异。事业单位财政补助收入的确认与行政单位财政拨款收入的确认基本相同,具体详见第四章第一节内容。

二、财政补助收入的核算

为了核算财政补助收入业务,事业单位应设置"财政补助收入"总账科目。该科目应设置"基本支出"和"项目支出"两个明细科目;两个明细科目下按照《政府收支分类科目》中"支出功能分类"的相关科目进行明细核算;同时在"基本支出"明细科目下按照"人员经费"和"日常公用经费"进行明细核算,在"项目支出"明细科目下按照具体项目进行明细核算。该科目平时为贷方余额,反映财政补助收入累积数。期末,将该科目的贷方余额全部转入"财政补助结转"科目,结转后,该科目无余额。

(一)财政直接支付方式下财政补助收入取得的核算

事业单位根据财政国库支付执行机构委托代理银行转来的"财政直接支付入账通知书"及原始凭证,按照通知书中的直接支付入账金额,确认财政补助收入,借记"事业支出""应付职工薪酬""预付账款""应付账款"等有关科目,贷记"财政补助收入"科目。

1. 取得基本支出补助业务的核算

【例11-1】 某文化事业单位收到财政部门委托代理银行转来的"财政直接支付入账通知书",财政部门为事业单位支付了一笔款项16 000元,具体内容为支付某物业管理公司的物业费,适用的政府支出功能分类科目为"文化体育与传媒支出——文化——图书馆",单位预算中属于基本支出预算,具体为:"基本支出——日常公用经费"16 000元。其会计分录为:

借:事业支出 16 000
    贷:财政补助收入——基本支出——日常公用经费 16 000

2. 取得项目支出补助业务的核算

【例11-2】 某文化事业单位收到财政部门委托代理银行转来"财政直接支付入账通知书",财政部门为事业单位支付了一笔款项37 000元,具体内容为支付信息系统建设款项,适用的政府支出功能分类科目为"文化体育与传媒支出——文化——图书馆",单位预算中属于项目支出预算,具体科目和金额为:"项目支出——信息化建设"37 000元。其会计分录为:

借:事业支出 37 000
    贷:财政补助收入——项目支出——信息化建设 37 000

同时,

借:固定资产 37 000
    贷:非流动资产基金——固定资产 37 000

3. 支付预付账款业务的核算

【例11-3】 某文化事业单位收到财政部门委托代理银行转来"财政直接支付入账通知书",财政部门为事业单位支付了一笔款项12 000元,具体内容为向某公司预付部分购货款,适用的政府支出功能分类科目为"文化体育与传媒支出——文化——图书馆",单位预算中属于基本支出预算,具体为:"基本支出——日常公用经费"12 000元。其会计分录为:

借:预付账款　　　　　　　　　　　　　　　　　　　　　　　12 000
　贷:财政补助收入——基本支出——日常公用经费　　　　　　　　　12 000

4. 偿还应付账款业务的核算

【例11-4】 某文化事业单位收到财政部门委托代理银行转来"财政直接支付入账通知书",财政部门为事业单位支付了一笔款项10 000元,具体内容为向某公司偿付购货款,适用的政府支出功能分类科目为"文化体育与传媒支出——文化——图书馆",单位预算中属于基本支出预算,具体科目和金额为:"基本支出——日常公用经费"10 000元。该事业单位采用赊购方式购买该货物,购入时即已验收入库。其会计分录为:

借:应付账款　　　　　　　　　　　　　　　　　　　　　　　10 000
　贷:财政补助收入——基本支出——日常公用经费　　　　　　　　　10 000

事业单位预付账款、应付账款业务中财政补助收入的核算与行政单位相同,即都在预付款项和偿付应付账款时确认财政补助收入。但事业单位会计不为预付账款和应付账款设立资产基金,这一点与行政单位会计不同。

5. 年末确认财政应返还额度

年度终了,根据本年度财政直接支付预算指标数与当年财政直接支付实际支出数的差额,借记"财政应返还额度——财政直接支付"科目,贷记"财政补助收入"科目。

【例11-5】 某文化事业单位本年度财政直接支付预算指标数为56 000元。年末,财政直接支付实际支出数为54 000元,本年度财政直接支付预算指标数与财政直接支付实际支出数的差额为2 000元(56 000-54 000)。其中,基本支出中人员经费的差额为500元,日常公用经费的差额为500元,适用的政府支出功能分类科目均为"文化体育与传媒支出——文化——图书馆";项目支出的差额为1 000元,适用的政府支出功能分类科目为"文化体育与传媒支出——文化——图书馆"。年末,该事业单位应编制如下会计分录:

借:财政应返还额度——财政直接支付　　　　　　　　　　　　　2 000
　贷:财政补助收入——基本支出——人员经费　　　　　　　　　　　500
　　　　　　　　　　　　　——日常公用经费　　　　　　　　　　　500
　　　　　　　　　　　——项目支出　　　　　　　　　　　　　　1 000

7. 本年度财政直接支付资金的收回

事业单位因购货退回等发生的国库直接支付款项退回的,属于本年度支付的款项,按照退回金额,借记"财政补助收入"科目,贷记"事业支出""存货"等有关科目;属于以前年度支付的款项,按照退回金额,借记"财政应返还额度"科目,贷记"财政补助结转""财政补助结余""存货"等有关科目。

【例11-6】 2016年7月20日,某文化事业单位收回当年通过财政直接支付方式支付的款项45 000元,原因是本年5月20日从乙单位购入的存货因质量问题需要退货。适用的政府支出功能分类科目均为"文化体育与传媒支出——文化——图书馆",单位预算中属于基本支出预算,具体科目和金额为:"基本支出——日常公用经费45 000"。该批货物已列入存货。其会计分录为:

借:财政补助收入——基本支出——日常公用经费　　　　　45 000
　　贷:存货　　　　　　　　　　　　　　　　　　　　　　　45 000

(二) 财政授权支付方式下财政补助收入取得的核算

事业单位根据代理银行转来的"财政授权支付到账通知书",按照通知书中的授权支付额度,确认财政补助收入,借记"零余额账户用款额度"科目,贷记"财政补助收入"科目。

1. 收到财政授权支付用款额度

【例11-7】 某高等教育事业单位发生如下业务:

(1) 收到代理银行转来的"财政授权支付到账通知书",收到财政授权支付额度68 500元,适用的政府支出功能分类科目均为"教育支出——普通教育——高等教育",单位预算属于基本支出预算中的日常公用经费预算,具体科目和金额为:"基本支出——日常公用经费"68 500元。其会计分录为:

借:零余额账户用款额度　　　　　　　　　　　　　　　　68 500
　　贷:财政补助收入——基本支出——日常公用经费　　　　　68 500

(2) 收到代理银行转来的"财政授权支付到账通知书",收到财政授权支付额度36 400元,适用的政府支出功能分类科目均为"教育支出——普通教育——高等教育",单位预算属于项目支出预算,具体科目和金额为:"项目支出——教学设备采购"36 400元。其会计分录为:

借:零余额账户用款额度　　　　　　　　　　　　　　　　364 00
　　贷:财政补助收入——项目支出——教学设备采购　　　　　364 00

2. 年末确认财政应返还额度

年度终了,事业单位本年度财政授权支付预算指标数大于零余额账户用款额度下达数的,根据未下达的用款额度,借记"财政应返还额度——财政授权支付"科目,贷记"财政补助收入"科目。

【例11-8】 某文物事业单位本年度财政授权支付预算指标数为17 500元。年末,财政授权支付额度下达数为12 000元,本年度财政授权支付预算指标数与财政授权支付额度下达数的差额为5 500元(17 500-12 000)。其中,基本支出中日常公用经费的差额为 3 500 元,适用的政府支出功能分类科目为"文化体育与传媒支出——文物——博物馆";项目支出的差额为 2 000 元,适用的政府支出功能分类科目也为"文化体育与传媒支出——文物——博物馆"。年末,其会计分录为:

借:财政应返还额度——财政授权支付   5 500
  贷:财政补助收入——基本支出——日常公用经费   3 500
                 ——项目支出   2 000

3. 财政实拨资金支付方式下财政补助收入取得的核算

在财政实拨资金支付方式下,事业单位按照实际收到的金额,借记"银行存款"等科目,贷记"财政补助收入"科目。

【例 11-9】 某文化事业单位尚未纳入财政国库单一账户制度改革。该事业单位发生如下业务:

(1) 收到开户银行转来的收款通知,收到财政部门拨入一笔日常事业活动预算经费 37 800 元,适用的政府支出功能分类科目为"文化体育与传媒支出——文化——歌剧院",单位预算中属于基本支出预算,具体为:"基本支出——人员经费"22 500 元,"基本支出——日常公用经费"15 300 元。其会计分录为:

借:银行存款   37 800
  贷:财政补助收入——基本支出——人员经费   22 500
                 ——日常公用经费   15 300

(2) 收到开户银行转来的收款通知,收到财政部门拨入的一笔专项事业活动预算经费 30 000 元,适用的政府支出功能分类科目为"文化体育与传媒支出——文化——歌剧院",单位预算中属于项目支出预算,具体为:"项目支出——专用戏服采购"30 000 元。其会计分录为:

借:银行存款   30 000
  贷:财政补助收入——项目支出——专用戏服采购   30 000

目前,绝大多数事业单位已经进行了财政国库单一账户制度改革,故财政实拨资金支付方式已经很少使用。

(四) 同时有公共财政预算拨款和政府性基金预算拨款情况下财政补助收入的核算

有些事业单位同时有公共财政预算拨款和政府性基金预算拨款。这些事业单位在取得财政补助收入时,应当区分公共财政预算拨款和政府性基金预算拨款,分别核算两种不同性质财政资金的财政补助收入。

【例 11-10】 某教育事业单位同时有公共财政预算拨款和政府性基金预算拨款。该事业单位发生如下业务:

(1) 收到单位零余额账户代理银行转来的财政授权支付额度到账通知书,收到由公共财政预算资金安排的财政授权支付额度 25 000 元,具体为日常公用经费使用额度,适用的政府支出功能分类科目为"教育支出——职业教育——职业高中教育"。其会计分录为:

借：零余额账户用款额度　　　　　　　　　　　　　　　　　25 000
　　贷：财政补助收入（公共财政预算拨款）——基本支出——日常公用经费　25 000

（2）通过财政直接支付方式支付一笔政府性基金预算款项 36 800 元，具体内容为支付购买教学设施的款项，适用的政府支出功能分类科目为"教育支出——地方教育附加安排的支出——中等职业学校教育设施"。购买的教学设施已验收并投入使用，作为固定资产管理。其会计分录为：

借：事业支出　　　　　　　　　　　　　　　　　　　　　　36 800
　　贷：财政补助收入（政府性基金预算拨款）——项目支出　　　　36 800

同时，确认当期支出增加的固定资产以及相应的非流动资产基金。其会计分录为：

借：固定资产　　　　　　　　　　　　　　　　　　　　　　36 800
　　贷：非流动资产基金——固定资产　　　　　　　　　　　　　36 800

（五）期末结转财政补助收入

年终结账时，将"财政补助收入"科目贷方余额全数转入"财政补助结转"科目，借记"财政补助收入"科目，贷记"财政补助结转"科目。事业单位的财政补助收入在平时不结转，在年终时才结转。因此，"财政补助收入"总账科目平时的余额，反映事业单位年度预算的执行情况或执行进度。

【例 11-11】 某教育事业单位年终结账，"财政补助收入"总账科目的贷方余额为 75 000 元，有关明细科目的贷方余额为："基本支出——人员经费"35 000 元；"基本支出——日常公用经费"25 000 元；"项目支出——教学设备采购"15 000 元。年终将以上贷方余额转入"财政补助结转"科目，其会计分录为：

借：财政补助收入——基本支出——人员经费　　　　　　　　35 000
　　　　　　　　——基本支出——日常公用经费　　　　　　25 000
　　　　　　　　——项目支出——教学设备采购　　　　　　15 000
　　贷：财政补助结转　　　　　　　　　　　　　　　　　　　75 000

同时有公共财政预算拨款和政府性基金预算拨款的事业单位，财政补助收入期末应当将公共财政预算拨款和政府性基金预算拨款一并转入"财政补助结转"总账科目。

事业单位财政补助收入的期末结账方法与行政单位财政拨款收入的期末结账方法相同。

第三节　事业收入

一、事业收入的概念与管理要求

事业收入是指事业单位开展专业业务活动及辅助活动所取得的收入。所谓专业业务活动,是指事业单位根据本单位专业特点所从事或开展的主要业务活动。辅助活动是指与专业业务活动相关、直接为专业业务活动服务的单位行政管理活动、后勤服务活动及其他有关活动。

需要说明的是,事业单位通过开展专业业务活动及辅助活动取得的资金,并不一定全部能确认为事业收入。因为有一部分收入是事业单位利用政府权力、政府信誉、国家资源、国有资产,或者提供特定公共服务而取得的,如国有电台、电视台的广告收入,学校的学费收入、住宿费收入,出租国有资产的租金收入等。通常情况下,事业单位不可以直接拥有这类收入,收缴后应先直接上缴财政专户。只有当从财政专户返还部分款项时,事业单位才能将这部分返还款项确认为事业收入。因此,事业收入分为两部分:一是按照财政部门的规定由事业单位收取并使用且无须上缴财政专户的,可直接确认为事业收入;另一部分是按照财政部门的规定收取后需要先上缴财政专户,然后在收到财政专户返还拨款通知时,才可将该部分返还款确认为本单位的事业收入。事业单位事业收入的管理要求主要如下:

(1) 事业单位应当在国家政策允许的范围内,严格按照经国家批准的收费项目和收费标准进行收费,依法组织事业收入。

(2) 事业单位应当使用财政部门和税务部门统一印制的发票,取得的事业收入应当及时入账,并将各项事业收入全部纳入单位预算,统一核算,统一管理。

(3) 各项事业收入应当按规定及时存入开户银行,加强银行账户的统一管理,防止收入流失。

(4) 对按照规定需要上缴国库或者财政专户的资金,应当按照国库集中收缴的有关规定及时足额上缴,不得隐瞒、滞留、截留、挪用和坐支。严禁设立小金库,严禁账外设账,严禁公款私存。

二、事业收入的核算

为了核算事业收入业务,事业单位应设置"事业收入"总账科目。该科目应当按照事业收入类别、项目、《政府收支分类科目》中"支出功能分类"相关科目等进行明细核算。事业收入中如有专项资金收入,还应按具体项目进行明细核算。该科目平时贷方余额反映事业收入的累计数额。期末,将该科目本期发生额中的专项资金收入结转入"非财政补助结转"科目;将该科目本期发生额中的非专项资金收入结转入"事业结余"科目。期末结账后,该科目应无余额。

事业收入分为以财政专户返还方式取得的事业收入和直接确认的事业收入两类。

(一) 以财政专户返还方式取得事业收入的核算

目前,采用财政专户返还方式管理的事业收入主要有教育收费、彩票发行和销售机构的业务费用等。其他事业收入,财政部门可以根据情况和管理需要采用财政专户返还方式进行管理。例如,财政部门可以根据情况和管理需要,对广播电视事业单位的广告收入采用财政专户返还方式进行管理等。采用财政专户返还方式进行管理,有利于财政部门加强对有关事业收入的管理。

按照国家有关规定,事业单位应当上缴国库或者财政专户的资金,不计入事业收入,应确认为负债;从财政专户核拨给事业单位的资金和经核准不上缴国库或者财政专户的资金,确认为事业收入。事业单位事业收入的具体账务处理如下:

(1)收到应上缴财政专户的事业收入时,按照收到的款项金额,借记"银行存款""库存现金"等科目,贷记"应缴财政专户款"等科目。

(2)向财政专户上缴款项时,按照实际上缴的款项金额,借记"应缴财政专户款"科目,贷记"银行存款"等科目。

(3)收到从财政专户返还的事业收入时,借记"银行存款"等科目,贷记"事业收入"科目。

【例11-12】 某教育事业单位发生如下业务:

(1)收到一项应上缴财政专户的教育事业收入款项180 000元,当日送存开户银行。其会计分录为:

借:银行存款　　　　　　　　　　　　　　　　　　　　　180 000
　　贷:应缴财政专户款——行政性收费收入　　　　　　　　180 000

(2)按规定通过开户银行将上述款项上缴财政专户。其会计分录为:

借:应缴财政专户款——行政性收费收入　　　　　　　　　180 000
　　贷:银行存款　　　　　　　　　　　　　　　　　　　　180 000

(3)收到从财政专户返还的事业收入180 000元,款项已存入银行,适用的政府支出功能分类科目为"教育支出——普通教育——高等教育",单位预算中属于基本支出预算的日常公用经费预算。其会计分录为:

借:银行存款　　　　　　　　　　　　　　　　　　　　　180 000
　　贷:事业收入(教育事业收入)——基本支出——日常公用经费　180 000

(二)不以财政专户返还方式取得事业收入的核算

对于不采用财政专户返还方式取得的其他事业收入,事业单位收到相应的事业收入时,按照收到的款项金额,借记"银行存款""库存现金"等科目,贷记"事业收入"科目。涉及增值税业务的,按应缴增值税额,贷记"应缴税费——应缴增值税"科目。

【例11-13】 某文化事业单位收到一项不采用财政专户返还方式管理的事业收入,内容为门票收入660元,适用的政府支出功能分类科目为"文化体育与传媒支出——文化——文化展示及纪念机构",款项已存入开户银行,单位预算中属于基本支出预算。其会计分录为:

借:银行存款　　　　　　　　　　　　　　　　　　　　　660
　　贷:事业收入——基本支出　　　　　　　　　　　　　　660

事业单位按规定收取的各项行政事业性收费收入,一般都在收到相应款项时,确认为事业收入。

(三) 事业收入期末结账的核算

期末,将"事业收入"科目本期发生额中的专项资金收入结转入非财政补助结转,借记"事业收入"科目下各专项资金收入明细科目,贷记"非财政补助结转"科目;将"事业收入"科目本期发生额中的非专项资金收入结转入事业结余,借记"事业收入"科目下各非专项资金收入明细科目,贷记"事业结余"科目。期末结账后,"事业收入"科目无余额。

【例 11-14】 2016 年年终,假定某事业单位"事业收入"科目贷方发生额 575 000 元,其中:"事业收入——基本支出"355 000 元,将其转入"事业结余"科目;"事业收入——项目支出"220 000 元,将其转入"非财政补助结转"。年终结转事业收入时,其会计分录为:

借:事业收入——基本支出　　　　　　　　　　　　　355 000
　　　　　——项目支出　　　　　　　　　　　　　　220 000
　贷:事业结余　　　　　　　　　　　　　　　　　　355 000
　　　非财政补助结转　　　　　　　　　　　　　　　220 000

事业单位事业收入的期末结账方法与财政补助收入的期末结账方法不完全相同。事业单位(医疗卫生事业单位除外)"财政补助收入"科目的本期发生额期末全数转入"财政补助结转"科目;事业单位"事业收入"科目的本年发生额期末需区分情况分别转入"非财政补助结转"或"事业结余"科目。

第四节　上级补助收入与附属单位上缴收入

一、上级补助收入

(一) 上级补助收入的概念

上级补助收入是事业单位从上级单位取得的非财政性资金补助收入。它是由事业单位的上级单位用自身组织的收入或集中下级单位的收入拨给事业单位的资金,是上级单位用于调剂附属单位资金收支余缺的机动财力。也就是说,事业单位按经费领拨关系取得的财政补助收入不足弥补正常业务活动的开支时,还可以向上级单位申请取得非财政性补助款。

上级补助收入与财政补助收入的主要差别是:财政补助收入来源于同级财政部门,资金性质为财政资金;上级补助收入来源于主管部门或上级单位,资金性质为非财政资金,如主管部门或上级单位自身组织的收入或集中下级单位的收入等。另外,财政补助收入属于事业单位的常规性收入,是事业单位开展业务活动的基本保证;上级补助收入属于事业单位的非常规性收入,主管部门或上级单位一般根据自身资金情况和事业单位的需要,向事业单位拨付上级补助资金。

(二) 上级补助收入的核算

为了核算上级补助收入业务,事业单位应设置"上级补助收入"科目。该科目应当按照发放补助单位、补助项目、《政府收支分类科目》中"支出功能分类"相关科目等进行明细核算。上级补助收入中如有专项资金收入，还应按具体项目进行明细核算。年终，将该科目本期发生额中的专项资金收入结转入"非财政补助结转"科目；将该科目本期发生额中的非专项资金收入转入"事业结余"科目。期末结账后，该科目应无余额。

（1）事业单位收到上级补助收入时，按实际收到的金额，借记"银行存款"等科目，贷记"上级补助收入"科目。

（2）期末，将该科目本期发生额中专项资金收入结转入非财政补助结转，借记"上级补助收入"科目下各专项资金收入明细科目，贷记"非财政补助结转"科目；将该科目本期发生额中的非专项资金收入结转入事业结余，借记"上级补助收入"科目下各非专项资金收入明细科目，贷记"事业结余"科目。

【例 11-15】 某附属中学系某高校的附属单位。该中学发生如下业务：

（1）接到银行通知，收到主管单位某高校拨来一笔非财政性的补助款项 30 000 元，适用的政府支出功能分类科目为"教育支出——普通教育——高中教育"，单位预算中属于基本支出预算，具体科目和金额为："基本支出——人员经费"20 000 元，"基本支出——日常公用经费"10 000 元。其会计分录为：

```
借：银行存款                                          30 000
    贷：上级补助收入——基本支出——人员经费            20 000
                            ——日常公用经费          10 000
```

（2）接到银行通知，收到上级单位拨来的一笔非财政性的补助款项，专项用于教学改革，适用的政府支出功能分类科目为"教育支出——普通教育——高中教育"，单位预算中属于项目支出预算，具体科目和金额为："项目支出——教学设备购置"68 000 元。其会计分录为：

```
借：银行存款                                          68 000
    贷：上级补助收入——项目支出——教学设备购置        68 000
```

（3）年终，该事业单位将"上级补助收入"科目的专项资金贷方余额 68 000 元全数转入"非财政补助结转"科目，将"上级补助收入"科目下的非专项资金收入贷方余额 80 000 元全数转入"事业结余"科目。其会计分录为：

```
借：上级补助收入——基本支出——人员经费              30 000
                  ——基本支出——日常公用经费        50 000
    贷：事业结余                                      80 000
```

同时，

```
借：上级补助收入——项目支出——教学设备购买          68 000
    贷：非财政补助结转                                68 000
```

事业单位上级补助收入与事业收入的期末结账方法相同。即非专项资金余额转入事业结余，专项资金余额转入非财政补助结转。在事业单位的非财政资金方面，专项资金和非专项资金在管理要求上是有区别的。非专项资金由事业单位自主安排使用，期末结余资金可以按规定提取职工福利基金等专用基金。专项资金应当按规定用途使用。如果期末项目尚未完成，需要结转至下期继续按规定用途使用。如果期末项目已完成，剩余资金可能需要缴回资金拨入单位，也可能留归事业单位使用。留归事业单位使用的，直接转入事业基金，用以弥补以后年度收支差额，且不能提取职工福利基金。

二、附属单位上缴收入

（一）附属单位上缴收入的概念

附属单位上缴收入是指事业单位附属独立核算单位按规定标准或比例上缴的收入，包括附属的事业单位上缴的收入和利润等。附属独立核算的单位，一般是指有独立法人资格的单位，包括附属的事业单位和附属的企业（或公司）。事业单位与其附属独立核算的事业单位通常存在行政隶属关系和预算管理关系；与其附属独立核算的企业通常不仅存在投资上的资金联系，而且还存在有权任免其管理人员职务、支持或否决其决策等权力联系。事业单位的附属独立核算企业大多曾经是事业单位的一个组成部分，从事相应的业务活动，后因种种原因从事业单位中独立出来，成为独立核算的法人实体。如果事业单位与一个企业只存在投资上的联系，一般认为该企业只是事业单位的投资单位，而不是事业单位的附属独立核算单位。

事业单位取得的附属单位上缴收入，是凭借特定的经济关系获得的，一旦取得，即为事业单位拥有，即可确认为收入。事业单位开展非独立核算经营活动取得的收入，应确认为经营收入，不作为附属单位上缴收入。事业单位对附属独立核算单位经营项目的投资所获得的投资收益，应确认为其他收入，不属于附属单位上缴收入。事业单位与其附属独立核算单位之间的业务往来款项，如事业单位向其附属独立核算单位提供专业服务而收到的款项，不属于事业单位的附属单位上缴收入，而属于事业单位的事业收入。

（二）附属单位上缴收入的核算

为了核算附属单位上缴收入业务，事业单位应设置"附属单位上缴收入"总账科目。该科目应当按照附属单位、缴款项目、《政府收支分类科目》中"支出功能分类"相关科目等进行明细核算。附属单位上缴收入中如有专项资金收入，还应按具体项目进行明细核算。该科目平时贷方余额反映附属单位上缴收入的累计数额。年终，将该科目本期发生额中的专项资金收入结转入"非财政补助结转"科目；将该科目本期发生额中的非专项资金收入结转入"事业结余"科目。结转后，该科目无余额。

（1）事业单位收到附属单位缴来款项时，按照实际收到金额，借记"银行存款"等科目，贷记"附属单位上缴收入"科目。

（2）期末，将该科目本期发生额中的专项资金收入结转入非财政补助结转，借记"附属单位上缴收入"科目下各专项资金收入明细科目，贷记"非财政补助结转"科目；将该科目本期发生额中的非专项资金收入结转入事业结余，借记"附属单位上缴收入"科目下各非专项资金收入明细科目，贷记"事业结余"科目。

【例11-16】 某教育事业单位发生如下业务:

(1) 收到开户银行通知,甲附属独立核算单位按照规定上缴的一笔款项17 800元,该笔款项为事业单位的非专项资金收入,适用的政府支出功能分类科目为"教育支出——普通教育——高等教育",单位预算中属于基本支出预算,款项已存入银行。其会计分录为:

借:银行存款　　　　　　　　　　　　　　　　　　　　　　　　17 800
　　贷:附属单位上缴收入——基本支出　　　　　　　　　　　　　　17 800

(2) 收到附属独立核算的乙单位缴来的利润20 000元,该笔款项为事业单位的专项资金收入,适用的政府支出功能分类科目为"教育支出——普通教育——高等教育",单位预算中属于项目支出预算,款项已存入银行。其会计分录为:

借:银行存款　　　　　　　　　　　　　　　　　　　　　　　　20 000
　　贷:附属单位上缴收入——项目支出　　　　　　　　　　　　　　20 000

(3) 年终结账时,该事业单位"附属单位上缴收入"科目本年贷方发生额为60 000元,其中,非专项资金收入40 000元,专项资金收入20 000元,其会计分录为:

借:附属单位上缴收入——基本支出　　　　　　　　　　　　　　　40 000
　　贷:事业结余　　　　　　　　　　　　　　　　　　　　　　　　40 000

同时,

借:附属单位上缴收入——项目支出　　　　　　　　　　　　　　　20 000
　　贷:非财政补助结转　　　　　　　　　　　　　　　　　　　　　20 000

同时,事业单位应当结清所有附属单位上缴收入明细账的余额。

事业单位附属单位上缴收入的期末结账方法与上级补助收入、事业收入的期末结账方法相同。

第五节　经营收入

一、经营收入的特征与管理要求

(一) 经营收入的概念与特征

经营收入是指事业单位在专业业务活动及辅助活动之外开展非独立核算经营活动取得的收入。经营收入具备以下两个特征:

(1) 经营收入是来自专业业务活动及辅助活动以外取得的收入。例如,事业单位对社会开展服务活动,将闲置的固定资产出租取得的收入,这属于经营取得的收入。但诸如学校向学生收取的学费和杂费,属于专业业务活动取得的收入,只能作为事业收入。如作为事业单位的剧院取得的演出收入是事业收入,剧院附设的商品部取得的销售收入则作为经营收入。

(2) 经营收入是非独立核算的经营活动取得的收入,而不是独立核算的经营业务取得的收入。例如,学校的校办企业,要单独设置财会机构或配备财会人员,单独设置账簿,单独计算盈亏,属于独立核算的经营活动。校办企业将纯收入的一部分上缴学校,学校收到后应当作为附属单位上缴收入处理,不能作为经营收入处理。但学校的车队、食堂等后勤单位,财务上不实行独立核算,其对社会服务取得的收入由学校集中进行会计核算,这部分收入应当作为经营收入处理。

事业收入和经营收入的共同特征是,它们都是事业单位在开展业务活动过程中,从货品或服务的接受者处取得的收入,它们都体现事业单位与货品或服务的接受者之间的交换关系。只是经营收入体现经营活动的保本和获得原则,事业收入体现事业活动的公益和福利原则。

事业单位经营收入与附属单位上缴收入的主要区别是:经营收入是事业单位开展非独立核算经营活动取得的收入,附属单位上缴收入是事业单位附属独立核算单位上缴的收入。事业单位开展的非独立核算经营活动应当是小规模的,不便或无法形成独立核算单位。如果相应的经营活动规模较大,应尽可能组建附属独立核算单位。之后,附属独立核算单位按规定向事业单位上缴款项,形成事业单位的附属单位上缴收入。

事业单位经营收入的内容或种类通常包括:

(1) 销售收入,即事业单位非独立核算部门销售商品取得的收入。

(2) 经营服务收入,即事业单位非独立核算部门对外提供经营服务取得的收入。

(3) 租赁收入,即事业单位对外出租房屋、场地和设备等取得的收入。

(4) 其他经营收入,即事业单位在专业业务活动及其辅助活动之外,开展非独立核算的经营活动取得的除上述各项收入以外的收入。

(二) 经营收入的管理要求

(1) 自我维持。即事业单位在经营活动中取得的经营收入,应当能够足够弥补在经营活动中发生的经营支出。事业单位不可以将开展事业活动中取得的资金用于弥补经营活动中发生的亏损。

(2) 以辅补主。即如果事业单位在开展经营活动中取得了数额较大的经营结余,事业单位可以根据需要,按规定将一部分经营结余转出,用于支持开展事业活动,实行以辅补主。

二、经营收入的核算

为了核算经营收入业务,事业单位应设置"经营收入"总账科目。该科目应当按照经营活动类别、项目、《政府收支分类科目》中"支出功能分类"相关科目等进行明细核算。平时该科目贷方余额反映经营收入累计数。年终结转时,将该科目贷方余额全数转入"经营结余"科目。期末结账后,该科目无余额。

经营收入应当在提供服务或发出存货,同时收讫价款或者取得索取价款的凭据时,按照实际收到或应收的金额确认收入。

实现经营收入时,按照确定的收入金额,借记"银行存款""应收账款""应收票据"

等科目,贷记"经营收入"科目。

属于增值税小规模纳税人的事业单位实现经营收入,按实际出售价款,借记"银行存款""应收账款""应收票据"等科目,按出售价款扣除增值税额后的金额,贷记"经营收入"科目,按应缴增值税额,贷记"应缴税费——应缴增值税"科目。

属于增值税一般纳税人的事业单位实现经营收入,按包含增值税的价款总额,借记"银行存款""应收账款""应收票据"等科目,按扣除增值税销项税额后的价款金额,贷记"经营收入"科目,按增值税专用发票上注明的增值税额,贷记"应缴税费——应缴增值税(销项税额)"科目。

期末,将该科目本期发生额转入经营结余,借记"经营收入"科目,贷记"经营结余"科目。

【例11-17】 某体育事业单位在专业活动及其辅助活动之外发生如下业务:

(1) 开展一项非独立核算的经营活动取得经营收入8 000元,内容为对外出租场地取得租金收入,款项已存入银行。其会计分录为:

借:银行存款　　　　　　　　　　　　　　　　　　　　8 000
　　贷:经营收入——租金收入　　　　　　　　　　　　　　8 000

(2) 开展非独立核算的经营活动对外销售某产品100件,每件售价30.9元(含税),计3 090元,单位成本20元,购货单位以支票付款。其会计分录为:

经营收入 = 含税收入÷(1+3%) = 3 090÷(1+3%) = 3 000(元)

借:银行存款　　　　　　　　　　　　　　　　　　　　3 090
　　贷:经营收入——销售收入　　　　　　　　　　　　　　3 000
　　　　应缴税费——应缴增值税　　　　　　　　　　　　　　90

结转该产品成本时:

借:经营支出——产品成本　　　　　　　　　　　　　　　2 000
　　贷:存货　　　　　　　　　　　　　　　　　　　　　2 000

(3) 年终,将"经营收入"科目的贷方发生额11 000元转入"经营结余"科目。其会计分录为:

借:经营收入　　　　　　　　　　　　　　　　　　　　11 000
　　贷:经营结余　　　　　　　　　　　　　　　　　　　11 000

第六节　其 他 收 入

一、其他收入的概念与内容

其他收入是指事业单位除财政补助收入、事业收入、上级补助收入、附属单位上缴收入、经营收入以外的各项收入,包括投资收益、银行存款利息收入、租金收入、捐赠收入、现金盘盈收入、存货盘盈收入、收回已核销应收及预付款项、无法偿付的应付及预收款项等。

二、其他收入的核算

为了核算其他收入业务,事业单位应设置"其他收入"总账科目。该科目应当按照其他收入的类别、《政府收支分类科目》"支出功能分类"相关科目等进行明细核算。对于事业单位对外投资实现的投资净收益,应单设"投资收益"明细科目进行核算;其他收入中如有专项资金收入(如限定用途的捐赠收入),还应按具体项目进行明细核算。该科目平时贷方余额,表示其他收入的累计余额。期末,将其专项资金收入部分转入"非财政补助结转"科目;将其非专项资金收入部分转入"事业结余"科目。

1. 投资收益

(1) 对外投资持有期间收到利息、利润等时,按实际收到的金额,借记"银行存款"等科目,贷记"其他收入"科目(投资收益)。

(2) 出售或到期收回国债投资本息,按照实际收到的金额,借记"银行存款"等科目,按照出售或收回国债投资的成本,贷记"短期投资""长期投资"科目,按其差额,贷记或借记"其他收入"科目(投资收益)。

2. 银行存款利息收入、租金收入

收到银行存款利息、资产承租人支付的租金,按照实际收到的金额,借记"银行存款"等科目,贷记"其他收入"科目。

3. 接受捐赠收入

(1) 接受捐赠现金资产,按照实际收到的金额,借记"银行存款"等科目,贷记"其他收入"科目。

(2) 接受捐赠的存货验收入库,按照确定的成本,借记"存货"科目,按照发生的相关税费、运输费等,贷记"银行存款"等科目,按照其差额,贷记"其他收入"科目。

接受捐赠固定资产、无形资产等非流动资产,不通过"其他收入"科目核算。

4. 现金盘盈收入

每日现金账款核对中如发现现金溢余,属于无法查明原因的部分,借记"库存现金"科目,贷记"其他收入"科目。

5. 存货盘盈收入

盘盈的存货,按照确定的入账价值,借记"存货"科目,贷记"其他收入"科目。

6. 收回已核销应收及预付款项

已核销应收账款、预付账款、其他应收款在以后期间收回的,按照实际收回的金额,借记"银行存款"等科目,贷记"其他收入"科目。

7. 无法偿付的应付及预收款项

无法偿付或债权人豁免偿还的应付账款、预收账款、其他应付款及长期应付款,借记"应付账款""预收账款""其他应付款""长期应付款"等科目,贷记"其他收入"科目。

8. 期末结转该科目本期发生额

期末,将该科目本期发生额中的专项资金收入结转入非财政补助结转,借记"其他收入"科目下各专项资金收入明细科目,贷记"非财政补助结转"科目;将该科目本期发生额中的非专项资金收入结转入事业结余,借记"其他收入"科目下各非专项资金收入明细科目,贷记"事业结余"科目。

【例 11-18】 某事业单位发生如下经济业务:

(1) 收到到期兑付的债券投资的本息共计 31 500 元,其中利息为 1 500 元。其会计分录为:

借:银行存款	31 500
贷:长期投资——债券投资	30 000
其他收入——基本支出(投资收益)	1 500

同时,按成本价调整事业基金明细账:

借:非流动资产基金——长期投资	30 000
贷:事业基金	30 000

(2) 收到上年度对投资单位的投资收益 24 000 元,款项存入银行。其会计分录为:

借:银行存款	24 000
贷:其他收入——基本支出(投资收益)	24 000

(3) 取得银行存款利息收入 3 500 元,已存入银行。其会计分录为:

借:银行存款	3 500
贷:其他收入——基本支出(利息收入)	3 500

(4) 将闲置房屋出租给甲公司,到期收到租金收入 12 000 元,已存入银行。其会计分录为:

借:银行存款	12 000
贷:其他收入——项目支出(租金收入)	12 000

(5) 收到其他单位的未限定用途捐赠收入 32 000 元,款项存入银行。其会计分录为:

借:银行存款	32 000
贷:其他收入——项目支出(捐赠收入)	32 000

(6) 收回已作为坏账处理的乙单位的应收账款 13 000 元。其会计分录为:

借:银行存款	13 000
贷:其他收入——基本支出(收回已核销坏账收入)	13 000

(7) 年终资产负债清查中发现无法偿付丙单位的应付账款 3 000 元。其会计分录为:

借：应付账款——丙单位　　　　　　　　　　　　　　　　3 000
　　贷：其他收入——基本支出（无法支付偿还款收入）　　3 000

（8）年终，将"其他收入"科目贷方发生额275 000元结转，假定其中："其他收入——基本支出"55 000元，"其他收入——项目支出"220 000元。结转其他收入时，其会计分录为：

借：其他收入——基本支出　　　　　　　　　　　　　　55 000
　　　　　　——项目支出　　　　　　　　　　　　　　220 000
　　贷：事业结余　　　　　　　　　　　　　　　　　　55 000
　　　　非财政补助结转　　　　　　　　　　　　　　　220 000

事业单位其他收入的期末结账方法与事业收入、上级补助收入、附属单位上缴收入的期末结账方法相同。

复习思考题

1. 什么是事业单位收入？事业单位的收入主要包括哪些内容？
2. 什么是财政补助收入？财政补助收入在财政直接支付、财政授权支付、其他方式下，分别应当在什么时候确认？
3. 事业单位的"财政补助收入"总账科目应当分别设置哪两个明细科目？为什么？
4. 什么是事业单位的事业收入？
5. 什么是事业单位的经营收入？它具有哪些基本特征？
6. 事业单位的事业收入和经营收入有什么共同的特征？
7. 什么是事业单位的上级补助收入？上级补助收入与财政补助收入有什么不同？
8. 什么是事业单位的附属单位上缴收入？附属单位上缴收入与经营收入有什么不同？
9. 事业单位的其他收入主要包括哪些内容？如何进行核算？

练习题

一、判断题

1. 事业单位在开展专业业务活动及其辅助活动中取得的事业收入也需要上缴财政国库或财政专户。（　　）
2. 事业单位从上级主管部门取得的资金属于事业单位的上级补助收入。（　　）
3. 事业单位在开展专业业务活动及其辅助活动中取得的事业收入不需要纳入事业单位的单位预算。（　　）
4. 事业单位从财政部门取得的财政预算内资金是事业单位的财政补助收入，从财政部门取得的财政预算外资金是事业单位的财政专户返还收入。（　　）

5. 事业单位的财政专户返还收入相当于行政单位的预算外资金收入。（　　）
6. 事业单位应当按规定的用途向财政部门申请取得财政补助收入。（　　）
7. 事业单位的"财政补助收入"总账科目下需要设置"基本支出"和"项目支出"明细科目。（　　）

二、单项选择题

1. 在财政直接支付方式下，事业单位在（　　）确认财政补助收入。
   A. 收到财政部门委托财政零余额账户代理银行转来"财政直接支付入账通知书"时
   B. 收到财政部门批复年度财政直接支付预算指标时
   C. 向财政部门提出财政直接支付申请时
   D. 每月月初，即到达分月用款计划时

2. 在财政授权支付方式下，事业单位在（　　）确认财政补助收入。
   A. 年终计算出尚未使用的财政授权支付额度时
   B. 收到财政部门批复年度财政授权支付预算指标时
   C. 按规定时间和程序向财政部门申请财政授权支付用款额度时
   D. 收到单位零余额账户代理银行转来财政授权支付到账通知书时

3. 根据现行有关规定，以下不属于有关事业单位事业收入的是（　　）。
   A. 公立学校的学生学费和学生住宿费
   B. 公立医院的挂号收入、药品收入、治疗收入、手术收入等
   C. 电视台的广告收入
   D. 博物馆的门票收入

4. 事业单位的财政补助收入、事业收入实行（　　）的预算管理方法。
   A. 财政补助收入用于基本支出和项目支出，事业收入用于职工福利支出
   B. 财政补助收入和财政专户返还收入用于项目支出，事业收入用于基本支出
   C. 事业收入用于日常公用经费支出，财政补助收入可以用于各种事业活动目的的支出
   D. 各项收入全部纳入单位预算，实行统一管理、统筹安排

5. 在财政实拨资金支付方式下，事业单位在（　　）确认财政补助收入。
   A. 实际收到财政部门拨入财政预算资金时
   B. 根据部门预算和用款计划，按规定时间和程序向财政部门提出资金拨入请求时
   C. 实际使用财政部门拨入的财政预算资金时
   D. 年度部门预算得到批复时

三、业务处理题

某教育事业单位2016年发生如下经济业务：

（1）收到单位代理银行转来的"财政授权支付到账通知书"，收到一笔财政授权支付用款额度41 500元，单位预算为基本支出预算日常公用经费，具体科目和金额为：

"基本支出——日常公用经费"41 500元。

（2）收到财政部门委托其代理银行转来的"财政直接支付入账通知书"，财政部门为事业单位支付了一笔款项69 450元，具体内容为职工基本工资以及津贴补贴，单位预算属于基本支出的人员经费。具体科目和金额为："基本支出——人员经费"69 450元。支付的款项在上一会计期间做过计提，记录在"应付职工薪酬"科目中。

（3）收到财政部门委托其代理银行转来的"财政直接支付入账通知书"，财政部门为事业单位支付了一笔款项46 800元，具体内容为教学设备采购，单位预算为项目支出预算，具体科目和金额为："项目支出——教学设备采购"46 800元。

（4）收到一项应上缴财政专户的事业收入，内容为教育事业收入25 600元，具体为学费、学生住宿费等，款项已存入开户银行。

（5）通过开户银行向财政专户上缴之前收到的一项教育事业收入25 600元。

（6）收到从财政专户返还的一项事业收入，内容为教育事业收入12 000元，款项已存入开户银行，单位预算中属于基本支出预算的日常公用经费预算。

（7）收到从财政专户返还的一项事业收入，内容为教育事业收入25 000元，款项已存入开户银行，单位预算中属于项目支出预算，具体项目为学生宿舍维修维护。

（8）收到一项不采用财政专户返还方式管理的事业收入，内容为教育事业收入8 000元，具体内容为培训费，款项已存入开户银行，单位预算中属于基本支出预算的日常公用经费预算。

（9）年终，"财政补助收入"科目的本年发生额为186 000元。将其全数转入"财政补助结转"科目。

（10）年终，"事业收入"科目（教育事业收入）的本年发生额为125 000元。其中，属于项目支出的为55 000元，属于基本支出的为70 000元，分别转入"非财政补助结转"科目和"事业结余"科目。

（11）年终，"上级补助收入——项目支出"科目贷方余额52 500元，"上级补助收入——基本支出"科目贷方余额76 000元；"其他收入——基本支出"科目贷方余额6 000元；事业单位将以上有关收入科目的贷方余额转入有关科目。

要求：根据以上经济，为事业单位编制有关的会计分录。

第十二章 事业单位支出或者费用的核算

支出是指事业单位开展业务及其他活动发生的资金耗费和损失,包括事业支出、对附属单位补助支出、上缴上级支出、经营支出和其他支出等。事业单位的支出一般应当在实际支付时予以确认,并按照实际支付金额进行计量。采用权责发生制确认的支出或者费用,应当在其发生时予以确认,并按照实际发生额进行计量。

第一节 事业单位支出或者费用概述

一、事业单位支出或者费用的概念

事业单位在履行职能或开展业务活动过程中,必然要发生各种各样的耗费或支出,如支付职工薪酬、计提机器设备折旧费,以及存货的耗用等,它们是事业单位从事各类事业活动付出的代价或发生的资金耗费及损失。

在事业单位,支出与费用两个概念应用的前提是不相同的。根据《事业单位财务规则》的规定,部分行业根据成本核算和绩效管理的需要,可以在行业事业单位财务管理制度中引入权责发生制。《事业单位会计准则》也指出,事业单位会计核算一般采用收付实现制,部分经济业务或者事项可以采用权责发生制核算。因此,采用收付实现制的事业单位,按支出要素对业务及其他活动发生的资金耗费和损失予以确认、计量和报告。如果事业单位采用权责发生制会计基础,则按费用要素对业务及其他活动发生的资金耗费和损失予以确认、计量和报告。

二、事业单位支出的分类

事业单位的支出应当分类管理,按类型进行会计核算。

1. 业务活动支出和其他活动支出

按支出发生的环节,事业单位的支出分为业务活动支出和其他活动支出。业务活动支出是事业单位开展专业业务活动、经营业务活动及其相关辅助活动发生的支出,包括事业支出和经营支出。其他活动支出是事业单位业务活动支出以外的各项支出,主要包括对附属单位补助支出、上缴上级支出和其他支出。

2. 财政补助支出和非财政补助支出

按支出资金的性质,事业单位的支出分为财政补助支出和非财政补助支出。财政补助支出是事业单位用财政补助收入安排的各项支出,主要发生在事业单位的事业支出中。非财政补助支出是事业单位用财政补助收入以外的资金安排的支出,包括用事业收入、上级补助收入、附属单位上缴收入、经营收入和其他收入等安排的支出。对附属单位补助支出、上缴上级支出、经营支出、其他支出属于非财政补助支出,事业支出既包括财政补助支出又包括非财政补助支出。财政补助支出一般区分为基本支出和项目支出,非财政补助支出一般区分为专项资金支出和非专项资金支出(其他资金支出)。

3. 限定性支出和非限定性支出

按支出资金的限定性,事业单位的支出分为限定性支出和非限定性支出。限定性支出是用限定性收入安排的支出,非限定性支出是用非限定性收入安排的支出。

第二节 事业支出

一、事业支出的概念

事业支出是事业单位开展各项专业业务活动及其辅助活动发生的基本支出和项目支出。其中,基本支出是指为保障单位正常运转和完成日常工作任务发生的支出,包括人员经费支出和日常公用经费支出;项目支出是指为完成特定工作任务和事业发展目标,在基本支出之外发生的支出。事业单位的专业业务活动及其辅助活动是事业单位持续运行的主要业务活动,在不同行业的事业单位中表现为不同的具体内容。例如,教育事业单位主要表现为教学事业活动和科研事业活动,科学事业单位主要表现为科研事业活动、科普事业活动、教学事业活动等,医疗卫生事业单位主要表现为医疗事业活动和科教事业活动,文化文物事业单位主要表现为图书阅览、艺术展览、文物展示等,广播电视事业单位主要表现为广播电视节目的制作、播出等,体育事业单位主要表现为体育训练、群众体育等。

事业支出是事业单位统筹使用各项事业活动收入发生的支出。即事业单位应当根据财政补助收入、事业收入、上级补助收入、附属单位上缴收入和其他收入等情况统筹安排事业支出。事业支出既需要反映相应种类专业业务活动的支出数额,又需要区分使用的资金性质,如使用的是财政补助资金还是非财政补助资金,还需要反映单位预算的执行情况,如使用的是基本支出预算资金还是项目支出预算资金。

事业支出是事业单位的最主要支出。对于没有经营支出的事业单位,如义务教育阶段的中小学校、基层医疗卫生机构等,事业支出是唯一的业务活动支出。

二、事业支出的分类

为全面反映事业单位各项事业支出的内容,便于分析和考核各项事业支出的实际发生情况及其效果,事业单位有必要对事业支出按照一定的要求进行适当的分类。

(一)按照政府支出经济分类科目进行的分类

事业单位的事业支出应当按照《政府收支分类科目》中的"支出经济分类科目"进

行分类。具体分类情况如下所述。

1. 工资福利支出

工资福利支出反映事业单位开支的在职职工和临时聘用人员的各类劳动报酬，以及为上述人员缴纳的各项社会保险费等。该科目分设如下款级科目：

（1）基本工资，反映按规定发放的基本工资，包括事业单位工作人员的岗位工资、薪级工资。

（2）津贴补贴，反映事业单位在基本工资之外按规定开支的事业单位职工艰苦边远地区津贴、地区附加津贴、岗位性津贴和其他各种补贴等。

（3）社会保障缴费，反映事业单位为职工缴纳的基本养老、基本医疗、失业、工伤、生育等社会保险费，残疾人就业保障金。

（4）伙食补助费，反映事业单位发给职工的伙食补助费，如误餐补助等。

（5）绩效工资，反映事业单位工作人员的绩效工资。

（6）其他工资福利支出，反映上述项目未包括的人员支出，如各种加班工资、病假2个月以上期间的人员工资、编制外长期聘用人员、长期临时工工资等。

支出经济分类反映事业单位支出的经济性质和具体用途，说明事业单位的钱是如何使用的，如拨给学校的钱究竟是发了工资、还是买了设备、盖了校舍。从某种意义上讲，支出经济分类是对事业单位支出活动更为明细的反映。

以上事业单位工资福利支出类级科目下的款级科目与行政单位的相应科目基本相同，但两者也有一些差别，如行政单位有奖金科目，没有绩效工资科目；事业单位有绩效工资科目，没有奖金科目。这些具体的差别与行政单位和事业单位的工资福利制度直接相关。

2. 商品和服务支出

商品和服务支出反映事业单位购买商品和服务的支出（不包括用于购置固定资产的支出）。该科目分设如下款级科目：

（1）办公费，反映事业单位购买按财务会计制度规定不符合固定资产确认标准的日常办公用品、书报杂志等支出。

（2）印刷费，反映事业单位的印刷费支出。

（3）咨询费，反映事业单位咨询方面的支出。

（4）手续费，反映事业单位支付的各类手续费支出。

（5）水费，反映事业单位支付的水费、污水处理费等支出。

（6）电费，反映事业单位的电费支出。

（7）邮电费，反映事业单位开支的信函、包裹、货物等物品的邮寄费及电话费、电报费、传真费、网络通讯费等。

（8）取暖费，反映事业单位取暖用燃料费、热力费、炉具购置费、锅炉临时工的工资、节煤奖以及由事业单位支付的在职职工和离退休人员宿舍取暖费等。

（9）物业管理费，反映事业单位开支的办公用房、职工及离退休人员宿舍等的物业管理费，包括综合治理、绿化、卫生等方面的支出。

(10) 交通费,反映事业单位车船等各类交通工具的租用费、燃料费、维修费、过桥过路费、保险费、安全奖励费等。

(11) 差旅费,反映事业单位工作人员出差的住宿费、旅费、伙食补助费、杂费,干部及大中专学生调遣费,调干家属旅费补助等。

(12) 出国费,反映事业单位工作人员出国的住宿费、旅费、伙食补助费、杂费等支出。

(13) 维修(护)费,反映事业单位日常开支的固定资产(不包括车船等交通工具)修理和维护费用,网络信息系统运行与维护费用,以及按规定提取的修购基金。

(14) 租赁费,反映事业单位租赁办公用房、宿舍、专用通讯网以及其他设备等方面的费用。

(15) 会议费,反映事业单位会议中按规定开支的房租费、伙食补助费以及文件资料的印刷费、会议场地租用费等。

(16) 培训费,反映事业单位各类培训支出。按标准提取的"职工教育经费"也在该科目中反映。

(17) 招待费,反映事业单位按规定开支的各类接待(含外宾接待)费用。

(18) 专用材料费,反映事业单位购买日常专用材料的支出。具体包括药品及医疗耗材,实验室用品,专用服装,消耗性体育用品,专用工具和仪器,艺术部门专用材料和用品,广播电视台发射台发射机的电力、材料等方面的支出。

(19) 劳务费,反映支付给单位和个人的劳务费用,如临时聘用人员、钟点工工资,稿费、翻译费、评审费等。

(20) 委托业务费,反映事业单位因委托外单位办理业务而支付的委托业务费。

(21) 工会经费,反映事业单位按规定提取的工会经费。

(22) 福利费,反映事业单位按规定提取的福利费。

(23) 其他商品和服务支出,反映上述科目未包括的日常公用支出,如会员费、来访费、广告宣传、其他劳务费及离休人员特需费、公用经费等。

3. 对个人和家庭的补助

对个人和家庭的补助反映事业单位用于对个人和家庭的补助支出。该科目分设如下款级科目:

(1) 离休费,反映事业单位移交政府安置的离休人员的离休费、护理费和其他补贴。

(2) 退休费,反映事业单位移交政府安置的退休人员的退休费和其他补贴。

(3) 退职(役)费,反映事业单位退职人员的生活补贴,一次性支付给职工、运动员的退职补助。

(4) 抚恤金,反映事业单位按规定开支的烈士遗属、牺牲病故人员遗属的一次性和定期抚恤金,伤残人员的抚恤金,离退休人员等其他人员的各项抚恤金。

(5) 生活补助,反映事业单位按规定开支的优抚对象定期定量生活补助费,单位职工和遗属生活补助,因公负伤等住院治疗、住疗养院期间的伙食补助费等。

（6）救济费，反映事业单位按规定开支的城乡贫困人员、灾民、归侨、外侨及其他人员的生活救济费。实物形式的救济也在此科目反映。

（7）医疗费，反映事业单位在职职工、离退休人员的医疗费，学生医疗费，优抚对象医疗补助，以及按国家规定资助农民参加新型农村合作医疗的支出和对城乡贫困家庭的医疗救助支出。

（8）助学金，反映各类学校学生助学金、奖学金、学生贷款、出国留学（实习）人员生活费，青少年业余体校学员伙食补助费和生活费补贴，按照协议由我方负担或享受我方奖学金的来华留学生、进修生生活费等。

（9）奖励金，反映事业单位的奖励支出，如对计划生育目标责任奖励、独生子女父母奖励等。

（10）生产补贴，反映事业单位各种对个人发放的生产补贴支出，如国家对农民发放的农机具购置补贴、良种补贴、粮食直补以及发放给残疾人的各种生产经营补贴等。

（11）住房公积金，反映事业单位按职工工资总额的一定比例为职工缴纳的住房公积金。

（12）提租补贴，反映按房改政策规定的标准，事业单位向职工（含离退休人员）发放的租金补贴。

（13）购房补贴，反映事业单位按规定向符合条件职工（含离退休人员）发放的用于购买住房的补贴。

（14）其他对个人和家庭的补助支出，反映未包括在上述科目的对个人和家庭的补助支出，如婴幼儿补贴、职工探亲旅费、退职人员及随行家属路费等。

4. 赠与

赠与科目反映对国内外组织等提供的援助、捐赠以及缴纳国际组织会费等方面的支出。该类级科目分设如下款级科目：

（1）对国内的赠与，反映对国内组织提供的捐赠支出。

（2）对国外的赠与，反映对国际组织提供的双边援助，缴纳的会费以及有关捐赠方面的支出。

5. 债务利息支出

债务利息支出科目反映事业单位的债务利息支出。该类级科目分设如下款级科目：

（1）国内债务付息，反映当年用于偿还国内债务利息的支出。

（2）向国家银行借款付息，反映向国家银行借款的付息支出。

（3）其他国内借款付息，反映向其他国内借款的付息支出。

6. 债务还本支出

债务还本支出科目反映事业单位归还各类借款本金方面的支出。该类级科目分设如下款级科目：

（1）国内债务还本，反映归还各类国内借款本金方面的支出。

(2) 国外债务还本，反映归还各类国外借款本金方面的支出。

7. 基本建设支出

基本建设支出反映事业单位由各级发展与改革部门集中安排的用于购置固定资产、土地和无形资产，以及购建大型修缮所发生的支出。该科目分设如下款级科目：

(1) 房屋建筑物购建，反映用于购买、自行建造办公用房、仓库、职工生活用房、教学科研用房、学生宿舍、食堂等建筑物（含附属设施，如电梯、通讯线路、水气管道等）的支出。

(2) 办公设备购置，反映用于购置并按财务会计制度规定纳入固定资产核算范围的办公家具和办公设备的支出。

(3) 专用设备购置，反映用于购置具有专门用途、并按财务会计制度规定纳入固定资产核算范围的各类专用设备的支出。如通信设备、发电设备、交通监控设备、卫星转发器、气象设备、进出口监管设备等。

(4) 交通工具购置，反映用于购置各类交通工具（如小汽车、摩托车等）的支出（含车辆购置税）。

(5) 大型修缮，反映按财务会计制度规定允许资本化的各类设备、建筑物、公共基础设施等大型修缮的支出。

(6) 信息网络购建，反映用于信息网络方面的支出。如计算机硬件、软件购置、开发、应用支出等，如果购建的计算机硬件、软件等不符合财务会计制度规定的固定资产确认标准的，不在此科目反映。

(7) 其他基本建设支出，反映著作权、商标权、专利权等无形资产购置支出，以及其他上述科目中未包括的资本性支出。如娱乐、文化和艺术原作的使用权、购买国内外影片播映权、购置图书等。

8. 其他资本性支出

其他资本性支出反映事业单位由非各级发展与改革部门集中安排的用于购置固定资产、土地和无形资产，以及购建大型修缮所发生的支出。该科目分设如下款级科目：

(1) 房屋建筑物购建，反映用于购买、自行建造办公用房、仓库、职工生活用房、教学科研用房、学生宿舍、食堂等建筑物（含附属设施，如电梯、通讯线路、水气管道等）的支出。

(2) 办公设备购置，反映用于购置并按财务会计制度规定纳入固定资产核算范围的办公家具和办公设备的支出。

(3) 专用设备购置，反映用于购置具有专门用途、并按财务会计制度规定纳入固定资产核算范围的各类专用设备的支出。如通信设备、发电设备、交通监控设备、卫星转发器、气象设备、进出口监管设备等。

(4) 交通工具购置，反映用于购置各类交通工具（如小汽车、摩托车等）的支出（含车辆购置税）。

(5) 大型修缮，反映按财务会计制度规定允许资本化的各类设备、建筑物、公共基础设施等大型修缮的支出。

（6）信息网络购建，反映政府用于信息网络方面的支出。如计算机硬件、软件购置、开发、应用支出等，如果购建的计算机硬件、软件等不符合财务会计制度规定的固定资产确认标准的，不在此科目反映。

（7）其他资本性支出，反映著作权、商标权、专利权等无形资产购置支出，以及其他上述科目中未包括的资本性支出。如娱乐、文化和艺术原作的使用权、购买国内外影片播映权、购置图书等。

上述科目分类，是事业单位按照《政府收支分类科目》中的"支出经济分类"作出的一个完整的事业支出科目体系。它与《政府收支分类科目》中的"支出功能分类科目"是相互配套的两套支出科目体系。这两套支出科目体系，分别从不同的角度对事业单位的事业支出进行了全面系统的分类。例如，某市政府直属某高等学校购买了一批日常办公用品，直接交有关业务部门使用。该购买日常办公用品的支出可以同时在"一般预算支出——教育——普通教育——高等教育"科目和"基本支出——商品和服务支出——办公费"科目中反映。前者反映为政府的功能支出或职能支出，后者反映为政府或事业单位的经济支出或用途支出。同时设置两套完整的支出科目，分别从不同的角度反映政府和事业单位支出的内容，两套科目各自成体系又相互联系。

（二）按照部门预算的要求进行的分类

按照部门预算的要求，事业单位的事业支出可分为基本支出和项目支出两大类。

1. 基本支出

基本支出是指事业单位为维持正常运转和完成日常工作任务而发生的各项支出。例如，事业单位按规定支付给工作人员的基本工资、津贴等；事业单位为完成日常工作需要所发生的办公费、水电费、差旅费等办公经费支出。基本支出作事业单位的基本资金消耗，具有常规性和稳定性的特点。如果没有基本支出作保证，事业单位就无法维持正常的运转，也无法完成日常的事业工作任务。按照部门预算管理的要求，事业单位的基本支出再分成人员经费支出和日常公用经费支出两大类。其中，人员经费支出的具体科目包括《政府收支分类科目》中的"工资福利支出"科目以及"对个人和家庭的补助支出"科目；日常公用经费支出的具体科目包括《政府收支分类科目》中的"商品和服务支出"科目，以及"基本建设支出"科目和"其他资本性支出"科目中的"办公设备购置""专用设备购置"和"交通工具购置"科目。事业单位购置办公设备、专用设备和交通工具的支出，视情况也可以作为项目支出预算的内容。

基本支出应当在不同行业的事业单位以及在同一事业单位的不同部门之间保持基本相同的水平，避免有关单位或部门的基本保障水平存在较大差距。

2. 项目支出

项目支出是指事业单位为完成专项工作或特定任务而发生的各项支出。事业单位的项目支出一般包括房屋建筑物购建支出、专项大型修缮支出、信息网络购建类项目、信息系统运行维护类项目、大型会议和培训类项目、专项课题和规划类项目等。从是否属于基本建设项目来看，事业单位项目支出中的项目可以分成事业业务类项目、基本建设类项目两大类。从项目的重要性来看,事业单位项目支出中的项目可以分成重点项目、一般项目等类别。从是否属于上年结转的项目来看,事业单位项目支出中的项目可以分成上年结转的项目、当年新批准的项目等类别。事业单位项目支出的具体科目可以同时包括《政府收支分类科目》中的"商品和服务支出""基本建设支出""其他资本性支出"科目中的相关明细科目。

事业单位的项目支出一般都安排有专项资金来源。如果没有安排专项资金来源,一般即作为基本支出。与基本支出相比,项目支出具有非常规性、不稳定的特点。

（三）按不同经费性质分类

按照不同的经费性质或资金性质,事业单位的事业支出可分为财政补助支出和非财政补助支出两大类。同时有公共财政预算拨款和政府性基金预算拨款的事业单位,财政补助支出还可以区分为公共财政预算拨款支出和政府性基金预算拨款支出两类。

1. 财政补助支出

财政补助支出是指事业单位使用财政补助收入发生的支出。在事业单位的预算报表中,事业单位通常需要单独编制财政补助支出预算表。财政补助支出预算表通常分别反映基本支出和项目支出,同时按照支出功能分类科目和支出经济分类科目对照反映。

2. 非财政补助支出

非财政补助支出也可称其他资金支出,是指事业单位使用除财政补助收入之外的资金发生的支出。非财政补助支出需要按照项目支出和非项目支出分别反映,以分别与项目收入和非项目收入对应。事业单位应当根据需要,采用同时按照经济用途、部门预算、经费性质、财政补助所属时期进行分类的方法,提供相应的事业支出的数据,多角度地提供有关事业支出的信息,以满足信息使用者的不同信息需求。

三、事业支出的管理要求

（1）严格按照部门预算规定的用途和数额使用。事业单位的事业支出必须严格按照部门预算规定的用途和数额使用,不可办理无预算、超预算范围的事业支出。对于违反财经纪律的开支,事业单位一律不得办理报销支付。

（2）保证基本支出的需要。事业单位的事业支出应当保证单位基本支出的需要,包括人员经费和日常公用经费的需要。对于单位的基本支出,应当实行优先保障、优先安排的管理原则。只有在基本支出安排得到保证后,才可以安排项目支出。事业单位的基本支出一般采用定员、定额的管理办法。所谓定员,是指国家机构编制主管部门根据事业单位的性质、职能、业务范围和工作任务所下达的人员配置标准。所谓定额,是指财政部门根据事业单位机构正常运转和日常工作任务的合理需要,对各项基本支出所规定的指标额度。基本支出的定额项目包括人员经费和日常公用经费两部分。

（3）严格项目支出的管理。事业单位的项目支出应当实行区分轻重缓急进行科学论证、合理排序申报、立项后专款专用、追踪问效的管理制度。事业单位应当为每项项目支出单独建账,独立反映其资金来源和使用情况以及项目进度和完成情况,并及时对资金使用的效益作出评价。

(4) 实行综合预算管理方法。事业单位应当将事业单位的各项收入综合地安排用于事业支出,包括基本支出和项目支出。即事业单位在安排基本支出时,需要综合地安排使用各项收入;在安排项目支出时,也需要综合地安排使用各项收入。

(5) 划清事业支出与经营支出的界线。事业单位应当严格划清事业支出和经营支出的界线,不可将应列入经营支出的项目列入事业支出,也不可将应列入事业支出的项目列入经营支出。

四、事业支出的核算

为了核算事业单位支出业务,事业单位应设置"事业支出"总账科目。该科目应当按照"基本支出""项目支出""财政补助支出""非财政专项资金支出"和"其他资金支出"等层级进行明细核算,并按照《政府收支分类科目》中"支出功能分类"相关科目进行明细核算;"基本支出"和"项目支出"明细科目下应当按照《政府收支分类科目》中"支出经济分类"的款级科目进行明细核算;同时在"项目支出"明细科目下按照具体项目进行明细核算。期末,将该科目中财政补助支出本期发生额结转入"财政补助结转"科目,将该科目中非财政专项资金支出本期发生额结转入"非财政补助结转"科目,将该科目中其他资金支出本期发生额结转入"事业结余"科目。期末结账后,该科目应无余额。

(一) 事业支出的日常业务

1. 计提单位职工薪酬时事业支出的核算

为从事专业业务活动及其辅助活动人员计提薪酬等,借记"事业支出"科目,贷记"应付职工薪酬"等科目。

2. 领用存货时事业支出的核算

开展专业业务活动及其辅助活动领用存货时,按领用存货的实际成本,借记"事业支出"科目,贷记"存货"科目。

3. 支付购买固定资产、无形资产和工程结算款项时事业支出的核算

购入不需安装的固定资产,按照确定的固定资产成本,借记"固定资产"科目,贷记"非流动资产基金——固定资产"科目;同时,按照实际支付金额,借记"事业支出"等科目,贷记"财政补助收入""零余额账户用款额度""银行存款"等科目。

购入的无形资产,按照确定的无形资产成本,借记"无形资产"科目,贷记"非流动资产基金——无形资产"科目;同时,按照实际支付金额,借记"事业支出"等科目,贷记"财政补助收入""零余额账户用款额度""银行存款"等科目。

事业单位根据工程价款结算账单与施工企业结算工程价款时,按照实际支付的工程价款,借记"在建工程"科目,贷记"非流动资产基金——在建工程"科目;同时,借记"事业支出"等科目,贷记"财政补助收入""零余额账户用款额度""银行存款"等科目。

4. 发生其他各项支出时事业支出的核算

开展专业业务活动及其辅助活动中发生的其他各项支出,借记"事业支出"科目,

贷记"库存现金""银行存款""零余额账户用款额度""财政补助收入"等科目。

5. 事业支出的期末结转

（1）将"事业支出——财政补助支出"本期发生额结转入"财政补助结转"科目，借记"财政补助结转——基本支出结转（或项目支出结转）"科目，贷记"事业支出——财政补助支出——基本支出（或项目支出）"科目。

（2）将"事业支出——非财政专项资金支出"本期发生额结转入"非财政补助结转"科目，借记"非财政补助结转"科目，贷记"事业支出——非财政专项资金支出——项目支出"科目。

（3）将"事业支出——其他资金支出"本期发生额结转入"事业结余"科目，借记"事业结余"科目，贷记"事业支出——其他资金支出——基本支出（或项目支出）"科目。

【例12-1】 某文化事业单位2015年发生如下业务：

（1）为从事专业业务活动及其辅助活动人员计提职工薪酬200 000元，具体内容包括如下两项：一是职工基本工资140 000元，适用的政府支出功能分类科目为"文化体育与传媒支出——文化——图书馆"，适用的政府支出经济分类科目为"工资福利支出——基本工资"，单位预算中属于基本支出预算，使用的资金性质为财政补助资金；二是职工绩效工资60 000元，适用的政府支出功能分类科目为"文化体育与传媒支出——文化——图书馆"，适用的政府支出经济分类科目为"工资福利支出——绩效工资"，单位预算中属于基本支出预算，使用的资金性质为财政补助资金。其会计分录为：

借：事业支出　　　　　　　　　　　　　　　　　　　　　200 000
　　贷：应付职工薪酬　　　　　　　　　　　　　　　　　　200 000

同时，在"事业支出"明细科目的借方登记如下：

财政补助支出——基本支出——工资福利支出——基本工资　　140 000
财政补助支出——基本支出——工资福利支出——绩效工资　　 60 000

（2）为退休人员计提职工薪酬，具体内容为基本工资25 000元，适用的政府支出功能分类科目为"社会保障和就业支出——行政事业单位离退休——事业单位离退休"，适用的政府支出经济分类科目为"工资福利支出——基本工资"，单位预算中属于基本支出预算，使用的资金性质为财政补助资金。其会计分录为：

借：事业支出　　　　　　　　　　　　　　　　　　　　　 25 000
　　贷：应付职工薪酬　　　　　　　　　　　　　　　　　　 25 000

同时，在"事业支出"明细科目的借方登记如下：

财政补助支出——基本支出——工资福利支出——基本工资　　 25 000

（3）相关部门为开展专业业务活动及其辅助活动从仓库领用一批存货，具体为专用服装，实际成本为25 000元，适用的政府支出功能分类科目为"文化体育与传媒支出——文化——图书馆"，适用的政府支出经济分类科目为"商品和服务支出——专用材料费"，单位预算中属于项目支出预算。该批存货是使用主管部门提供的非财政专项科研资金购入的。其会计分录为：

借：事业支出　　　　　　　　　　　　　　　　　　　　　　　　　25 000
　　贷：存货　　　　　　　　　　　　　　　　　　　　　　　　　　25 000

同时，在"事业支出"明细科目的借方登记如下：

非财政专项资金支出——项目支出——商品和服务支出——专用材料费　25 000

（4）通过财政授权支付方式支付一笔款项85 000元，内容为购买从事专业业务活动及其辅助活动所需要的图书，适用的政府支出功能分类科目均为"文化体育与传媒支出——文化——图书馆"，适用的政府支出经济分类科目为"其他资本性支出——其他资本性支出"，单位预算中属于项目支出预算。购买的图书已经验收并上架使用，作为固定资产管理。其会计分录为：

借：事业支出　　　　　　　　　　　　　　　　　　　　　　　　　85 000
　　贷：零余额账户用款额度　　　　　　　　　　　　　　　　　　　85 000

同时，

借：固定资产　　　　　　　　　　　　　　　　　　　　　　　　　85 000
　　贷：非流动资产基金——固定资产　　　　　　　　　　　　　　　85 000

在"事业支出"明细科目的借方登记如下：

财政补助支出——项目支出——其他资本性支出　　　　　　　　　　85 000

（5）为购买从事专业业务活动及其辅助活动所需要的计算机及其相关软件，支付一笔款项150 000元，适用的政府支出功能分类科目均为"文化体育与传媒支出——文化——图书馆"，适用的政府支出经济分类科目为"其他资本性支出——信息网络及软件购置更新"，单位预算中属于项目支出预算。购买的计算机及其相关软件已经验收并投入使用，作为固定资产管理。该固定资产是使用主管部门提供的非财政专项科研资金购入的。其会计分录为：

借：事业支出　　　　　　　　　　　　　　　　　　　　　　　　　150 000
　　贷：银行存款　　　　　　　　　　　　　　　　　　　　　　　　150 000

同时，

借：固定资产　　　　　　　　　　　　　　　　　　　　　　　　　150 000
　　贷：非流动资产基金——固定资产　　　　　　　　　　　　　　　150 000

在"事业支出"明细科目的借方登记如下：

非财政专项资金支出——项目支出——其他资本性支出　　　　　　　150 000

（6）通过财政授权支付方式支付一笔款项11 000元，内容为支付一项公共文化研究项目的研究费用，适用的政府支出功能分类科目均为"科学技术支出——应用研究——社会公益研究"，适用的政府支出经济分类科目为"商品和服务支出——印刷费"，单位预算中属于项目支出预算。其会计分录为：

借：事业支出　　　　　　　　　　　　　　　　　　　　　　11 000
　　贷：零余额账户用款额度　　　　　　　　　　　　　　　　11 000

同时，在"事业支出"明细科目的借方登记如下：

　　财政补助支出——项目支出——商品和服务支出　　　　　11 000

（7）通过开户银行支付一笔款项1 500元，内容为支付随买随用的零星办公用品，适用的政府支出功能分类科目均为"文化体育与传媒支出——文化——群众文化"，适用的政府支出经济分类科目为"商品和服务支出——办公费"，单位预算中属于基本支出预算，使用的资金性质为非专项事业收入资金，即其他资金。其会计分录为：

借：事业支出　　　　　　　　　　　　　　　　　　　　　　1 500
　　贷：银行存款　　　　　　　　　　　　　　　　　　　　　1 500

同时，在"事业支出"明细科目的借方登记如下：

　　其他资金支出——基本支出——商品和服务支出　　　　　15 020

（8）通过财政直接支付方式支付从事专业业务活动及其辅助活动发生的相关费用共计85 000元，其中，水费40 000元，电费45 000元，适用的政府支出经济分类科目分别为"商品和服务支出——水费""商品和服务支出——电费"，适用的政府支出功能分类科目均为"文化体育与传媒支出——文化——图书馆"，单位预算中均属于基本支出预算。其会计分录为：

借：事业支出　　　　　　　　　　　　　　　　　　　　　　85 000
　　贷：财政补助收入　　　　　　　　　　　　　　　　　　　85 000

同时，在"事业支出"明细科目的借方登记如下：

　　财政补助支出——基本支出——商品和服务支出——水费　40 000
　　　　　　　　　　　　　　　　　　　　　　　——电费　45 000

（9）年终，"事业支出——财政补助支出——基本支出"科目本期发生额为310 000元，"事业支出——财政补助支出——项目支出"科目本期发生额为96 000元，"事业支出——非财政专项资金支出——项目支出"175 000元，"事业支出——其他资金支出——基本支出"1 500元，结转时的账务处理如下：

将上述"事业支出——财政补助支出"科目的借方发生额全数转入"财政补助结转"科目。其会计分录为：

借：财政补助结转——基本支出结转　　　　　　　　　　　　310 000
　　　　　　　　——项目支出结转　　　　　　　　　　　　 96 000
　　贷：事业支出——财政补助支出——基本支出　　　　　　 310 000
　　　　　　　　　　　　　　　　——项目支出　　　　　　 96 000

将上述"事业支出——非财政专项资金支出"科目的借方发生额全数转入"非财政补助结转"科目。其会计分录为：

借：非财政补助结转	175 000
贷：事业支出——非财政专项资金支出——项目支出	175 000

将上述"事业支出——其他资金支出"科目的借方余额全数转入"事业结余"科目。其会计分录为：

借：事业结余	1 500
贷：事业支出	1 500

同时，结清所有"事业支出——财政补助支出""事业支出——非财政专项资金支出""事业支出——其他资金支出"明细科目的余额。

第三节 上缴上级支出和对附属单位补助支出

一、上缴上级支出

上缴上级支出是指独立核算的事业单位按照财政部门和主管部门的规定标准或比例上缴上级单位的支出。这类业务所涉及的款项都属于非财政资金。通常是事业单位自身事业收入、经营收入和其他收入取得的资金。事业单位不可以使用其自身取得的财政补助收入用作上缴上级支出。

上缴上级支出与上级单位的"附属单位上缴收入"相对应。当上缴上级款项的事业单位确认上缴上级支出时，收到附属单位缴款的事业单位确认附属单位上缴收入。

为了核算上缴上级单位的支出，事业单位应设置"上缴上级支出"总账科目。该科目应当按照收缴款项单位、缴款项目、《政府收支分类科目》中"支出功能分类"相关科目等进行明细核算。该科目平时余额在借方，反映上缴上级支出的累计数。期末"上缴上级支出"科目余额结转至"事业结余"科目后，该科目无余额。

事业单位按照规定将款项上缴上级单位时，按照实际上缴的金额，借记"上缴上级支出"科目，贷记"银行存款"等科目；年终，将上缴上级支出本期发生额结转事业结余时，借记"事业结余"科目，贷记"上缴上级支出"科目。

【例12-2】某广播电视事业单位发生如下业务：

（1）按财政部门和主管部门的规定，对于取得的有关事业收入，按照相应的标准和比例上缴上级单位，经计算，上缴金额为30 000元，款项已通过银行支付。该支出适用的政府支出功能分类科目为"文化体育与传媒支出——广播影视——电视"。其会计分录为：

借：上缴上级支出——基本支出	30 000
贷：银行存款	30 000

（2）年终结账时，将"上缴上级支出"科目借方余额30 000元全数转入"事业结余"科目。其会计分录为：

借：事业结余	30 000	
贷：上缴上级支出		30 000

同时,结清上缴上级支出明细账的余额。

二、对附属单位补助支出

对附属单位补助支出是指事业单位用财政补助收入之外的收入对附属单位补助发生的支出。对附属单位补助支出与上级补助收入存在对应关系。当上级单位对下级单位进行补助时,上级单位确认对附属单位补助支出,下级单位确认上级补助收入。该项补助资金的性质是非财政补助资金,不能用财政补助资金拨付给附属单位。事业单位对附属单位的补助资金,一般是事业单位从事业务活动所取得的事业收入、经营收入和其他收入,或附属单位的上缴收入。

为了核算对附属单位的补助支出业务,事业单位应设置"对附属单位补助支出"总账科目。该科目应按接受补助的附属单位设置明细账,并应当按照接受补助单位、补助项目、《政府收支分类科目》中"支出功能分类"相关科目等进行明细核算。该科目平时余额在借方,表示事业单位对其附属单位补助支出的累计数。期末结账后该科目应无余额。

事业单位对附属单位补助支出时,按照实际支出的金额,借记"对附属单位补助支出"科目,贷记"银行存款"等科目;年终,将对附属单位补助支出本期发生额结转事业结余时,借记"事业结余"科目,贷记"对附属单位补助支出"科目。

【例12-3】 某事业单位高等学校发生如下业务:

(1)用一部分事业收入和其他收入对附属中学拨付一次性补助款30 000元,以进一步提升附属初级中学的教学水平,款项通过银行存款支付,适用的政府"支出功能分类"科目为"教育支出——普通教育——高等教育"。其会计分录为:

借：对附属单位补助支出	30 000	
贷：银行存款		30 000

这里需要明确的是,对附属单位补助支出适用的政府支出功能分类科目是指发生补助一方使用的政府支出功能分类科目,不是指取得补助一方适用的政府支出功能分类科目。

(2)年终结账时,将"对附属单位补助支出"科目借方发生额30 000元全数转入"事业结余"科目。其会计分录为:

借：事业结余	30 000	
贷：对附属单位补助支出		30 000

同时,结清对附属单位补助支出明细账的余额。

第四节 经营支出

一、经营支出的概念

经营支出是指事业单位在专业业务活动及其辅助活动之外开展非独立核算的经

营活动时发生的各项支出。其主要特点:一是经营支出因非独立核算单位的经营性业务而发生;二是经营支出需要有经营活动收入补偿;三是经营支出应当与经营收入相配比。

经营支出与事业支出均为事业单位向社会提供商品或服务时而发生的支出。但不同之处在于,经营活动体现了保本获利原则,其支出只能从商品或服务接受方获得补偿;而事业支出体现了事业活动的公益性原则,可能从商品或服务的接受方得到补偿,但主要是从财政补助中得到补偿。

事业单位应严格区分事业支出和经营支出。事业单位在开展非独立核算经营活动时,应当正确归集和分配实际发生的各项费用。直接为经营活动所耗费的材料、工资、费用等,应直接计入经营支出;无法直接归集的各项支出,应按规定的比例合理分摊。

二、经营支出的核算

为了核算经营支出业务,事业单位应设置"经营支出"总账科目。该科目应当按照经营活动类别、项目、《政府收支分类科目》中"支出功能分类"相关科目等进行明细核算。该科目平时借方余额反映当期经营支出的累计数。期末,将该科目贷方余额结转"经营结余"科目的借方,结账后,该科目无余额。经营支出的账务处理如下:

(1) 为在专业业务活动及其辅助活动之外开展非独立核算经营活动人员计提薪酬等,借记"经营支出"科目,贷记"应付职工薪酬"等科目。

(2) 在专业业务活动及其辅助活动之外开展非独立核算经营活动领用、发出存货时,按领用、发出存货的实际成本,借记"经营支出"科目,贷记"存货"科目。

(3) 在专业业务活动及其辅助活动之外开展非独立核算经营活动中发生的其他各项支出,借记"经营支出"科目,贷记"库存现金""银行存款""应缴税费"等科目。

(4) 期末,经营支出本期发生额转入经营结余时,借记"经营结余"科目,贷记"经营支出"科目。

【例12-4】 某体育事业单位2015年10月开展一项非独立核算的经营活动,内容为对外出售日常体育用品,具体业务如下:

(1) 为相应从事经营活动的人员计提职工薪酬2 500元,适用的政府"支出功能分类"科目为"文化体育与传媒支出——体育——体育场馆"。其会计分录为:

借:经营支出　　　　　　　　　　　　　　　　　　　　　　　　2 500
　　贷:应付职工薪酬　　　　　　　　　　　　　　　　　　　　　　2 500

(2) 计算并结转发出的对外出售日常体育用品的实际成本7 500元,适用的政府"支出功能分类"科目为"文化体育与传媒支出——体育——体育场馆"。其会计分录为:

借:经营支出　　　　　　　　　　　　　　　　　　　　　　　　7 500
　　贷:存货　　　　　　　　　　　　　　　　　　　　　　　　　7 500

(3) 经营活动领用劳保用品 150 元,适用的政府"支出功能分类"科目为"文化体育与传媒支出——体育——体育场馆"。其会计分录为:

借:经营支出　　　　　　　　　　　　　　　　　　　　　　150
　贷:存货——劳保用品　　　　　　　　　　　　　　　　　　　150

(4) 开出转账支票支付经营部门水电费、电话费 850 元,适用的政府"支出功能分类"科目为"文化体育与传媒支出——体育——体育场馆"。其会计分录为:

借:经营支出　　　　　　　　　　　　　　　　　　　　　　850
　贷:银行存款　　　　　　　　　　　　　　　　　　　　　　　850

(5) 年终结账,将"经营支出"科目借方发生额 11 000 元转入"经营结余"科目。其会计分录为:

借:经营结余　　　　　　　　　　　　　　　　　　　　　11 000
　贷:经营支出　　　　　　　　　　　　　　　　　　　　　　11 000

同时,结清经营支出明细账的余额。

第五节　其他支出

一、其他支出的概念

其他支出是指事业单位除事业支出、上缴上级支出、对附属单位补助支出、经营支出以外的各项支出,如利息支出、捐赠支出、现金盘亏损失、资产处理损失、接受捐赠(调入)非流动资产发生的税费支出等。

其他支出与事业单位各项业务活动无直接关系,但对这些支出进行单独核算的意义在于正确反映事业单位各项支出的水平,实现收支配比,以评价事业单位的管理业绩。

二、其他支出的核算

为了核算其他支出,事业单位应设置"其他支出"总账科目。该科目应当按照其他支出的类别、《政府收支分类科目》中"支出功能分类"相关科目等进行明细核算。其他支出中如有专项资金支出,还应按具体项目进行核算。该科目借方余额反映当期其他支出的累计数。期末结账后,该科目应无余额。其他支出的主要账务处理如下所述。

1. 其他支出的日常业务

(1) 利息支出。无论是短期借款还是长期借款,事业单位的借款利息都按照收付实现制基础确认,即在支付借款利息时确认利息支出。事业单位支付银行借款利息时,借记"其他支出"科目,贷记"银行存款"科目。

【例 12-5】某教育事业单位以银行存款支付一笔银行借款利息 7 000 元,适用的政府支出功能分类科目为"教育支出——普通教育——高中教育"。单位预算属于基本支出预算,使用的资金性质为非专项事业收入资金,即其他资金。其会计分录为:

借:其他支出　　　　　　　　　　　　　　　　　　　7 000
　　贷:银行存款　　　　　　　　　　　　　　　　　　　7 000

如果事业单位使用专项资金支付借款利息,如事业单位使用上级单位、主管部门或财政部门拨入的专项贴息资金支付借款利息,相应的其他支出属于专项资金支出;否则,相应的其他支出属于非专项资金支出。期末结账时,专项资金支出与非专项资金支出使用的结账方法不同。

(2)捐赠支出。事业单位对外捐赠现金资产时,借记"其他支出"科目,贷记"银行存款"等科目;对外捐出存货时,借记"其他支出"科目,贷记"待处置资产损溢"科目。对外捐赠固定资产、无形资产等非流动资产时,不通过该科目核算。

(3)现金盘亏损失。现金盘亏是指现金经过清查盘点后,其实际金额少于其账面金额。每日现金账款核对中,若发生现金短缺,应积极查找原因。属于无法查明原因的,报经批准后,借记"其他支出"科目,贷记"库存现金"科目。

(4)资产处置损失。事业单位报经批准核销应收及预付款项、处置存货时,借记"其他支出"科目,贷记"待处置资产损溢"科目。

(5)接受捐赠(调入)非流动资产发生税费支出。事业单位接受捐赠、无偿调入非流动资产发生相关税费、运输费时,借记"其他支出"科目,贷记"银行存款"等科目。

【例12-6】　某教育事业单位接受捐赠一批电脑,相关凭证注明的金额为50 000元。用库存现金支付运输费200元。相应支出适用的政府支出功能分类科目为"教育支出——普通教育——中学教育"。其会计分录为:

借:固定资产　　　　　　　　　　　　　　　　　　　50 200
　　贷:非流动资产基金——固定资产　　　　　　　　　　50 200

同时,

借:其他支出　　　　　　　　　　　　　　　　　　　200
　　贷:库存现金　　　　　　　　　　　　　　　　　　　200

以固定资产、无形资产取得长期股权投资,所发生的相关税费记入该科目。具体账务处理参见"长期投资"的核算。

2. 其他支出的期末结转

期末,将"其他支出"科目本期发生额中的专项资金支出结转入"非财政补助结转"科目,借记"非财政补助结转"科目,贷记"其他支出"科目下各专项资金支出明细科目;将"其他支出"科目本期发生额中的非专项资金支出结转入"事业结余"科目,借记"事业结余"科目,贷记"其他支出"科目下各非专项资金支出明细科目。期末结账后,"其他支出"科目无余额。

【例12-7】　2014年12月31日,某事业单位"其他支出"科目的本年发生额为

250 000元,其中属于专项资金支出 150 000 元,非专项资金支出 100 000 元。年终结转时,其会计分录为:

```
借:事业结余                                            100 000
   非财政补助结转                                      150 000
     贷:其他支出——其他资金支出——基本支出              100 000
              ——非财政专项资金支出——项目支出         150 000
```

同时,结清所有其他支出明细账的余额。

复习思考题

1. 什么是事业单位的支出？主要包括哪些种类？
2. 什么是事业单位的事业支出？应当按照哪些要求进行分类？不同要求下事业支出可以分成哪些主要的种类？
3. 事业单位事业支出的管理要求主要有哪些？
4. 事业单位事业支出的期末结账方法是怎样的？
5. 什么是事业单位的上缴上级支出？它与附属单位上缴收入在上下级单位间的业务内容上有什么关系？
6. 什么是事业单位的对附属单位补助支出？它与上级补助收入在上下级单位间的业务内容上有什么关系？
7. 什么是事业单位的经营支出？事业单位的经营支出与对附属单位补助支出有什么主要的区别？
8. 什么是事业单位的其他支出？事业单位的其他支出主要包括哪些内容？
9. 事业单位事业支出的期末结账方法与上缴上级支出、对附属单位补助支出、其他支出的期末结账方法有什么不同？

练 习 题

一、判断题

1. 事业单位用财政部门安排的预算资金购买固定资产发生的支出属于其他资本性支出。   (   )
2. 按照部门预算管理的要求,事业支出应分为基本支出和项目支出两大类。
                                                                              (   )
3. 事业单位购置办公设备的支出属于基本支出。   (   )
4. 事业单位按照核定的部门预算向所属预算单位转拨预算资金时,确认对附属单位补助。   (   )
5. 事业单位离退休人员的离退休费属于事业单位的工资福利支出。   (   )
6. 事业支出是事业单位统筹使用各项事业活动收入发生的支出。   (   )

7. 事业单位的公务用车购置支出既可以属于基本建设支出,也可以属于其他资本性支出。（　）
8. 事业单位的因公出国(境)费用属于工资福利支出。（　）
9. 期末,事业单位将"事业支出"科目本期发生额全部结转入"事业结余"科目。（　）
10. 经营支出是指事业单位在专业业务活动及其辅助活动之外开展独立核算经营活动发生的支出。（　）

二、单项选择题

1. 下列项目中,不属于事业单位工资福利支出的是(　)。
   A. 社会保障缴费 B. 生活补助
   C. 绩效工资 D. 津贴补贴
2. 下列支出中,一般不属于事业单位的项目支出的是(　)。
   A. 工资福利支出 B. 其他资本性支出
   C. 商品和服务支出 D. 基本建设支出
3. 事业单位发生的购建信息网络方面的支出,如计算机硬件、软件购置支出,如果按财务会计制度的规定可以作为固定资产进行确认的,应当归入(　)支出。
   A. 基础设施建设 B. 专用材料费
   C. 办公费 D. 信息网络购建
4. 下列支出中,不属于事业单位的基本支出的是(　)。
   A. 房屋建筑物购建 B. 津贴补助
   C. 电费 D. 医疗费
5. 事业单位发生事业支出时,借记"事业支出"科目,贷记的不会是(　)科目。
   A. "零余额账户用款额度" B. "银行存款"
   C. "财政补助收入" D. "财政零余额账户存款"
6. 与事业支出相对应的收入来源种类不包括(　)。
   A. 财政补助收入 B. 事业收入
   C. 经营收入 D. 附属单位上缴收入
7. 与行政单位的经费支出种类相比,事业单位的事业支出一般没有(　)。
   A. 物资储备支出 B. 社会保障缴费支出
   C. 助学金支出 D. 绩效工资支出

三、业务处理题

某教育事业单位2016年发生如下经济业务：

(1) 为从事专业业务活动及其辅助活动人员计提职工薪酬14400元,具体科目和金额为："事业支出——财政补助支出——基本支出——人员经费——工资福利支出——基本工资"14 400元。单位预算中属于基本支出预算的人员经费预算,使用的资金为财政补助资金。

(2) 为从事专业业务活动及其辅助活动人员计提职工薪酬5 650元,具体科目和金额为:"事业支出——非财政专项资金支出——基本支出——人员经费——工资福利支出——绩效工资"。单位预算中属于基本支出预算的人员经费预算,使用的资金为非专项事业收入资金。

(3) 通过单位零余额账户支付了一笔事业支出 3 450 元,具体科目和金额为:"事业支出——财政补助支出——基本支出——日常公用经费——商品和服务支出——电费"2 000 元、"事业支出——财政补助支出——基本支出——日常公用经费——商品和服务支出——水费"1 450 元。单位预算中属于基本支出预算,使用的资金为财政补助资金。

(4) 收到财政国库支付执行机构委托其代理银行转来的财政直接支付入账通知书,财政国库支付执行机构通过财政零余额账户为事业单位支付了一笔事业支出 13 950 元,具体科目和金额为:"事业支出——财政补助支出——项目支出——教学设备购置"。单位预算中属于项目支出预算,使用的资金为财政补助资金。

(5) 教学部门从仓库领出一批以当年财政拨款购买的办公用品计 1 110 元,用于日常教学办公事务。具体科目和金额为:"事业支出——财政补助支出——基本支出——日常公用经费——商品和服务支出"。单位预算中属于基本支出预算,使用的资金为财政补助资金。

(6) 食堂开展经营活动发生经营支出 585 元,款项以银行存款支付。

(7) 以在事业活动中取得的一笔其他收入支付一笔事业支出,具体科目和金额为:"事业支出——其他资金支出——基本支出——日常公用经费——交通费"120 元,款项以现金支付。单位预算中属于基本支出预算,使用的资金为非财政非专项资金。

(8) 年终结账。假定"事业支出"总账科目的借方余额为 304 290 元。"事业支出"有关明细账科目的借方余额为:"财政补助支出——基本支出——人员经费"118 350 元,"财政补助支出——基本支出——日常公用经费"144 000 元,"财政补助支出——项目支出——教学设备购置"41 400 元,"非财政专项资金支出——基本支出——日常公用经费"13 500 元,"其他资金支出——基本支出——日常公用经费"540 元。"经营支出"总账科目的借方余额为 6 750 元。"经营支出"有关明细账科目的借方余额为:"食堂"6 750 元。事业单位将以上"事业支出"和"经营支出"科目的借方余额全数转入"财政拨款结转""事业结余"和"经营结余"科目。

要求:根据以上资料,为事业单位某职业学校编制有关的会计分录,有关的支出科目需要列出明细分类科目。

第十三章　事业单位净资产的核算

净资产是指事业单位资产扣除负债后的余额,包括事业基金、非流动资产基金、专用基金、财政补助结转结余、非财政补助结转结余等。前三者属于基金类净资产,后两者属于结转(余)类净资产。

事业单位的净资产在业务内容上,与事业单位的资产、负债以及收入、支出或者费用相互关联,如固定资产、无形资产等与相应的非流动资产基金相互关联,财政补助收入、财政补助支出与财政补助结转、财政补助结余相互关联,事业收入、上级补助收入、附属单位缴款收入、其他收入以及非财政专项资金支出、其他支出等与非财政补助结转结余相互关联等。

第一节　基金类净资产

基金是指事业单位按规定设置的有专门用途的净资产,主要包括事业基金、非流动资产基金和专用基金。

一、事业基金

(一) 事业基金的含义

事业基金是指事业单位拥有的非限定用途的净资产,其来源主要为非财政补助结余扣除结余分配后滚存的金额。事业基金主要用于事业单位的日常业务活动,平衡日常的收入与支出,弥补日常资金的不足,保证事业单位的正常运转。事业单位的各项基金按是否存在限制分为限定性基金和非限定性基金两种。限定性基金只能在规定的时间内使用,或限定用于规定的使用方向。事业基金则是一种非限定性基金,不限制基金的使用时间或具体用途,可以根据事业单位业务的需要灵活运用。

(二) 事业基金的核算

为了核算事业基金业务,事业单位应设置"事业基金"科目。年末,将"非财政补助结余分配"科目余额转入事业基金,借记或贷记"非财政补助结余分配"科目,贷记或借记该科目。年末,将留归本单位使用的非财政补助专项(项目已完成)剩余资金转入事业基金,借记"非财政补助结转——××项目"科目,贷记该科目。事业单位发生需要调整以前年度非财政补助结余的事项,也通过"事业基金"科目核算。该科目期末余额在贷方,反映事业单位历年积存的非限定用途的净资产的金额。

事业基金核算的主要账务处理如下所述。

1. 以货币资金对外长期投资形成的事业基金

以货币资金取得长期股权投资、长期债权投资,按照实际支付的全部价款(包括购买价款以及税金、手续费等相关税费)作为投资成本,借记"长期投资"科目,贷记"银行存款"等科目;同时,按照投资成本金额,借记"事业基金"科目,贷记"非流动资产基金——长期投资"科目。

事业基金一般对应于事业单位的流动资产。当事业单位以货币资金对外投资时,需要将相应的事业基金数额转入非流动资产基金。事业单位收回投资时,再将相应非流动资产基金的数额转回事业基金。

2. 对外转让或到期收回长期债权投资本息形成的事业基金

对外转让或到期收回长期债权投资本息,按照实际收到的金额,借记"银行存款"等科目,按照收回长期投资的成本,贷记"长期投资"科目,按照其差额,贷记或借记"其他收入——投资收益"科目;同时,按照收回长期投资对应的非流动资产基金,借记"非流动资产基金——长期投资"科目,贷记"事业基金"科目。

具体账务处理,可参阅"长期投资"核算。

3. 年末结转"非财政补助结余分配"余额形成的事业基金

年末,将"非财政补助结余分配"科目余额转入事业基金,借记或贷记"非财政补助结余分配"科目,贷记或借记"事业基金"科目。

【例13-1】 某事业单位年终"非财政补助结余分配"科目未分配余额为35 000元,结转"事业基金"科目。其会计分录为:

借:非财政补助结余分配　　　　　　　　　　　　　　　　　　　　　35 000
　　贷:事业基金　　　　　　　　　　　　　　　　　　　　　　　　　35 000

事业单位的非财政补助结余来源于事业结余和经营结余。非财政补助结余分配的主要内容有提取职工福利基金等专用基金、计算应缴企业所得税等。非财政补助结余经分配后,余额转入事业基金,由事业单位自主安排使用。

4. 已完工项目非财政补助专项结余形成的事业基金

年末,将留归本单位使用的非财政补助专项(项目已完成)剩余资金转入事业基金,借记"非财政补助结转——××项目"科目,贷记"事业基金"科目。

【例13-2】 某事业单位某专项工程A项目完工后,按规定将非财政补助专款结余18 000元留归本单位使用。其会计分录为:

借:非财政补助结转——项目支出(A项目)　　　　　　　　　　　　18 000
　　贷:事业基金　　　　　　　　　　　　　　　　　　　　　　　　　18 000

按照规定,留归事业单位使用的非财政专项资金结余直接转入事业基金,不通过非财政补助结余进行分配。

二、非流动资产基金

（一）非流动资产基金的概念

非流动资产基金是指事业单位长期投资、固定资产、在建工程、无形资产等非流动资产占用的金额。事业单位为兼顾预算管理与财务管理对会计信息的需求，为每项非流动资产设置了基金项目，与非流动资产的净额相对应，既能将取得非流动资产付出的资金确认为支出，又能反映非流动资产的投资情况。事业单位的非流动资产基金属于限定性基金，被各项非流动资产占用。

（二）非流动资产基金的核算

为了核算非流动资产基金业务，事业单位应设置"非流动资产基金"总账科目。该科目应按核算的业务内容下设"长期投资""在建工程""固定资产""无形资产"等明细科目，进行明细核算。该科目期末余额在贷方，反映事业单位非流动资产占用的金额。其主要账务处理如下所述。

1. 非流动资产基金的确认

非流动资产基金应当在取得长期投资、固定资产、在建工程、无形资产等非流动资产或发生相关支出时予以确认。

事业单位取得相关资产或发生相关支出时，借记"长期投资""固定资产""在建工程""无形资产"等科目，贷记"非流动资产基金"等有关科目；同时或待以后发生相关支出时，借记"事业支出"等有关科目，贷记"财政补助收入""零余额账户用款额度""银行存款"等科目。

2. 非流动资产基金的冲减或冲销

（1）固定资产折旧、无形资产摊销冲减非流动资产基金。事业单位计提固定资产折旧、无形资产摊销时，按照计提的折旧、摊销金额，借记"非流动资产基金——固定资产（或无形资产）"科目，贷记"累计折旧""累计摊销"科目。

（2）以固定资产、无形资产对外投资时冲销该资产对应的非流动资产基金。事业单位以固定资产、无形资产对外投资，按照评估价值加上相关税费作为投资成本，借记"长期投资"科目，贷记"非流动资产基金"科目（长期投资）；按发生的相关税费，借记"其他支出"科目，贷记"银行存款"等科目；同时，按照投出固定资产、无形资产对应的非流动资产基金，借记"非流动资产基金"科目（固定资产、无形资产），按照投出资产已提折旧、摊销，借记"累计折旧""累计摊销"科目，按照投出资产的账面余额，贷记"固定资产""无形资产"科目。

（3）出售或以其他方式处置长期投资、固定资产、无形资产冲销该资产对应的非流动资产基金。出售或以其他方式处置长期投资、固定资产、无形资产，转入待处置资产时，借记"待处置资产损溢""累计折旧"（处置固定资产）或"累计摊销"（处置无形资产）科目，贷记"长期投资""固定资产""无形资产"等科目；实际处置时，借记"非流动资产基金"科目（有关资产明细科目），贷记"待处置资产损溢"科目。

具体举例详见"第九章事业单位资产的核算"。

三、专用基金

(一) 专用基金的概念

专用基金是指事业单位按规定提取或者设置的具有专门用途的净资产。事业单位的有些业务活动有特殊的要求,需要有专门的渠道形成资金来源,并按规定的用途使用,为此事业单位设立了专用基金。事业单位的专用基金属于限定性基金,要求按规定用途使用。事业单位应当根据业务发展的需要,设立专用基金项目。目前,事业单位设立的专用基金主要有修购基金、职工福利基金和其他基金等。

(二) 专用基金的核算

为了核算专用基金业务,事业单位应设置"专用基金"总账科目。该科目期末贷方余额,反映事业单位专用基金余额。该科目应按专用基金的类别进行明细核算。

1. 提取专用基金

(1) 提取修购基金。修购基金是指事业单位按照事业收入和经营收入的一定比例提取,并按照规定在相应的购置和修缮科目中列支(各列 50%),以及按照其他规定转入,用于事业单位固定资产维修和购置的资金。事业收入和经营收入较少的事业单位可以不提取修购基金。

事业单位按规定提取修购基金的,按照提取金额,借记"事业支出""经营支出"科目,贷记"专用基金——修购基金"科目。

【例 13-3】某事业单位年度事业收入为 150 万元,经营收入为 50 万元,提取修购基金比例分别为 8% 和 10%,共提取修购基金 17 万元。其会计分录为:

借:事业支出   120 000
  经营支出   50 000
  贷:专用基金——修购基金   170 000

对事业收入和经营收入提取了修购基金后,事业支出和经营支出增加,相应的事业结余和经营结余减少。

目前,文化、广播电视、体育、文物等事业单位财务制度提出了提取修购基金的要求;高等学校、科学事业单位、医院等财务制度没有提出提取修购基金的要求。中小学校财务制度提出非义务教育阶段可以提取修购基金,义务教育阶段不提取修购基金。

(2) 提取职工福利基金。职工福利基金是指按照非财政补助结余的一定比例提取以及按照其他规定提取转入,用于单位职工的集体福利设施、集体福利待遇等的资金。目前,相关事业单位财务制度都规定可以提取职工福利基金。

年末,按规定从本年度非财政补助结余中提取职工福利基金的,按照提取金额,借记"非财政补助结余分配"科目,贷记"专用基金——职工福利基金"科目。

【例 13-4】某事业单位年终结转后,非财政补助结余分配科目余额为 12 000 元,按 20% 的比例提取职工福利基金。其会计分录为:

借:非财政补助结余分配   2 400
  贷:专项基金——职工福利基金   2 400

职工福利基金的提取属于对非财政补助结余的分配,因此,不计入事业支出。这与提取修购基金不同。事业单位非财政补助如果发生亏损,不能再提取职工福利基金。

(3)提取、设置其他专用基金。不同行业的事业单位可以根据业务情况提取或设置其他专用基金。例如,高等学校财务制度设置了学生奖励基金,即按照国家有关规定,按照事业收入的一定比例提取,在事业支出的相关科目中列支,用于学费减免、勤工助学、校内无息借款、校内奖助学金和特殊困难补助等的资金。中小学校财务制度设置了奖助学基金,即是指接受社会捐赠和按照规定从事业收入中提取转入,用于奖励、资助学生的资金。科学事业单位财务制度设置了科技成果转化基金,即是指单位从事业收入中提取,在事业支出的相关科目中列支,以及在经营收支结余中提取转入,用于科技成果转化的资金。

若有按规定提取的其他专用基金,按照提取金额,借记有关支出科目或"非财政补助结余分配"等科目,贷记"专用基金"科目。若有按规定设置的其他专用基金,按照实际收到的基金金额,借记"银行存款"等科目,贷记"专用基金"科目。

【例13-5】 某高等学校按照有关规定提取学生奖助基金33 500元。其会计分录为:

借:事业支出(教育事业支出)　　　　　　　　　　　　　　33 500
　　贷:专用基金——学生奖助基金　　　　　　　　　　　　33 500

2. 使用专用基金

按规定使用专用基金时,借记"专用基金"科目,贷记"银行存款"等科目;使用专用基金形成固定资产的,还应借记"固定资产"科目,贷记"非流动资产基金——固定资产"科目。

【例13-6】 某事业单位用修购基金6 200元购置1台机器设备,款已通过银行付讫,设备已投入使用。其会计分录为:

借:专用基金——修购基金　　　　　　　　　　　　　　　62 00
　　贷:银行存款　　　　　　　　　　　　　　　　　　　　6 200

同时,

借:固定资产　　　　　　　　　　　　　　　　　　　　　6 200
　　贷:非流动资产基金——固定资产　　　　　　　　　　　6 200

第二节　结转(余)类净资产

一、结转(余)的含义

结转和结余简称结转(余),是指事业单位一定期间收入与支出相抵后的余额。

事业单位应根据预算收入的数额控制预算支出,达到一定期间的收入与支出的平衡。但收入与支出之间的平衡是相对的,也会存在一定的差额,形成事业单位的结转(余)。

根据后续使用要求及性质的不同,事业单位结转(余)资金分为不同的种类。按后续的使用要求的不同,结转(余)资金分为结转资金和结余资金。结转资金是指当年预算已执行但未完成,或者因故未执行,下一年度需要按照原用途继续使用的资金;结余资金是指当年预算工作目标已完成,或者因故终止,当年剩余的资金。按资金性质的不同,结转(余)分为财政补助结转(余)和非财政补助结转(余),具体包括财政补助结转、财政补助结余、非财政补助结转和非财政补助结余分配。下面分别介绍。

二、财政补助结转与财政补助结余

财政补助结转(余)是指事业单位各项财政补助收入与其相关支出相抵后剩余滚存的、须按规定管理和使用的结转和结余资金,包括财政补助结转和财政补助结余。

(一) 财政补助结转

财政补助结转是需要结转到下一年度按原用途继续使用的财政补助资金。根据部门预算管理的要求,财政补助结转分为基本支出结转和项目支出结转。基本支出结转是财政基本补助收入与财政基本补助支出相抵后的差额,项目支出结转是财政项目补助收入与财政项目补助支出相抵后的差额。财政补助结转资金一般结转下一年度继续使用,或按照同级财政部门的规定处理。

为了核算财政补助结转业务,事业单位应该设置"财政补助结转"总账科目。该科目应设置"基本支出结转""项目支出结转"两个明细科目,并在"基本支出结转"明细科目下按照"人员经费""日常公用经费"进行明细核算;在"项目支出结转"明细账下按照具体项目进行明细核算。该科目还应按照《政府收支分类科目》中的"支出功能分类"的相关科目进行明细核算。该科目期末贷方余额,反映事业单位财政补助结转资金数额。

财政补助结转的主要账务处理如下所述。

1. 期末结转本期财政补助收入和财政补助支出

期末,将财政补助收入本期发生额结转入"财政补助结转"科目,借记"财政补助收入——基本支出(或项目支出)"科目,贷记"财政补助结转——基本支出结转(或项目支出结转)"科目;将"事业支出——财政补助支出"本期发生额结转入"财政补助结转"科目,借记"财政补助结转——基本支出结转(或项目支出结转)"科目,贷记"事业支出——财政补助支出——基本支出(或项目支出)"科目。

【例 13-7】 某文化事业单位 2016 年年末有关"财政补助收入"科目及其明细科目的余额和有关"事业支出"科目中"财政补助支出"明细科目的余额如表 13-1 所示。

表 13-1 财政补助收入支出情况表

编制单位：文化事业单位　　　　　2016 年度　　　　　　　　　　　金额：元

财政补助收入				事业支出——财政补助支出			
基本支出		项目支出		基本支出		项目支出	
人员经费	日常公用经费	甲项目（图书购买）	乙项目（信息系统建设）	人员经费	日常公用经费	甲项目（图书购买）	乙项目（信息系统建设）
35 500	35 300	18 300	20 000	35 500	24 500	18 200	18 000

该事业单位年终结账，将有关"财政补助收入"科目的余额转入"财政补助结转"科目。其会计分录为：

借：财政补助收入　　　　　　　　　　　　　　　　　　　　　　109 100
　　贷：财政补助结转——基本支出结转——人员经费　　　　　　 35 500
　　　　　　　　　　——基本支出结转——日常公用经费　　　　 35 300
　　　　　　　　　　——项目支出结转——甲项目　　　　　　　 18 300
　　　　　　　　　　——项目支出结转——乙项目　　　　　　　 20 000

同时，将"事业支出——财政补助支出"科目的余额转入"财政补助结转"科目。其会计分录为：

借：财政补助结转——基本支出结转——人员经费　　　　　　　　 35 500
　　　　　　　　——基本支出结转——日常公用经费　　　　　　 34 500
　　　　　　　　——项目支出结转——甲项目　　　　　　　　　 18 200
　　　　　　　　——项目支出结转——乙项目　　　　　　　　　 18 000
　　贷：事业支出——财政补助支出　　　　　　　　　　　　　　 106 200

该事业单位收支转账后财政补助结转科目所属明细科目情况如表 13-2 所示。

表 13-2 收支转账后财政补助结转科目所属明细科目

编制单位：文化事业单位　　　　　2016 年度　　　　　　　　　　　金额：元

财政补助结转所属明细科目	期初余额	借方发生额	贷方发生额	期末余额
基本支出结转——人员经费	0	35 500	35 500	0
——日常公用经费	200	34 500	35 300	1 000
项目支出结转——甲项目（图书购买项目）	0	18 200	18 300	100
——乙项目（信息系统建设项目）	0	18 000	20 000	2 000
合计	200	106 200	109 100	3 100

2. 年末将完成项目的结转资金转入财政补助结余

年末，完成上述结转后，应当对财政补助各明细项目执行情况进行分析，按照有关规定将符合财政补助结余性质的项目余额转入财政补助结余，借记"财政补助结转——项目支出结转——××项目"科目,贷记"财政补助结余"科目;或借记"财政补助结余"科目,贷记"财政补助结转——项目支出结转——××项目"科目。

【例 13-8】 承[例 13-7],年终,在对"财政补助结转——项目支出结转"各明细项目执行情况进行分析后,截至 2016 年 12 月 31 日,甲项目已完工,资金结余数额按规定留归事业单位所有;乙项目预算目标尚未完成,需要在次年继续用于原定预算目标。按照有关规定,事业单位将甲项目结余资金 100 元转入财政补助结余。其会计分录为:

  借:财政补助结转——项目支出结转——甲项目(图书购买项目)   100
    贷:财政补助结余——项目支出结余   100

经过将完成项目的结转资金转入财政补助结余,相应项目"财政补助结转"科目的余额为零。

同时需要强调的是,事业单位的基本支出结转应直接结转次年按原规定的用途使用,故基本支出结转不能转入财政补助结余。项目支出结转应视情况作出不同的处理:如果项目尚未完成,项目支出结转需要在次年继续用于相应的项目;如果项目已经完成,项目支出结转可能需要按规定缴回财政部门,也可能经批准留归事业单位,此时将其转入财政补助结余,但需要按规定用途使用。因此,财政补助结余仅包括项目支出结余。

3. 上缴财政补助结转资金或注销财政补助结转额度

事业单位按规定上缴财政补助结转资金或注销财政补助结转额度时,按照实际上缴资金数额或注销的资金额度数额,借记"财政补助结转"科目,贷记"财政应返还额度""零余额账户用款额度""银行存款"等科目。取得主管部门归集调入财政补助结转资金或额度的,作相反会计分录。

【例 13-9】 某文化事业单位按规定注销部分财政补助结转额度 2 500 元,具体为一项图书购买项目支出财政补助结转额度,相应额度为零余额账户用款额度,相应的政府支出功能分类科目为"文化体育与传媒支出——文化——图书馆"。其会计分录为:

  借:财政补助结转——项目支出结转(图书购买项目)   2 500
    贷:零余额账户用款额度   2 500

注销财政补助结转额度后,事业单位可以使用的相应财政补助结转额度减少。

(二)财政补助结余

财政补助结余是已经完成预算工作目标的项目当年剩余的财政补助资金。因为基本经费收支差额按规定结转次年继续使用,全部列入财政补助结转项目中,所以财政补助结余即是项目支出结余。财政补助结余资金不结转到下年继续使用,应统筹用于编制以后年度部门预算,或按规定上缴或注销。

为了核算财政补助项目支出结余资金业务,事业单位应设置"财政补助结余"总账科目。该科目期末贷方余额,反映事业单位财政补助结余资金数额。该科目应按照

《政府收支分类科目》中的"支出功能分类"的相关科目进行明细核算。事业单位发生需要调整以前年度财政补助结余的事项,通过该科目核算。

财政补助结余的主要账务处理如下所述。

1. 年末将财政补助已完成项目的结转资金转入财政补助结余

年末,对财政补助各明细项目执行情况进行分析,按照有关规定将符合财政补助结余性质的项目余额转入财政补助结余。借记"财政补助结转——项目支出结转——(××项目)"科目,贷记"财政补助结余"科目;或借记"财政补助结余"科目,贷记"财政补助结转——项目支出结转——(××项目)"科目。

具体举例见[例13-8]。

2. 上缴财政补助结余资金或注销财政补助结余额度

按规定上缴财政补助结余资金或注销财政补助结余额度的,按照实际上缴资金数额或注销的资金额度数额,借记"财政补助结转"科目,贷记"财政应返还额度""零余额账户用款额度""银行存款"等科目。取得主管部门归集调入财政补助结转资金或额度的,作相反会计分录。

【例13-10】 某教育事业单位按规定注销财政补助结余额度1 500元,具体为一项科研设备购买项目支出财政补助结余额度,相应额度为财政直接支付用款额度,相应的政府支出功能分类科目为"教育支出——普通教育——高等教育"。其会计分录为:

借:财政补助结余——项目支出结余(科研设备购买)　　　　　　1 500
　　贷:财政应返还额度　　　　　　　　　　　　　　　　　　　　1 500

事业单位发生需要调整以前年度财政补助结余事项的核算,情况与行政单位类似。

三、非财政补助结转

非财政补助结转(余)是指事业单位除财政补助收支以外的各项收入与各项支出相抵后的余额,包括非财政补助结转和非财政补助结余。

(一)非财政补助结转

非财政补助结转是指事业单位除财政补助收支以外的各专项资金收入与其相关支出相抵后剩余滚存的、须按规定用途使用的结转资金。非财政补助结转资金按照规定结转下一年度继续使用。

为了核算非财政补助结转业务,事业单位应设置"非财政补助结转"总账科目。该科目贷方反映滚存的且须按规定用途使用的非财政补助各专项资金的收支剩余的增加数;借方反映其减少数;该科目期末贷方余额,反映事业单位非财政补助专项结转资金数额。该科目应当按照非财政专项资金的具体项目进行明细核算。事业单位发生需要调整以前年度非财政补助结转的事项,通过该科目核算。

非财政补助结转的主要账务处理如下所述。

1. **期末结转本期各专项资金收入和非财政专项资金支出**

期末,将事业收入、上级补助收入、附属单位上缴收入、其他收入本期发生额中的专项资金收入结转该科目,借"事业收入""上级补助收入""附属单位上缴收入""其他收入"科目下各专项资金收入明细科目,贷记"非财政补助结转"科目;将事业支出、其他支出本期发生额中的非财政专项资金支出结转入该科目,借"非财政补助结转"科目,贷记"事业支出——项目支出(非财政专项资金支出)""其他支出(非财政专项资金支出)"科目下各专项资金支出明细科目。

【例 13-11】 某事业单位年终有关非财政专项资金收入与非财政专项资金支出本年发生额的情况如表 13-3 所示。

表 13-3 非财政专项资金收入与非财政专项资金支出本年发生额

金额:元

收入项目	金额	支出项目	金额
事业收入——项目支出(甲项目)	30 000	事业支出——非财政专项资金支出——甲项目	30 000
上级补助收入——项目支出(乙项目)	27 800	——乙项目	27 900
其他收入——项目支出(丙项目)	5 600	——丙项目	5 600

该事业单位进行年终结账,将有关非财政专项资金收支科目的本年发生额转入"非财政补助结转"科目,其会计分录为:

借:事业收入——项目支出(甲项目)	30 000
上级补助收入——项目支出(乙项目)	27 800
其他收入——项目支出(丙项目)	5 600
贷:非财政补助结转——甲项目	30 000
——乙项目	27 800
——丙项目	5 600

同时,

借:非财政补助结转——甲项目	30 000
——乙项目	27 900
——丙项目	5 600
贷:事业支出——非财政专项资金支出——甲项目	30 000
——乙项目	27 900
——丙项目	5 600

该事业单位收支转账后非财政补助结转科目所属明细科目情况如表 13-4 所示。

表 13-4　非财政补助结转科目所属明细科目情况表　　　　金额单位:元

非财政补助结转所属明细科目	期初余额	借方发生额	贷方发生额	期末余额
甲项目		30 000	30 000	0
乙项目	200	27 900	27 800	100
丙项目	100	5 500	5 600	200
合计	300	63400	63400	300

2. 期末对非财政补助已完项目专项结转资金的处理

年末,完成上述结转后,应当对非财政补助专项结转资金各项目情况进行分析,将已完成项目的项目剩余资金区分以下情况处理:缴回原专项资金拨入单位的,借记"非财政补助结转——××项目"科目,贷记"银行存款"科目;留归本单位使用的,借记"非财政补助结转——××项目"科目,贷记"事业基金"科目。

【例 13-12】　某事业单位博物馆 2016 年年末有关非财政专项资金收支已结转,经分析查明,甲项目已完成,项目资金结余 0 元;乙项目已完成,结余资金 100 元应缴回原专项资金拨入单位,款项已通过银行存款缴回;丙项目已完成,结余资金 200 元,按规定留归单位使用,转入事业基金。其会计分录为:

借:非财政补助结转——乙项目　　　　　　　　　　　　　　　100
　　贷:银行存款　　　　　　　　　　　　　　　　　　　　　　100

同时,

借:非财政补助结转——丙项目　　　　　　　　　　　　　　　200
　　贷:事业基金　　　　　　　　　　　　　　　　　　　　　　200

这里需要明确的是,与财政补助结转可以转入财政补助结余不同,非财政补助结转不能转入非财政补助结余,包括事业结余或经营结余。非财政补助结转在项目完成后,结余资金按规定或者缴回原专项资金拨入单位,或者直接转入事业基金。

(二) 非财政补助结余

非财政补助结余是指事业单位除财政补助收支以外的各非专项资金收入与各非专项资金支出相抵后的余额。非财政补助结余可以按照国家有关规定提取职工福利基金,剩余部分转为事业基金用于弥补以后年度单位收支差额。非财政补助结余包括事业结余和经营结余。

1. 事业结余

事业结余是指事业单位开展专业业务活动取得的收入与发生的支出之间的差额。即是指事业单位一定期间除财政补助收支、非财政专项资金收支和经营收支以外各项收支相抵后的余额。

为反映事业结余的增减变化,事业单位应设置"事业结余"总账科目。贷方反映事业结余的增加数;借方反映其减少数;期末余额一般在贷方,反映事业单位自年初至报告期末累计实现的事业结余;如果期末余额在借方,则反映事业单位自年初至报告期末累计发生的事业亏损。年末将"事业结余"科目余额转入"非财政补助结余分配"科目。结账后,该科目应无余额。

事业结余的主要账务处理如下:

(1)期末,将事业收入、上级补助收入、附属单位上缴收入、其他收入本期发生额中的非专项资金收入结转入"事业结余"科目贷方时,借记"事业收入""上级补助收入""附属单位上缴收入""其他收入"科目下各非专项资金收入明细科目,贷记"事业结余"科目。

(2)期末,将事业支出、其他支出本期发生额中的非财政、非专项资金支出,以及对附属单位补助支出、上缴上级支出的本期发生额结转入"事业结余"科目借方时,借记"事业结余"科目,贷记"事业支出——(基本支出或项目支出)——其他资金支出""其他支出"科目下各非专项资金支出明细科目、"对附属单位补助支出""上缴上级支出"科目。

(3)年末,完成上述结转后,将该科目余额结转入"非财政补助结余分配"科目,借记或贷记"事业结余"科目,贷记或借记"非财政补助结余分配"科目。

【例13-13】 某文化事业单位2016年年终结账前有关收支科目本期发生额中的非财政、非专项资金收支的金额如表13-5所示。

表13-5 收支科目本期发生额中的非财政、非专项资金收支的金额 金额:元

收入项目	金额	支出项目	金额
事业收入——基本支出	125 000	事业支出——基本支出	123 000
上级补助收入——基本支出	16 000	上缴上级支出	10 000
附属单位上缴收入——基本支出	12 000	对附属单位补助支出	12 000
其他收入——基本支出	12 000	其他支出——基本支出	10 000
合计	165 000	合计	155 000

将以上收支科目的余额转入"事业结余"科目。账务处理如下:

(1)结转各项收入,其会计分录为:

借:事业收入——基本支出　　　　　　　　　　　　　　125 000
　　上级补助收入——基本支出　　　　　　　　　　　　 16 000
　　附属单位上缴收入——基本支出　　　　　　　　　　 12 000
　　其他收入——基本支出　　　　　　　　　　　　　　 12 000
　　贷:事业结余　　　　　　　　　　　　　　　　　　 165 000

(2)结转各项支出,其会计分录为:

借:事业结余　　　　　　　　　　　　　　　　　　　　132 000
　　贷:事业支出——基本支出　　　　　　　　　　　　 123 000
　　　　其他支出——基本支出　　　　　　　　　　　　 10 000
　　　　上缴上级支出　　　　　　　　　　　　　　　　 10 000
　　　　对附属单位补助支出　　　　　　　　　　　　　 12 000

(3) 将当年"事业结余"科目的贷方余额 10 000 元(165 000－155 000)全数转入"非财政补助结余分配"科目,其会计分录为:

借:事业结余——基本支出结余　　　　　　　　　　　　　10 000
　　贷:非财政补助结余分配　　　　　　　　　　　　　　　　10 000

这里需要明确的是,事业结余中不包括财政补助资金、非财政专项资金以及经营资金。事业单位会计应分别核算财政补助资金、非财政专项资金、非财政非专项资金、经营活动资金。

2. 经营结余

经营结余是指事业单位一定期间开展非独立核算经营业务活动取得的各项经营活动收入减去各项经营活动支出后的余额。事业单位各项经营活动收入不足以抵补各项经营活动支出的数额,为事业单位的经营亏损。事业单位的经营亏损应当用以后期间的经营结余进行弥补,不可用事业结余进行弥补。事业单位的经营结余应当与事业结余分别核算,不能混淆。

为了核算经营结余业务,事业单位应设置"经营结余"总账科目。该科目贷方反映从经营收入科目转入数;借方反映从经营支出科目转入数以及年末结转至"非财政补助结余分配"数;该科目期末余额一般在贷方,反映事业单位自年初至报告期末累计实现的经营结余弥补以前年度经营亏损后的经营结余;如果期末余额在借方,则反映事业单位截至报告期末累计发生的经营亏损。

经营结余的主要账务处理如下:

(1) 年末,将经营收入本期发生额结转入该科目,借记"经营收入"科目,贷记"经营结余"科目;将经营支出本期发生额结转入该科目,借记"经营结余"科目,贷记"经营支出"科目。

(2) 完成上述结转后,如该科目为贷方余额,将该科目余额结转入"非财政补助结余分配"科目,借记"经营结余"科目,贷记"非财政补助结余分配"科目;如该科目为借方余额,为经营亏损,不予结转。因此,年末结账后,该科目一般无余额;如为借方结余,反映事业单位累计发生的经营亏损。

【例13-14】 某市政府文化部门所属事业单位甲博物馆年终结账。有关经营活动收入总账科目的贷方发生额为:"经营收入"10 400 元;有关经营活动支出总账科目的借方发生额为"经营支出"8 400 元。将以上有关经营活动收支科目的余额结转至"经营结余"科目,账务处理如下:

(1) 结转经营收入,其会计分录为:

借:经营收入　　　　　　　　　　　　　　　　　　　　　　10 400
　　贷:经营结余　　　　　　　　　　　　　　　　　　　　　　10 400

(2) 结转经营支出,其会计分录为:

借:经营结余　　　　　　　　　　　　　　　　　　　　　　8 400
　　贷:经营支出　　　　　　　　　　　　　　　　　　　　　　8 400

(3) 将当年实现的经营结余 2 000 元(10 400－8 400)全数转入"非财政补助结余分配"科目，其会计分录为：

借：经营结余　　　　　　　　　　　　　　　　　　　　　　　　2 000
　　贷：非财政补助结余分配　　　　　　　　　　　　　　　　　　2 000

如果该事业单位年初"经营结余"总账科目有借方余额 500 元，为以前年度累计发生的经营亏损。当年实现经营结余 2 000 元，弥补以前年度经营亏损后累计实现经营结余 1 500 元(2 000－500)，表现为"经营结余"科目年末余额为 1 500 元。此时，事业单位应当将"经营结余"科目的年末余额 1 500 元转入"非财政补助结余分配"科目。

四、非财政补助结余分配

为了核算事业单位本年度非财政补助结余分配的情况和结果，事业单位应设置"非财政补助结余分配"总账科目。年终，将当年"事业结余"和"经营结余"（贷方余额）结转入该科目贷方；将计算出的应缴所得税和提取的专用基金数记入该科目借方，实施分配后，该科目余额全部转入"事业基金"科目。年末结账后，该科目无余额。

非财政补助结余分配的具体账务处理包括以下四项主要内容：

（1）年末，将"事业结余"科目余额结转入该科目，借记或贷记"事业结余"科目，贷记或借记"非财政补助结余分配"科目；将"经营结余"科目贷方余额结转入该科目，借记"经营结余"科目，贷记"非财政补助结余分配"科目。

（2）有企业所得税缴纳义务的事业单位计算出应缴纳的企业所得税，借记"非财政补助结余分配"科目，贷记"应缴税费——应缴企业所得税"科目。

（3）按照有关规定提取职工福利基金的，按照提取的金额，借记"非财政补助结余分配"科目，贷记"专用基金——职工福利基金"科目。

（4）年末，完成上述处理后，将该科目余额结转入事业基金，借记或贷记"非财政补助结余分配"科目，贷记或借记"事业基金"科目。

【例 13-15】 假定某事业单位年末按规定将"事业结余"和"经营结余"科目贷方余额结转后，"非财政补助结余分配"科目的余额为 25 000 元。2016 年年末发生如下业务：

（1）该事业单位存在企业所得税纳税义务，经计算应依法缴纳企业所得税 200 元。其会计分录为：

借：非财政补助结余分配　　　　　　　　　　　　　　　　　　　200
　　贷：应缴税费——应缴企业所得税　　　　　　　　　　　　　　200

（2）按有关规定提取职工福利基金 12 000 元。其会计分录为：

借：非财政补助结余分配　　　　　　　　　　　　　　　　　　　12 000
　　贷：专用基金——职工福利基金　　　　　　　　　　　　　　　12 000

同时，

借：非财政补助结余分配　　　　　　　　　　　　　　　　　　　12 800
　　贷：事业基金　　　　　　　　　　　　　　　　　　　　　　　　　12 800

"非财政补助结余分配"科目在分配结束后，余额为零。

复习思考题

1. 什么是事业单位的净资产？具体包括哪些内容？
2. 什么是事业基金？如何核算？
3. 什么是事业单位非流动资产基金？非流动资产基金在数量上是否始终与非流动资产相等？应当如何核算？
4. 什么是事业单位的财政补助结转与结余？事业单位应当如何核算财政补助结转与结余？
5. 什么是非财政补助结转？如何核算？
6. 什么是非财政补助结余？什么是事业结余？什么是经营结余？应当如何核算？
7. 事业单位的非财政补助结余应当如何分配？
8. 什么是事业单位专用基金？主要包括哪些种类？如何核算？

练 习 题

一、判断题

1. "非流动资产基金——固定资产"是指事业单位占用在固定资产上的基金。（　　）
2. 财政补助结转是指事业单位的财政拨款收入减去财政补助支出后的余额。其中，财政补助支出包括当年财政补助支出，但不包括以前年度财政补助结余支出。（　　）
3. 财政补助结转是指事业单位的财政补助收入减去财政补助支出后的余额。其中，在会计上，财政补助收入既包括当年财政补助收入，也包括以前年度财政补助结余收入。（　　）
4. 事业结余是指事业单位的事业活动收入减去事业活动支出后的余额。（　　）
5. 经营结余是指事业单位各项经营活动收入减去各项经营活动支出后的余额。（　　）
6. 事业单位的财政补助结余不转入事业基金，即事业基金中不包含财政性资金的内容。（　　）

二、单项选择题

1. 下列各项结余中，不属于事业单位结余的是（　　）。
   A. 财政补助结余　　　　　　　　B. 预算外资金结余
   C. 事业结余　　　　　　　　　　D. 经营结余

2. 对大多数事业单位来说,最主要的结转(余)种类是( )。
   A. 财政补助结转   B. 事业结余
   C. 非财政补助结余   D. 经营结余

3. 事业单位年终结账时,下列科目贷方余额应转入"财政补助结转"科目的是( )。
   A. "财政补助收入"   B. "上级补助收入"
   C. "事业收入"   D. "其他收入"

4. 事业单位年终结账时,下列科目借方余额转入"财政补助结转"科目的是( )。
   A. "事业支出——财政补助支出"   B. "上缴上级支出"
   C. "事业支出——其他事业支出"   D. "对附属单位补助支出"

5. 事业单位的非财政补助结余经分配后转入( )。
   A. 经营结余   B. 事业基金
   C. 财政补助结余   D. 专用基金

三、业务处理题

1. 某事业单位发生如下业务:

(1) 以一项固定资产对外投资。该固定资产的账面余额为 55 000 元,已提折旧 15 000 元,账面价值为 40 000 元(55 000-15 000)。该固定资产的评估价值为 53 000 元,应缴纳的相关税费为 2 120 元。

(2) 按事业收入的一定比例提取修购基金 1 100 元。

(3) 使用职工福利基金 1 500 元,用于职工集体福利,款项以银行存款支付。

(4) 年末按本年度非财政补助结余的一定百分比提取职工福利基金 3 200 元。

(5) 年末将"非财政补助结余分配"科目贷方余额 8 200 元转入"事业基金"科目。

要求:根据以上业务编制有关会计分录。

2. 某文化事业单位 2016 年年末有关资料如下:

(1) 年终有关财政性资金收支科目的本年发生额如表 13-6 所示。

表 13-6 财政性资金收支科目发生额 单位:元

科目名称	借方余额	贷方余额
财政补助收入——基本支出——人员经费		52 800
——基本支出——日常公用经费		43 350
——项目支出——办公设备购置		18 750
事业支出——财政拨款支出——基本支出——人员经费	51 300	
——财政拨款支出——基本支出——日常公用经费	43 950	
——财政拨款支出——项目支出——办公设备购置	18 600	
合计	113 850	114 900

经查,"项目支出——办公设备购置"的专项购置任务已经完成。

(2) 年终有关事业活动过程中非财政专项资金收支科目的本年发生额如表13-7所示。

表13-7　非财政专项资金收支科目发生额　　　　　　　　　单位:元

科目名称	借方余额	贷方余额
上级补助收入——项目支出(甲项目)		50 000
其他收入——项目支出(甲项目)		25 500
事业支出——非财政专项资金支出(甲项目)	55 500	
合计	55 500	75 500

年终结转将有关非财政专项资金收支科目的本年发生额转入"非财政补助结转"科目。该项目没有年初余额,相应项目尚未完成,需要在次年继续按原定预算目标进行。

(3) 年终非财政非专项资金收支科目的本年发生额如表13-8所示。

表13-8　非财政非专项资金收支科目发生额　　　　　　　　单位:元

科目名称	借方余额	贷方余额
事业收入——基本支出		16 800
其他收入——基本支出		600
事业支出——其他资金支出	17 250	
合计	17 250	17 400

年终结转将有关非财政非专项资金收支科目的本年发生额转入"事业结余"科目。并将"事业结余"结转"非财政补助结余分配"科目。

(4) 有关经营活动收支科目的余额如表13-9所示。

表13-9　经营活动收支科目余额　　　　　　　　　　　　　单位:元

科目名称	借方余额	贷方余额
经营收入——旅游商品销售部		2 250
经营支出——旅游商品销售部	1 650	
合计	1 650	2 250

年终结转将有关经营收支科目的本年发生额转入"经营结余"科目。并将"经营结余"结转"非财政补助结余分配"科目。

(5) 按规定计算缴纳企业所得税50元,提取职工福利基金200元。之后,将"非财政补助结余分配"科目贷方余额500元(150+600-250)转入事业基金。

要求:根据以上资料,为事业单位编制有关的会计分录,有关的结余科目要求列出明细账科目,并分别计算有关结余种类的数额。

第十四章　事业单位财务报表

财务报表是对事业单位财务状况、事业成果、预算执行情况等的结构性表述，主要由会计报表及其附注构成。会计报表是指以会计账簿记录和有关资料为依据，按照规定的报表格式，全面、系统地反映事业单位财务状况、事业成果和现金流量的报告文件，主要包括资产负债表、收入支出表或者收入费用表、财政补助收入支出表。

第一节　资产负债表

一、资产负债表及其格式

资产负债表是反映事业单位在某一特定日期财务状况的会计报表。所谓财务状况是指事业单位在某一特定日期占有或者使用的资产、承担的负债以及剩余的净资产的数额。

资产负债表根据"资产＝负债＋净资产"的会计等式，分为左右两部分，左方反映资产，右方反映负债、净资产；资产合计数等于负债与净资产的合计数。表中资产和负债类科目均按其流动性由强到弱排列。我国事业单位资产负债表的格式如表14-1所示。

表14-1　资产负债表

会事业01表

编制单位：　　　　　　　　　　　年　月　日　　　　　　　　　　　单位:元

资　产	期末余额	年初余额	负债和净资产	期末余额	年初余额
流动资产：			流动负债：		
货币资金			短期借款		
短期投资			应缴税费		
财政应返还额度			应缴国库款		
应收票据			应缴财政专户款		
应收账款			应付职工薪酬		
预付账款			应付票据		
其他应收款			应付账款		
存货			预收账款		

(续表)

资产	期末余额	年初余额	负债和净资产	期末余额	年初余额
其他流动资产			其他应付款		
流动资产合计			其他流动负债		
非流动资产：			流动负债合计		
长期投资			非流动负债：		
固定资产			长期借款		
固定资产原价			长期应付款		
减：累计折旧			非流动负债合计		
在建工程			负债合计		
无形资产			净资产：		
无形资产原价			事业基金		
减：累计摊销			非流动资产基金		
待处置资产损溢			专用基金		
非流动资产合计			财政补助结转		
			财政补助结余		
			非财政补助结转		
			非财政补助结余		
			事业结余		
			经营结余		
			净资产合计		
资产总计			负债和净资产总计		

资产负债表可以向财务报表的使用者提供以下几方面的信息资料：

(1) 提供某一日期资产的总额及其构成情况的信息，表明事业单位拥有或控制的资源及其分布情况。

(2) 提供某一日期的负债总额及其构成情况的信息，表明事业单位未来需要用多少资产或劳务清偿债务。

(3) 可以提供某一特定日期净资产总额及其构成情况的信息，反映事业单位的净资产情况，据以判断资本的保值、增值情况以及对负债的保障程度。

按照编报时间，事业单位的资产负债表可以分为月报和年报。

二、资产负债表的编制方法

资产负债表各项目都设有两栏，即"年初余额"和"期末余额"。其中，"年初余额"栏内各项数字，应当根据上年年末资产负债表"期末余额"栏内数字填列。如果本年度资产负债表规定的各个项目的名称和内容同上年度不相一致，应对上年年末资产负债表各项目的名称和数字按照本年度的规定进行调整,填入本表"年初余额"栏内。

"期末余额"表示报告期末的状况,因而应根据截至报告月份的各项目的总账科目期末余额填列,具体填列方法如下。

1. 资产类项目

(1)"货币资金"项目,反映事业单位期末库存现金、银行存款和零余额账户用款额度的合计数。本项目应当根据"库存现金""银行存款""零余额账户用款额度"科目的期末余额合计填列。

(2)"短期投资"项目,反映事业单位期末持有的短期投资成本。本项目应当根据"短期投资"科目的期末余额填列。

(3)"财政应返还额度"项目,反映事业单位期末财政应返还额度的金额。本项目应当根据"财政应返还额度"科目的期末余额填列。

(4)"应收票据"项目,反映事业单位期末持有的应收票据的票面金额。本项目应当根据"应收票据"科目的期末余额填列。

(5)"应收账款"项目,反映事业单位期末尚未收回的应收账款余额。本项目应当根据"应收账款"科目的期末余额填列。

(6)"预付账款"项目,反映事业单位预付给商品或者劳务供应单位的款项。本项目应当根据"预付账款"科目的期末余额填列。

(7)"其他应收款"项目,反映事业单位期末尚未收回的其他应收款余额。本项目应当根据"其他应收款"科目的期末余额填列。

(8)"存货"项目,反映事业单位期末为开展业务活动及其他活动耗用而储存的各种材料、燃料、包装物、低值易耗品及达不到固定资产标准的用具、装具、动植物等的实际成本。本项目应当根据"存货"科目的期末余额填列。

(9)"其他流动资产"项目,反映事业单位除上述各项之外的其他流动资产,如将在1年内(含1年)到期的长期债券投资。本项目应当根据"长期投资"等科目的期末余额分析填列。

(10)"长期投资"项目,反映事业单位持有时间超过1年(不含1年)的股权和债权性质的投资。本项目应当根据"长期投资"科目期末余额减去其中将于1年内(含1年)到期的长期债券投资余额后的金额填列。

(11)"固定资产"项目,反映事业单位期末各项固定资产的账面价值。本项目应当根据"固定资产"科目期末余额减去"累计折旧"科目期末余额后的金额填列。

"固定资产原价"项目,反映事业单位期末各项固定资产的原价。本项目应当根据"固定资产"科目的期末余额填列。

"累计折旧"项目,反映事业单位期末各项固定资产的累计折旧。本项目应当根据"累计折旧"科目的期末余额填列。

(12)"在建工程"项目,反映事业单位期末尚未完工交付使用的在建工程发生的实际成本。本项目应当根据"在建工程"科目的期末余额填列。

(13)"无形资产"项目,反映事业单位期末持有的各项无形资产的账面价值。本项目应当根据"无形资产"科目期末余额减去"累计摊销"科目期末余额后的金额填列。

"无形资产原价"项目，反映事业单位期末持有的各项无形资产的原价。本项目应当根据"无形资产"科目的期末余额填列。

"累计摊销"项目，反映事业单位期末各项无形资产的累计摊销。本项目应当根据"累计摊销"科目的期末余额填列。

（14）"待处置资产损溢"项目，反映事业单位期末待处置资产的价值及处置损溢。本项目应当根据"待处置资产损溢"科目的期末借方余额填列；如"待处置资产损溢"科目期末为贷方余额，则以"－"号填列。

（15）"非流动资产合计"项目，按照"长期投资""固定资产""在建工程""无形资产""待处置资产损溢"项目金额的合计数填列。

2. 负债类项目

（1）"短期借款"项目，反映事业单位借入的期限在1年内（含1年）的各种借款。本项目应当根据"短期借款"科目的期末余额填列。

（2）"应缴税费"项目，反映事业单位应缴未缴的各种税费。本项目应当根据"应缴税费"科目的期末贷方余额填列；如"应缴税费"科目期末为借方余额，则以"－"号填列。

（3）"应缴国库款"项目，反映事业单位按规定应缴入国库的款项（应缴税费除外）。本项目应当根据"应缴国库款"科目的期末余额填列。

（4）"应缴财政专户款"项目，反映事业单位按规定应缴入财政专户的款项。本项目应当根据"应缴财政专户款"科目的期末余额填列。

（5）"应付职工薪酬"项目，反映事业单位按有关规定应付给职工及为职工支付的各种薪酬。本项目应当根据"应付职工薪酬"科目的期末余额填列。

（6）"应付票据"项目，反映事业单位期末应付票据的金额。本项目应当根据"应付票据"科目的期末余额填列。

（7）"应付账款"项目，反映事业单位期末尚未支付的应付账款的金额。本项目应当根据"应付账款"科目的期末余额填列。

（8）"预收账款"项目，反映事业单位期末按合同规定预收但尚未实际结算的款项。本项目应当根据"预收账款"科目的期末余额填列。

（9）"其他应付款"项目，反映事业单位期末应付未付的其他各项应付及暂收款项。本项目应当根据"其他应付款"科目的期末余额填列。

（10）"其他流动负债"项目，反映事业单位除上述各项之外的其他流动负债，如承担的将于1年内（含1年）偿还的长期负债。本项目应当根据"长期借款""长期应付款"等科目的期末余额分析填列。

（11）"长期借款"项目，反映事业单位借入的期限超过1年（不含1年）的各项借款本金。本项目应当根据"长期借款"科目的期末余额减去其中将于1年内（含1年）到期的长期借款余额后的金额填列。

（12）"长期应付款"项目，反映事业单位发生的偿还期限超过1年（不含1年）的各种应付款项。本项目应当根据"长期应付款"科目的期末余额减去其中将于1年内（含

1年)到期的长期应付款余额后的金额填列。

3. 净资产类项目

(1)"事业基金"项目,反映事业单位期末拥有的非限定用途的净资产。本项目应当根据"事业基金"科目的期末余额填列。

(2)"非流动资产基金"项目,反映事业单位期末非流动资产占用的金额。本项目应当根据"非流动资产基金"科目的期末余额填列。

(3)"专用基金"项目,反映事业单位按规定设置或提取的具有专门用途的净资产。本项目应当根据"专用基金"科目的期末余额填列。

(4)"财政补助结转"项目,反映事业单位滚存的财政补助结转资金。本项目应当根据"财政补助结转"科目的期末余额填列。

(5)"财政补助结余"项目,反映事业单位滚存的财政补助项目支出结余资金。本项目应当根据"财政补助结余"科目的期末余额填列。

(6)"非财政补助结转"项目,反映事业单位滚存的非财政补助专项结转资金。本项目应当根据"非财政补助结转"科目的期末余额填列。

(7)"非财政补助结余"项目,反映事业单位自年初至报告期末累计实现的非财政补助结余弥补以前年度经营亏损后的余额。本项目应当根据"事业结余""经营结余"科目的期末余额合计填列;如"事业结余""经营结余"科目的期末余额合计为亏损数,则以"一"号填列。在编制年度资产负债表时,本项目金额一般应为"0";若不为"0",本项目金额应为"经营结余"科目的期末借方余额(以"一"号填列)。

"事业结余"项目,反映事业单位自年初至报告期末累计实现的事业结余。本项目应当根据"事业结余"科目的期末余额填列;如"事业结余"科目的期末余额为亏损数,则以"一"号填列。在编制年度资产负债表时,本项目金额应为"0"。

"经营结余"项目,反映事业单位自年初至报告期末累计实现的经营结余弥补以前年度经营亏损后的余额。本项目应当根据"经营结余"科目的期末余额填列;如"经营结余"科目的期末余额为亏损数,则以"一"号填列。在编制年度资产负债表时,本项目金额一般应为"0";若不为"0",本项目金额应为"经营结余"科目的期末借方余额(以"一"号填列)。

在事业单位的资产负债表中,资产栏目中的长期投资、固定资产、在建工程、无形资产,与净资产栏目中的非流动资产基金,在金额上存在关联关系。如果存在融资租赁租入固定资产或者跨年度分期付款购入固定资产的业务,负债栏目中的长期应付款也与净资产栏目中的非流动资产基金在金额上存在关联关系。

第二节 收入支出表

一、收入支出表及其格式

收入支出表是指反映事业单位在某一会计期间的事业成果及其分配情况的报表。

收入支出表应当按照收入、支出的构成和非财政补助结余分配情况分项列示。通过收入支出表,可以判断事业单位的经营成果,评价事业单位的工作业绩。

收入支出表的作用主要表现在以下几个方面:一是可以提供某一会计期间财政补助收入、财政补助支出以及财政补助结转结余总额情况的信息;二是可以提供某一会计期间事业类收入、事业类支出总额及其构成情况以及事业类结转结余情况的信息;三是可以提供某一会计期间经营收入、经营支出总额以及经营结余情况的信息;四是可以提供某一会计期间非财政补助结转结余情况的信息;五是可以提供某一会计期间非财政补助结余分配情况的信息。

收入支出表的结构为多步式,其格式如表14-2所示。

表14-2 收入支出表

会事业02表

编制单位: _____年_____月　　　　　　　　　　单位:元

项　目	本月数	本年累计数
一、本期财政补助结转结余		
财政补助收入		
减:事业支出(财政补助支出)		
二、本期事业结转结余		
(一)事业类收入		
1. 事业收入		
2. 上级补助收入		
3. 附属单位上缴收入		
4. 其他收入		
其中:捐赠收入		
减:(二)事业类支出		
1. 事业支出(非财政补助支出)		
2. 上缴上级支出		
3. 对附属单位补助支出		
4. 其他支出		
三、本期经营结余		
经营收入		
减:经营支出		
四、弥补以前年度亏损后的经营结余		
五、本年非财政补助结转结余		
减:非财政补助结转		

(续表)

项　　目	本月数	本年累计数
六、本年非财政补助结余		
减：应缴企业所得税		
减：提取专用基金		
七、转入事业基金		

二、收入支出表的编制方法

收入支出表各项目都设有两栏，即"本月数"和"本年累计数"。其中，"本月数"栏反映各项目的本月实际发生数。在编制年度收入支出表时，应当将本栏改为"上年数"栏，反映上年度各项目的实际发生数；如果本年度收入支出表规定的各个项目的名称和内容同上年度不一致，应对上年度收入支出表各项目的名称和数字按照本年度的规定进行调整，填入本年度收入支出表的"上年数"栏。

本表"本年累计数"栏反映各项目自年初起至报告期末止的累计实际发生数。编制年度收入支出表时，应当将本栏改为"本年数"。本表"本月数"栏各项目的内容和填列方法具体如下所述。

1. 本期财政补助结转结余

（1）"本期财政补助结转结余"项目，反映事业单位本期财政补助收入与财政补助支出相抵后的余额。本项目应当按照本表中"财政补助收入"项目金额减去"事业支出（财政补助支出）"项目金额后的余额填列。

（2）"财政补助收入"项目，反映事业单位本期从同级财政部门取得的各类财政拨款。本项目应当根据"财政补助收入"科目的本期发生额填列。

（3）"事业支出（财政补助支出）"项目，反映事业单位本期使用财政补助发生的各项事业支出。本项目应当根据"事业支出——财政补助支出"科目的本期发生额填列，或者根据"事业支出——基本支出（财政补助支出）""事业支出——项目支出（财政补助支出）"科目的本期发生额合计填列。

2. 本期事业结转结余

（1）"本期事业结转结余"项目，反映事业单位本期除财政补助收支、经营收支以外的各项收支相抵后的余额。本项目应当按照本表中"事业类收入"项目金额减去"事业类支出"项目金额后的余额填列；如为负数，以"一"号填列。

（2）"事业类收入"项目，反映事业单位本期事业收入、上级补助收入、附属单位上缴收入、其他收入的合计数。本项目应当按照本表中"事业收入""上级补助收入""附属单位上缴收入""其他收入"项目金额的合计数填列。

（3）"事业类支出"项目，反映事业单位本期事业支出（非财政补助支出）、上缴上级支出、对附属单位补助支出、其他支出的合计数。本项目应当按照本表中"事业支出（非财政补助支出）""上缴上级支出""对附属单位补助支出""其他支出"项目金额的合计数填列。

3. 本期经营结余

(1)"本期经营结余"项目,反映事业单位本期经营收支相抵后的余额。本项目应当按照本表中"经营收入"项目金额减去"经营支出"项目金额后的余额填列;如为负数,以"-"号填列。

(2)"经营收入"项目,反映事业单位在专业业务活动及其辅助活动之外开展非独立核算经营活动取得的收入。本项目应当根据"经营收入"科目的本期发生额填列。

(3)"经营支出"项目,反映事业单位在专业业务活动及其辅助活动之外开展非独立核算经营活动发生的支出。本项目应当根据"经营支出"科目的本期发生额填列。

4. 弥补以前年度亏损后的经营结余

"弥补以前年度亏损后的经营结余"项目,反映事业单位本年度实现的经营结余扣除本年初未弥补经营亏损后的余额。本项目应当根据"经营结余"科目年末转入"非财政补助结余分配"科目前的余额填列;如该年末余额为借方余额,以"-"号填列。

5. 本年非财政补助结转结余

(1)"本年非财政补助结转结余"项目,反映事业单位本年除财政补助结转结余之外的结转结余金额。如本表中"弥补以前年度亏损后的经营结余"项目为正数,本项目应当按照本表中"本期事业结转结余""弥补以前年度亏损后的经营结余"项目金额的合计数填列;如为负数,以"-"号填列。如本表中"弥补以前年度亏损后的经营结余"项目为负数,本项目应当按照本表中"本期事业结转结余"项目金额填列;如为负数,以"-"号填列。

(2)"非财政补助结转"项目,反映事业单位本年除财政补助收支外的各专项资金收入减去各专项资金支出后的余额。本项目应当根据"非财政补助结转"科目本年贷方发生额中专项资金收入转入金额合计数减去本年借方发生额中专项资金支出转入金额合计数后的余额填列。

6. 本年非财政补助结余

(1)"本年非财政补助结余"项目,反映事业单位本年除财政补助之外的其他结余金额。本项目应当按照本表中"本年非财政补助结转结余"项目金额减去"非财政补助结转"项目金额后的金额填列;如为负数,以"-"号填列。

(2)"应缴企业所得税"项目,反映事业单位按照税法规定应缴纳的企业所得税金额。本项目应当根据"非财政补助结余分配"科目的本年发生额分析填列。

(3)"提取专用基金"项目,反映事业单位本年按规定提取的专业基金金额。本项目应当根据"非财政补助结余分配"科目的本年发生额分析填列。

7. 转入事业基金

"转入事业基金"项目,反映事业单位本年按规定转入事业基金的非财政补助结余资金。本项目应当按照本表中"本年非财政补助结余"项目金额减去"应缴企业所得税""提取专用基金"项目金额后的余额填列;如为负数,以"-""号填列。

上述4~7所列的四个项目,只有在编制年度收入支出表时才填列;编制月度收入支出表时,可以不设置此四个项目。

第三节 财政补助收入支出表

一、财政补助收入支出表及其格式

财政补助收入支出表是指反映事业单位在某一会计期间财政补助收入、支出、结转及结余情况的报表。该表中的数据与收入支出表的数据存在内在联系,是对收入支出表的相关数据的详细展开。将该表中的数据与经批准的财政补助收入支出预算数据进行比较,可以全面了解和评价事业单位财政补助收支预算执行情况。

"财政补助收入支出表"是根据事业单位的实际情况,满足财务管理、预算管理等多方面的信息需求,在事业单位会计报表体系中新增的会计报表。该表采用报告式,分为"项目"栏和"金额"栏两部分。

"项目"栏分为"年初财政补助结转结余""调整年初财政补助结转结余""本年归集调入财政补助结转结余""本年上缴财政补助结转结余""本年财政补助收入""本年财政补助支出"和"年末财政补助结转结余"七个项目。每个项目分为"基本支出"和"项目支出"两项内容。其格式如表14-3所示。

表14-3 财政补助收入支出表

会事业03表

编制单位: _____年度 单位:元

项　　目	本年数	上年数
一、年初财政补助结转结余		
（一）基本支出结转		
1. 人员经费		
2. 日常公用经费		
（二）项目支出结转		
××项目		
（三）项目支出结余		
二、调整年初财政补助结转结余		
（一）基本支出结转		
1. 人员经费		
2. 日常公用经费		
（二）项目支出结转		
××项目		
（三）项目支出结余		

(续表)

项　　目	本年数	上年数
三、本年归集调入财政补助结转结余		
（一）基本支出结转		
1. 人员经费		
2. 日常公用经费		
（二）项目支出结转		
××项目		
（三）项目支出结余		
四、本年上缴财政补助结转结余		
（一）基本支出结转		
1. 人员经费		
2. 日常公用经费		
（二）项目支出结转		
××项目		
（三）项目支出结余		
五、本年财政补助收入		
（一）基本支出		
1. 人员经费		
2. 日常公用经费		
（二）项目支出		
××项目		
六、本年财政补助支出		
（一）基本支出		
1. 人员经费		
2. 日常公用经费		
（二）项目支出		
××项目		
七、年末财政补助结转结余		
（一）基本支出结转		
1. 人员经费		

(续表)

项　　目	本年数	上年数
2.日常公用经费		
（二）项目支出结转		
××项目		
（三）项目支出结余		

二、财政补助收入支出表的编制方法

财政补助收入支出表各项目都设有两栏，即"上年数"和"本年数"。其中，"上年数"栏内各项数字，应当根据上年度财政补助收入支出表"本年数"栏内数字填列。本表"本年数"栏各项目的内容和填列方法如下：

（1）"年初财政补助结转结余"项目及其所属各明细项目，反映事业单位本年初财政补助结转和结余余额。各项目应当根据上年度财政补助收入支出表中"年末财政补助结转结余"项目及其所属各明细项目"本年数"栏的数字填列。

（2）"调整年初财政补助结转结余"项目及其所属各明细项目，反映事业单位因本年发生需要调整以前年度财政补助结转结余的事项，而对年初财政补助结转结余的调整金额。各项目应当根据"财政补助结转""财政补助结余"科目及其所属明细科目的本年发生额分析填列；如调整减少年初财政补助结转结余，以"一"号填列。

（3）"本年归集调入财政补助结转结余"项目及其所属各明细项目，反映事业单位本年度取得主管部门归集调入的财政补助结转结余资金或额度金额。各项目应当根据"财政补助结转""财政补助结余"科目及其所属明细科目的本年发生额分析填列。

（4）"本年上缴财政补助结转结余"项目及其所属各明细项目，反映事业单位本年度按规定实际上缴的财政补助结转结余资金或额度金额。各项目应当根据"财政补助结转""财政补助结余"科目及其所属明细科目的本年发生额分析填列。

（5）"本年财政补助收入"项目及其所属各明细项目，反映事业单位本年度从同级财政部门取得的各类财政拨款金额。各项目应当根据"财政补助收入"科目及其所属明细科目的本年发生额填列。

（6）"本年财政补助支出"项目及其所属各明细项目，反映事业单位本年度发生的财政补助支出金额。各项目应当根据"事业支出"科目所属明细科目本年发生额中的财政补助支出数填列。

（7）"年末财政补助结转结余"项目及其所属各明细项目，反映事业单位截至本年末的财政补助结转和结余余额。各项目应当根据"财政补助结转""财政补助结余"科目及其所属明细科目的年末余额填列。

在本表中，基本支出中的人员经费和日常公用经费，项目支出中的各项目，它们的收入、支出以及结转结余都分别计算、相互独立。各项财政补助资金都实行专款专用，不能随意混淆使用。

本表中的本年财政补助收入和本年财政补助支出栏目,与收入支出表中的财政补助收入、财政补助支出栏目相对应;年末财政补助结转结余栏目与资产负债表中的财政补助结转、财政补助结余栏目相对应。

第四节 会计报表附注

一、会计报表附注的含义和作用

附注是指对在会计报表中列示项目的文字描述或明细资料,以及对未能在会计报表中列示项目的说明等。即附注目的主要是为了帮助理解会计报表的内容,以文字的形式对报表有关项目等所作的补充说明和详细解释。它是事业单位会计报表的有机组成部分。

会计报表附注的作用主要体现在以下几个方面:一是说明事业单位所采用的会计政策;二是说明影响事业单位财务状况和运营成果的特殊事项;三是说明事业单位的重大事项;四是补充说明会计报表本身无法表达的情况。

二、事业单位会计报表附注的内容

现行《事业单位会计制度》规定,事业单位的会计报表附注至少应当披露下列内容:
(1)遵循《事业单位会计准则》《事业单位会计制度》的声明。
(2)单位整体财务状况、业务活动情况的说明。
(3)会计报表中列示的重要项目的进一步说明,包括其主要构成、增减变动情况等。
(4)重要资产处置情况的说明。
(5)重大投资、借款活动的说明。
(6)以名义金额计量的资产名称、数量等情况,以及以名义金额计量理由的说明。
(7)以前年度结转结余调整情况的说明。
(8)有助于理解和分析会计报表需要说明的其他事项。

事业单位会计报表附注可以采用编制附表的方式对主要会计报表内容进行详细说明。例如,事业单位可以通过编制事业支出明细表的方式对收入支出表的事业支出进行详细说明。事业支出明细表的格式如表 14-4 所示。

表 14-4 事业支出明细表

编制单位:某事业单位　　　　　　2016 年度　　　　　　　　　单位:元

基本经济分类	基本支出			项目支出			事业支出合计
	人员经费支出	日常公用经费支出	基本支出合计	××项目支出	××项目支出	项目支出合计	
一、工资福利支出							
1. 基本工资							
2. 津贴补贴							
……							

(续表)

基本经济分类	基本支出			项目支出			事业支出合计
	人员经费支出	日常公用经费支出	基本支出合计	××项目支出	××项目支出	项目支出合计	
二、商品和服务支出							
1. 办公费 2. 印刷费 ……							
三、对个人和家庭的补助							
1. 离休费 2. 退休费 ……							
四、基本建设支出							
1. 房屋建筑物构建 2. 办公设备购置 ……							
五、其他资本支出							
1. 房屋建筑物构建 2. 办公设备购置 ……							
合计							

复习思考题

1. 什么是事业单位的财务报表？它的构成内容是什么？
2. 什么是事业单位的会计报表？它主要包括哪些种类？
4. 什么是事业单位的资产负债表？其平衡公式是什么？
5. 什么是事业单位的收入支出表？
6. 什么是事业单位的财政补助收入支出表？该表中的有关栏目与资产负债表、收入支出表有什么联系？
7. 什么是事业单位的会计报表附注？事业单位的会计报表附注主要包括哪些内容？

练 习 题

一、判断题

1. 资产负债表的结构是根据"资产＋支出或费用＝负债＋净资产＋收入"的平衡

公式来设计的。　　　　　　　　　　　　　　　　　　　　　　　　（　）
2. 资产负债表中"货币资金"项目应当根据"库存现金""银行存款""财政应返还额度"科目的期末余额填列。　　　　　　　　　　　　　　　　　　　　（　）
3. 财政补助收入支出表中的"本年财政补助支出"项目应根据"事业支出"科目所属明细科目本年发生额中的财政补助支出数填列。　　　　　　　　　　　　（　）
4. 收入支出表的编制中存在下列关系：本年非财政补助结余＝本年非财政补助结转结余－本年非财政补助结转。　　　　　　　　　　　　　　　　　　（　）
5. 收入支出表中"事业支出"项目应当根据"事业支出""上缴上级支出""对附属单位补助支出""其他支出"项目的合计数填列。　　　　　　　　　　　　　（　）
6. 在编制年度资产负债表时，"事业结余"项目金额应为"0"。　　　　　　（　）
7. 在事业单位的资产负债表中，资产栏目中的长期投资、固定资产、在建工程、无形资产，与净资产栏目中的非流动资产基金，在金额上存在关联关系。（　）
8. 在事业单位收入支出表中，财政补助收入－财政补助支出＝本期财政补助结转结余。　　　　　　　　　　　　　　　　　　　　　　　　　　　　　（　）
9. 在事业单位收入支出表中，本期事业类收入－本期事业类支出＝本期事业类结余。　　　　　　　　　　　　　　　　　　　　　　　　　　　　　　　（　）
10. 在收入支出表中，"本期经营结余"项目应当按照"经营收入"项目金额减去"经营支出"项目金额后的余额填列；如为负数，以"－"号填列。　　　　　（　）

二、单项选择题

1. 下列项目不会出现在事业单位资产负债表中的是（　　）。
   A. 财政应返还额度　　　　　　　B. 应缴国库款
   C. 零余额账户用款额度　　　　　D. 应缴财政专户款
2. 下列项目不会出现在事业单位的收入支出表中的是（　　）。
   A. 事业基金　　　　　　　　　　B. 经营结余
   C. 事业结余　　　　　　　　　　D. 财政补助结余
3. 在事业单位的收入支出表中，（　　）资金的收入和支出不纳入其中。
   A. 财政性补助　　　　　　　　　B. 非财政性补助
   C. 经营活动　　　　　　　　　　D. 专用基金
4. 在事业单位资产负债表和收入支出表的年报中，存在数字关联关系的项目是（　　）。
   A. 财政补助结余　　　　　　　　B. 事业基金
   C. 事业结余　　　　　　　　　　D. 经营结余
5. 在资产负债表中，可以根据相应会计科目的期末余额填列的项目是（　　）项目。
   A. 财政应返还额度　　　　　　　B. 长期投资
   C. 长期借款　　　　　　　　　　D. 长期应付款
6. 在资产负债表中，与"非流动资产基金"项目不存在金额关联关系的项目是( )。

A. 长期投资　　B. 在建工程　　C. 无形资产　　D. 短期借款

7. 在资产负债表中,( )项目的金额不等于相应会计科目的期末余额。

A. 固定资产　　　　　　　　B. 在建工程
C. 应付职工薪酬　　　　　　D. 财政拨款结转

8. 事业单位资产负债表中的"财政补助结转"和"财政补助结余"项目与财政补助收入支出表中的( )项目相互补充和关联。

A. 本年财政补助收入　　　　B. 本年财政补助支出
C. 本年上缴财政补助结转结余　　D. 年末财政补助结转结余

三、业务处理题

(一)某事业单位2016年年末有关资产、负债和净资产科目的余额如表14-5所示。

表14-5　资产、负债和净资产科目余额表　　　　单位:元

科目名称	借方余额	科目名称	贷方余额
货币资金	1 463 730	累计折旧	3 046 000
短期投资	3 000	累计摊销	3 430
财政应返还额度	240 600	短期借款	2 000
应收票据	5 000	应缴税费	7 036
应收账款	325 500	应缴财政专户款	65 400
预付账款	8 000	应付职工薪酬	6 300
其他应收款	6 000	应付票据	800
存货	37 136	应付账款	4 600
其他流动资产	200 300	预收账款	9 300
长期投资	12 500	长期借款	30 000
固定资产原价	5 593 980	长期应付款	63 610
在建工程	18 620	事业基金	1 601 730
无形资产原价	8 800	非流动资产基金	2 576 660
待处置资产损溢	3 000	专用基金	398 300
		财政补助结转	0
		财政补助结余	83 000
		非财政补助结转	28 000
		非财政补助结余	0
		事业结余	
		经营结余	
合　　计	7 926 166	合　　计	7 926 166

要求：根据以上资料，为该事业单位编制2016年年末的资产负债表。

（二）某事业单位2016年年末有关收入、支出科目的本期发生额如表14-6所示。

表14-6　收入、支出科目的本期发生额表　　　　　　　单位：元

科　　目	借方余额	科　　目	贷方余额
事业支出——财政补助支出	718 000	财政补助收入	720 000
事业支出——非财政专项资金支出	135 000	事业收入——基本支出	40 000
事业支出——其他资金支出	56 150	事业收入——项目支出	65 500
上缴上级支出——基本支出	3 500	上级补助收入——项目支出	72 000
对附属单位补助支出——基本支出	2 500	附属单位上缴收入——基本支出	23 500
其他支出——基本支出	8 000	其他收入——基本支出	10 800
经营支出	5 500	经营收入	6 500
合　　计	928 650	合　　计	938 300

该事业单位以前年度的经营亏损为150元。本年除财政补助收支外的各专项资金收入减去各专项资金支出后的余额，即本年非财政补助结转为2 500元（65 500＋72 000－135 000）。本年应缴企业所得税为100元。本年的事业结余为4 150元（40 000＋23 500＋10 800－56 150－3 500－2 500－8 000），经营结余为1 000元（6 500－5 500）。本年从非财政补助结余5 000元（4 150＋1 000－150）中提取专用基金2 200元。

要求：根据以上资料，编制该行政单位2016年度的收入支出表。

（三）某事业单位2016年度有关财政补助收入、支出和结转结余会计科目的年初余额和本年发生额情况如表14-7所示。

表14-7　会计科目年初余额和本年发生额

编制单位：某事业单位　　　　　　　　　2016年度　　　　　　　　　单位：元

会计科目	年初余额	本年发生额
财政补助结转——基本支出结转——人员经费	24（贷）	
财政补助结转——基本支出结转——日常公用经费	28（贷）	
财政补助结转——项目支出结转——甲项目	128（贷）	
财政补助结余——项目支出结余——乙项目	60（贷）	
财政补助结余——项目支出结余——乙项目（上缴）		60（借）
财政补助收入——基本支出——人员经费		15 000（借）
财政补助收入——基本支出——日常公用经费		19 200（借）
财政补助收入——项目支出——甲项目		900（贷）

（续表）

会计科目	年初余额	本年发生额
财政补助收入——项目支出——丙项目		9 120（贷）
事业支出——财政补助支出——基本支出——人员经费		1 510（借）
事业支出——财政补助支出——基本支出——日常公用经费		19 214（借）
事业支出——财政补助支出——项目支出——甲项目		1 020（借）
事业支出——财政补助支出——项目支出——丙项目		9 100（借）

2016年度末，甲项目已经完成，剩余资金形成财政补助结余；丙项目尚未完成，剩余资金形成财政补助结转。

要求：根据以上资料，编制该行政单位2016年度的财政补助收入支出表。